LES ROIS DU CRIME

LE GRAND BANDITISME FRANÇAIS

ALEXANDRE
BONNY

LES ROIS DU CRIME

LE GRAND BANDITISME FRANÇAIS

FIRST
Editions

ISBN : 978-2-7540-1274-4
Dépot légal : 2e trimestre 2009

Edition : Anne-France Hubau
Correction : Sylvia Placoly
Mise en page : Olivier Frenot
Conception couverture : Leptosome

Imprimé en France

Éditions First
60, rue Mazarine
75006 Paris – France

Tél. : 01 45 49 60 00
Fax : 01 45 49 60 01

E-mail : firstinfo@efirst.com
Internet : www.editionsfirst.fr

Pierrot le Fou, René la Canne, ou, plus proche de nous, Francis le Belge ou Jacques Mesrine, ces hommes ont marqué de leur empreinte la grande histoire du crime en France. Braqueurs, assassins, hommes d'affaires avisés, ils ont, au cours des décennies du siècle passé, contribué à construire la légende du grand banditisme à la française et se sont hissés à son firmament.

Ces hommes sont devenus, grâce à leurs faits d'armes et leur grande médiatisation, des sortes de héros romantiques dont chacun suivait les exploits, les foucades et attendait la chute.

C'est cette saga du gangstérisme que le présent ouvrage se propose de vous narrer, à travers les portraits des plus grands malfrats, véritables génies dans leurs domaines. Personnages indomptables, truculents, inquiétants ou cyniques parfois, mais qui ont en commun un destin exceptionnel, ils constituent, ni plus ni moins que l'aristocratie du crime.

ÉMILE BUISSON

LE BRAQUEUR OPPORTUNISTE

Émile Buisson

1925 : Émile Buisson, 23 ans, habite avec Jean-Baptiste, son frère aîné, plus connu dans le milieu sous le surnom de Le Nuss. Les deux hommes partagent une chambre d'hôtel Passage Brady, derrière la porte Saint-Martin. Le surnom d'Émile est moins glorieux. Presque un sobriquet : Petit Mimile. Et c'est vrai qu'il n'est pas bien grand, le cadet des Buisson. Il est jeune, et encore considéré comme un bleu parmi les « hommes » du Milieu. Mais Petit Mimile est un nerveux, il est chafouin, sanguin et il a déjà une certaine expérience de la violence. Comme de nombreux truands, il est passé par la case militaire. Et pas n'importe laquelle : il sort du bataillon d'Afrique (le fameux Bat'd'Af'), où il a appris à se servir d'une arme, à se battre et à se faire respecter. En un mot, à se débrouiller seul.

Au sortir de l'armée, Mimile a eu quelques démêlées avec la police et la justice pour divers petits larcins. Un rapide passage en prison a achevé sa formation de petite frappe. Il est alors fin prêt à rejoindre son frère, arrivé à Paris en 1921. À cette période, Le Nuss, quant à lui, est déjà largement connu dans le Milieu.

Un soir de 1925, Mimile s'habille, se gomine les cheveux, se prépare. Il a prévu d'aller voir les filles. Le jeune homme se rend chez Ladira, le bar du coin, où se mêle une faune interlope de petits malfrats, de trafiquants et de prostituées. C'est son monde, celui qu'il a choisi, refusant la vie des caves qui vont au chagrin pour un patron qui les exploite.

À cette époque, le faubourg Saint-Martin est peuplé de jolies pépées, et tenu par de sérieux caïds. Mimile se sent à sa place, dans son élément. Mais il n'est pas encore tout à fait accepté. Trop jeune, et pas assez de coups à son actif. Il est encore considéré comme un demi-sel.

Alors que la fête bat son plein, que l'accordéon entonne une java endiablée, Mimile s'approche d'une jeune femme. Il lui fait un brin de causette. Il lui glisse quelques mots à l'oreille, la jeune femme rit, répond sur le même ton badin. Bref, la soirée s'annonce plutôt bien. Mais soudain, Mimile sent une main se poser sur son épaule.

— Hé gars, qu'est-ce que tu fous là ?

C'est Gros Marcel, un caïd du faubourg. Il a déjà bu quelques flacons de rouge et le sang lui monte à la tête.

— Les gonzesses d'ici elles s'intéressent pas aux petits caves comme toi, pigé ?

Émile se retourne et n'a pas le temps de répondre. Une énorme gifle le fait tomber en arrière. Il se relève. De l'assemblées montent rires et quolibets. Les hommes accoudés au comptoir, qu'ils soient des amis ou des inféodés à Gros Marcel se marrent comme des baleines. Émile jauge la situation. Il sait que s'il rentre dans Gros Marcel, il n'aura pas le dessus. Les autres l'empêcheront de lui arranger le portrait comme il le désire. Alors Buisson quitte le bal. Il n'a pas dit un mot. Il remonte vers son hôtel. Ses mains tremblent. Il n'a jamais subi une telle offense. Il fouille dans ses tiroirs et finit par trouver ce qu'il cherchait. Son revolver. Il s'empare de l'arme et dévale les escaliers en direction du bal. Lorsqu'il reparaît, Gros Marcel n'en croit pas ses yeux.

— Je t'avais pas dit de décarrer, morveux ? Là tu vas m'obliger à te dérouiller.

Émile ne dit rien. Il regarde froidement Marcel et lance « Tiens, prends ça, connard. » Mimile lâche trois bastos sur le caïd indélicat. Sans sourciller. Gros Marcel est blessé à l'épaule et au bras. Il s'en sortira sans séquelles particulières. Cependant, Émile Buisson vient de gagner ses premiers galons de truand.

Tirer sur un homme de sang-froid, c'est la marque des vrais durs. Au point que les amis de Marcel pensent qu'il s'agit en fait d'un règlement de comptes de la part des Lyonnais, un des gangs les plus puissants de Paris. Petit Mimile vient de perdre son sobriquet.

Émile Buisson est né le 19 août 1902 à Paray-le-Monial, en Saône-et-Loire. Il grandit à Toulon-sur-Arroux, dans le Bourbonnais, à trente kilomètres de Montceau-les-Mines. Son père, François, est un ancien paysan. À la naissance de son deuxième fils, il a quitté l'agriculture et construit des fours pour les boulangers. C'est un caïd à sa façon, même s'il fait à peu près dans l'honnête. Alcoolique notoire, le père Buisson est la terreur du village. Émile et Jean-Baptiste, né en 1895, sont élevés comme des voleurs par un père qui leur montre l'exemple. François Buisson est un homme de principes. Il ne paye « que le bistrot ». Le reste est gratuit. Il terrorise les commerçants et jusqu'à son logeur, de sorte que personne n'ose lui demander d'honorer ses dettes. Hormis Jean-Baptiste dit Le Nuss, Émile a trois sœurs : Eugénie, Jeanne et Emma. Vu leur éducation, la fratrie tout entière se consacre rapidement au vol, aux menus larcins. Très vite, les deux frères Buisson sont considérés comme des voyous et leurs sœurs les suivent dans leurs méfaits. Pour se nourrir, ils vont se servir dans les fermes voisines. Ils y volent du lait, des œufs, une poule de temps à autre. Très menu, Mimile peut se faufiler partout. Il visite dès qu'il le peut les caves du quartier. Il peut ainsi fournir son alcoolique de père en vins et spiritueux. Une véritable petite entreprise familiale.

À 13 ans, Jean-Baptiste, le frère aîné, est envoyé à la mine. C'est le sort partagé par tous les enfants du coin pour rapporter quelques deniers à la maison. Mais, évidemment, ce travail n'est pas du tout à son goût. Partager le destin des gueules noires, qui triment douze heures de rang dans les boyaux étroits à extraire du charbon pour un salaire misérable, très peu pour lui. Le Nuss passe une seule journée au fond et, en remontant, décide qu'il n'y retournera plus. Trop dur. Le soir même, il vole les économies de sa grand-mère, trois louis, et s'enfuit vers Marseille avec un compagnon. La petite virée ne dure qu'un temps. Jean-Baptiste se rend alors à Lyon. Là, il rejoint un groupe de jeunes voyous, la bande de Vaise, et suit une formation accélérée. Au programme : ouverture de portes et perçage de coffres-forts au vilebrequin. Il est encore très jeune, inexpérimenté. Aussi, au bout de quelques petits coups sans envergure, il se fait arrêter. Nous sommes en 1911. Il n'a que 16 ans. Il se retrouve alors derrière les barreaux, dans le tristement célèbre bagne pour enfants d'Aniane, dans l'Hérault. Dans ces maisons de la honte dont Prévert a magnifiquement parlé, la République maltraite ses enfants. Des gamins délaissés et qui ont pris un mauvais chemin. Jean-Baptiste subit des brimades et des humiliations qui le marqueront pour toujours.

La mère Buisson meurt alors que Le Nuss est enfermé. François Buisson, le père, boit toujours plus. L'artisan est devenu une véritable loque, incapable de s'occuper de sa famille. C'est une véritable déchéance digne des romans de Zola. Le P'tit Mimile, lui, est envoyé chez sa grand-mère, mais la vieille dame ne parvient pas à le contrôler. Il découche souvent et fait les quatre-cents coups. Eugénie, la plus âgée des trois filles, en est réduite à faire le trottoir pour nourrir ses sœurs. Elles sont hébergées par une tante. La famille Buisson s'est définitivement délitée, plus la moindre structure, plus de limite, plus rien qui empêche ses membres de basculer définitivement dans le crime.

Émile Buisson

En 1912, un an à peine après son incarcération au bagne pour enfants, Jean-Baptiste s'évade. C'est un véritable exploit. Le premier du Nuss. D'autant plus quand on sait que les surveillants touchent une grosse prime pour chaque fuyard rattrapé. Le fugitif se planque jusqu'à la déclaration de guerre, à Villefranche-sur-Saône. En 1914, après deux ans de cavale, Le Nuss a besoin d'action. La Première Guerre mondiale va lui donner l'occasion de sortir de sa tanière et de se frotter un peu au danger et à l'aventure. Trichant sur son âge, il parvient à se faire incorporer avant sa majorité. Le Nuss est une véritable tête brûlée. Le jeune homme n'a rien à perdre, même pas sa vie. Il devient alors un soldat hors pair dont le courage est salué. En 1917, il est considéré comme un héros. Blessé trois fois au front, il obtient la croix de guerre et la médaille militaire. Chose rarissime pour un homme du rang, il est même promu au grade de sergent. Mais Jean-Baptiste a des fourmis dans les jambes. Si l'action et l'aventure l'excitaient au plus haut point dans les premiers mois de la guerre, il la trouve à présent bien trop longue. Le conflit s'est enlisé et semble ne jamais devoir prendre fin. De plus, lui qui n'a jamais eu à subir la moindre autorité commence à se lasser d'avoir à obéir aux ordres. Aussi, pendant une permission, il décide de déserter. Il prend un train, direction Toulon. Là, il reprend contact avec ses anciens codétenus. Les enfants sont devenus des adultes, des loulous bien éloignés de la guerre. Leur occupation principale est l'ouverture des coffres dans les demeures bourgeoises. Ils mènent alors une existence régie par le seul plaisir, s'habillent comme des dandys, bref, ils mènent la belle vie. Là, Jean-Baptiste a l'impression d'avoir enfin trouvé sa place. Il passe ses nuits dans les dancings et flambe dans tous les casinos de la région.

Mais à la fin de la Grande Guerre, alors qu'il est tranquillement assis à la roulette du casino de Marseille, la police surgit.

— Vos papiers, monsieur, s'il vous plaît.

Ça sent le roussi. Le Nuss lance :

— Attendez deux minutes, ils sont au vestiaire, je vais les chercher.

Il tente alors une sortie désespérée. Mais il est pris avant d'avoir pu atteindre la porte à tambour. Jean-Baptiste est arrêté pour désertion. En ce temps-là, la France n'était pas tendre avec les déserteurs, considérés comme des lâches et des traîtres. Et les états de service de Jean-Baptiste n'y feront rien. L'armée française est rancunière. Le conseil de guerre, impitoyable, tranche : dix ans de travaux forcés au bagne algérien de Douéra. La vie y est extrêmement difficile et il est, encore une fois, confronté à de vrais durs. Mais Le Nuss sait se faire respecter. Il impose d'entrée son autorité en matant quelques caïds à coup-de-poing. Cela lui permet de passer une captivité relativement tranquille. Et il est libéré en 1921 grâce à des réductions de peine. Lorsqu'il revient en Métropole, Le Nuss a changé. Il est tatoué de la tête aux pieds. Il fait peur à voir. Et c'est bien le but de la manœuvre. Dès son retour, il reprend ses activités criminelles à Lyon, puis à Paris. Il recommence à percer des coffres, vilebrequin en main. Meilleur perceur que fuyard, il se fait arrêter à plusieurs reprises. Il mène la vie de la plupart des petits malfrats, entre taule et petits casses.

De son côté, Émile n'est pas en reste. La famille Buisson a décidément du répondant. Il est emprisonné à 16 ans pour vols à la tire et détention d'arme à feu. À sa sortie, il passe au vol à main armée. Le procureur de Troyes l'envoie passer un an et demi à la prison de Clairvaux, dans l'Aube. Mimile a 19 ans. Une fois sa peine purgée, on ne lui donne pas le choix. Ce sera l'armée. Il s'engage en Afrique, comme bon nombre de repris de justice. Là, il fait le coup-de-poing et partage la rude vie des soldats de la coloniale. Lorsqu'il est démobilisé, en 1925, Émile se rend à Paris pour rejoindre son grand frère, qu'il considère comme un exemple. Il est accompagné de Riton le Lyonnais, un « collègue de travail ».

À Paris, les frères Buisson vivent ensemble mais ne partagent pas la même entreprise. Le Nuss a envie de voir son cadet se débrouiller par lui-même. Un genre d'apprentissage.

— Écoute Mimile, je peux pas te faire travailler pour le moment, j'ai déjà pas mal de soucis à trouver des plans payants avec mes gars. Fais-toi la main, trouve tes tuyaux, on verra bien ce que tu vaux tout seul.

Mimile ne s'en fait pas, il est même très enthousiaste à l'idée de se débrouiller par ses propres moyens. Paris fourmille de coups qui rapportent, si on veut bien les chercher. De nuit, il part visiter les cambuses bourgeoises et rafle les objets de valeur. Fier de lui, il rapporte les fruits de son travail nocturne à son grand frère.

— Dis-donc frangin, tu te démerdes pas mal. C'est de la belle came que tu as là. Bon, je vais quand même te filer un coup de main. Je vais te présenter quelques fourgues, histoire que tu puisses écouler tout ça sans te faire alpaguer.

Le Nuss présente donc à Mimile quelques receleurs susceptibles d'être intéressés par le produit de ses casses, des hommes sérieux et peu regardants. Le jeune gars apprend très vite.

Pour ce qui est de faire la bringue néanmoins, Émile n'a pas besoin des leçons de son grand frère. On voit souvent les deux anciens militaires dans les rades du boulevard de Strasbourg, assis pendant des heures à la table de poker à plumer les arsouilles du quartier. Ils sont à l'aise, dans leur élément dans cette ambiance de caserne chic. Ils enfilent les canons, dépensent sans compter. C'est la belle vie. Ils restent cependant sur leurs gardes. Le code d'honneur des « hommes » n'est pas respecté par tous. Un soir à L'Empire, un jeune Sicilien s'approche de la table de jeu et demande s'il peut entrer dans la partie. Les hommes lui font une place, sans discuter. Puis ils engagent la conversation.

— Tu viens d'où ?

— De Tunis, mes parents sont siciliens.

— On t'a jamais vu par ici, pourtant on y traîne souvent dans ce rade.

— C'est la première fois que je viens.

Dès le début de la partie, le nouveau gagne tous les coups, il aligne les paires d'as, les brelans et les full. Il montre même un carré de rois avant de sortir de table.

— Dis-donc, t'as la baraka ce soir, môme, lance Émile au nouveau venu.

— Bah, la chance du débutant, tu sais ce que c'est…

Émile et Le Nuss se regardent de biais. Il est louche le nouveau, semblent-ils penser de concert. En deux heures, le gars a raflé tout l'argent du Nuss. Il quitte la table en disant :

— Pas de bol pour ce coup-ci. Tu te referas la prochaine fois, l'ami.

Le Nuss est écœuré et surtout, il sent le coup foireux. Il décide de prendre quelques renseignements sur ce « chanceux ». Il va voir un ami, un habitué des cercles et joueur professionnel. L'homme confirme ses doutes :

— Le Sicilien ? C'est un grugeur de première. Il est connu dans le Milieu. Il s'est fait jeter d'à peu près tous les bars de la Place d'Italie. Personne a jamais réussi à le choper, mais il triche, c'est sûr. Personne peut avoir des mains pareilles. Et tout le temps encore.

— Je vais me le faire ce pourri.

Fou de rage à l'idée de s'être fait arnaquer, Le Nuss cherche le Sicilien toute la matinée du lendemain à travers les rues du quartier. Il interroge sans ménagement les personnes susceptibles de lui fournir des renseignements. « Tu me dis où il est ce Sicilien ou je te troue… » Voilà en substance les quelques mots doux que glisse Le Nuss aux oreilles des gens qu'il interroge. Méthode efficace s'il en est. Buisson met rapidement la main sur son arnaqueur. Sans un mot, sans le moindre avertissement, Le Nuss s'approche du Sicilien qui n'a rien vu venir. Il tire une seule balle. Mais en pleine tête. Le crâne du tricheur explose sous l'impact. En pleine rue. Des témoins assistent à la scène, ils quittent les lieux en criant : « À l'assassin ! À l'assassin ! ». Le Nuss n'a pas le temps de s'enfuir. Il est arrêté et repart en prison. Sa deuxième maison. Le jugement cependant le considèrera comme pénalement irresponsable. Il est donc interné à l'asile de Villejuif pendant presque un an. Pendant ce temps-là, Mimile continue de se débrouiller seul. Il multiplie les petits casses et les cambriolages. Il a mis à profit les contacts que lui a fournis son frère et écoule tranquillement les marchandises dérobées dans les entrepôts ou les demeures cossues de l'ouest parisien. Il travaille en solo, parfois avec une petite équipe qu'il dirige de main de maître. Il est intelligent, vif, et a gagné sa place dans le Milieu. Finaud et rusé, il parvient même à écourter le séjour de son grand frère à Villejuif. Il le fait hospitaliser dans une clinique bien plus confortable, où Le Nuss termine de purger sa peine.

Lorsque Jean-Baptiste sort de taule, les deux frères sont enfin réunis et décident, maintenant que Mimile a fait ses preuves, de travailler ensemble. Ils sont connus, on les voit partout. Ils montent des coups à deux, et Jean-Baptiste est impressionné par son jeune frère qui a appris toutes les ficelles et est devenu maintenant un vrai truand. Le vol, les femmes, l'alcool, le jeu… La petite famille ne manque de rien. Un soir, à la sortie d'une boîte de nuit, Mimile est en train de conter fleurette à une petite pépée. Soudain, des éclats de voix. C'est une altercation entre Le Nuss et un petit marlou qui n'a pas aimé la façon dont Jean-Baptiste s'est approché de sa régulière.

— Pourquoi tu t'es approché de ma femme ? Qu'est-ce que tu voulais lui dire ? T'avais pas vu qu'elle était accompagnée, espèce de mariole ?

Le Nuss, ne répond pas. Il a appris qu'il valait mieux cogner. Et si possible, cogner le premier. Jean-Baptiste décoche un crochet en plein ventre du jaloux. L'homme est plié en deux. Il vomit.

Mimile, regardant la scène à quelques mètres de là, n'intervient pas. Son frère peut gérer la situation sans difficulté, il en a vu d'autres. Mais tout à coup, le marlou se relève et crie : « je vais te crever, salope ! » Il a sorti une lame de rasoir et s'est rué sur Le Nuss. Il lui fait une profonde entaille au bras. Émile ne réfléchit pas, son frangin risque de se faire égorger. Il se précipite vers les deux hommes, sort son arme :

— Baptiste, dégage, je me le fais.

Émile Buisson tire, sans réfléchir. C'est son premier meurtre. C'est surtout le début d'une longue série.

Émile n'a pas fait dans la dentelle sur ce coup-là, il a tué un homme en pleine rue, devant une dizaine de témoins.

— Viens frangin, on se tire ou va y avoir du vilain.

Les Buisson n'ont pas le choix, ils doivent quitter Paris rapidement.

— Faut qu'on se sépare, Baptiste, sinon on va se faire serrer.

Chacun part en cavale de son côté. Heureusement, dans la grande famille du crime, les deux hommes ont quelques amis. Émile part à Strasbourg, Le Nuss à Grenoble. Là, ils se terrent et se font un peu oublier. L'affaire se tasse. Règlement de comptes entre truands. La police ne fait pas de zèle. Les Buisson peuvent finalement rentrer à Paris sans être inquiétés.

Peu après son retour dans la capitale, Jean-Baptiste reprend ses cambriolages. Un soir, il pénètre dans un appartement du 11e arrondissement. Un informateur l'a rencardé.

— Le vieux planque un max d'oseille dans un placard. Il dort comme un sonneur. Tu fais ça dans le feutré et t'auras pas de problème.

Malheureusement pour Jean-Baptiste, le propriétaire s'est réveillé.

— Police ! Police ! se met à hurler le vieillard.

Le Nuss n'a pas l'intention de se laisser prendre aussi bêtement. Il braque son arme contre le propriétaire.

— Ta gueule ou je te bute.

L'homme est sourd aux menaces, il continue de crier. Le Nuss n'a pas le moindre scrupule, il tire. Le vieillard s'effondre. Fort heureusement pour lui, l'homme ne sera que blessé. Jean-Baptiste s'enfuit sans son butin. Mais il était dit que ce coup était définitivement foireux. Le Nuss est retrouvé et arrêté sur dénonciation. Il est jugé pour tentative de meurtre et écope d'une peine de huit ans de réclusion criminelle.

Mais à seulement 36 ans, Jean-Baptiste n'a pas l'intention de passer ses dernières années de fougue et de vigueur dans un trou à rats. Alors qu'il est emprisonné à Mulhouse, il se fracture volontairement le genou pour être interné dans un hôpital. C'est moins rustique, et surtout, on s'en échappe plus facilement. Et il sait que son petit frère n'hésitera pas à monter une équipée pour le sortir de là. Émile fait appel à trois copains, des Parisiens venus se refaire une santé dans l'est de la France. Le coup est préparé minutieusement. Émile Buisson sait qu'il ne peut pas effectuer les repérages sans être reconnu. Il envoie ses acolytes.

— Presque pas de flics et les piaules sont ouvertes. Franchement Mimile, c'est vraiment du gâteau. On y arriverait avec des débutants.

Ainsi, une nuit, une voiture s'arrête devant l'hôpital. Le chauffeur reste au volant tandis que Buisson et les autres s'introduisent silencieusement dans l'enceinte de l'établissement. Ses collègues n'avaient pas menti, la surveillance est minime. Seule une infirmière de nuit est là pour apporter des attentions aux patients qui en ont besoin. Les hommes se terrent. Ils n'auront même pas besoin d'inquiéter cette pauvre femme. Alors qu'elle part prodiguer des soins, les hommes se faufilent dans la chambre de Jean-Baptiste. Il dort à poings fermés.

— Hé Baptiste, réveil !

Le Nuss émerge et voit son frère, souriant au-dessus de son lit.

— J'ai cru que tu viendrais jamais, môme.

Émile rigole puis fait signe à ses comparses.

— Il faut le soulever, avec son genou en sucette il peut pas marcher.

Les complices s'exécutent.

— Faites gaffe quand même, je morfle, soyez un peu délicat les mecs.

Jean-Baptiste est pris avec ménagement. Émile surveille le couloir sombre de l'hôpital.

— 22 les gonzes, y a l'infirmière.

La porte de la chambre est refermée. Ils restent derrière, prêts à assommer la jeune femme s'il lui prenait l'envie d'entrer dans la piaule. Des pas s'approchent, puis s'éloignent. Elle a eu chaud, mais n'en a pas conscience. Le Nuss est soulevé par les deux hommes qui lui improvisent une chaise à porteurs avec leurs bras. Émile ouvre la marche. Sans bruit, la petite équipe longe les couloirs. Pas âme qui vive. Ils sortent de l'hôpital sans difficulté et installent Jean-Baptiste dans la voiture qui les attend devant. Une opération parfaite, sans la moindre violence. Pour une fois.

— Tu m'emmènes où Mimile ? demande Le Nuss.

— Chez un copain manouche de Saint-Ouen, le temps que tu récupères ton genou.

La convalescence est rapide, d'autant plus que Jean-Baptiste ne tient pas en place, c'est un homme de terrain, d'action. Aussitôt sur pied, il reprend ses activités de monte-en-l'air et d'oiseau de nuit. Une nouvelle altercation va le pousser à tuer à nouveau. Une dispute dans un bar tourne vite au pugilat. Le Nuss, toujours impulsif, lance à son opposant : « Viens dehors on va s'expliquer. » Aussitôt sorti, Buisson sort son arme et la décharge dans le ventre du bonhomme, Roger Montaurois, un truand Bordelais.

Quelques mois plus tard, à Brie-sur-Marne, les deux frères ont dégoté une bonne planque. Ils s'associent avec deux fugitifs, Émile Courgibet et Charles Desgrandchamps. Ils reprennent les braquages à tout va. N'arrêtent pas. L'équipe fonctionne très bien, et tout semble devoir leur réussir. Banques, postes, entrepôts, maisons particulières. Tout y passe. Les hommes se remplissent les poches rapidement. C'est alors que Le Nuss et Émile Courgibet décident de se mettre au vert.

— Frangin, moi j'en ai plein les bottes de passer la moitié de ma vie au mitard, j'ai la rousse derrière moi depuis trop longtemps. Je me tire.

Émile Buisson comprend. Mais ça ne lui fait pas plaisir. Il aimait le fonctionnement de la petite PME familiale.

— Mais tu vas aller où Baptiste ? T'es grillé partout.

Le Nuss soupire :

— À l'étranger, môme. Le plus loin possible de la maison poulaga. Courgibet et moi on s'est dit qu'on avait assez d'artiche pour monter une petite affaire à Shanghai. Je connais un Corse et un Turinois sur place, ils devraient nous filer un coup de main.

Le Nuss et Courgibet quittent donc la France. Ils embarquent à Gênes, direction la Chine.

Émile est le seul du petit groupe à ne pas être en cavale. Il n'a, par conséquent, pas de raison de fuir. Et il aime trop la France, il a ses repères. Il reste donc avec Charles Desgrandchamps. Ils continuent leurs coups à deux.

En Chine, Jean-Baptiste trouve tout de suite ses marques. L'ami corse n'a pas menti. Il y a vraiment des affaires juteuses à faire dans ce pays en pleine guerre civile. Les deux hommes se lancent dans le trafic d'armes. Ils accueillent les cargaisons venant d'Europe et les vendent aux troupes de Mao Tsé-toung, l'aidant ainsi dans sa lutte acharnée contre Tchang Kai-chek. Les communistes n'ont pas de liquidités, pas de devises, mais leur monnaie d'échange a une valeur inestimable. Ils paient leurs armes avec de l'opium. Le marché est pour le moins fructueux. Le Nuss se charge d'envoyer la drogue vers l'Europe, après une traversée de la Chine par le fleuve Jaune. Les affaires vont bon train et la petite entreprise prend rapidement de l'ampleur. Aussi, Jean-Baptiste parvient-il à faire passer un message à son frère resté à Paris : « Rejoins-moi. De l'oseille comme s'il en pleuvait. Sans risque. » Émile frémit à la simple évocation de l'argent facile. Il n'hésite pas et prend le premier bateau, accompagné de sa nouvelle femme, Yvonne. Ensemble à Shanghai, les Buisson ouvrent un restaurant et une boîte de nuit. Un claque de belle tenue où les expatriés et les riches Chinois se retrouvent pour faire des affaires en s'encanaillant avec des filles de joie. La vie est facile, presque trop. Ces hommes habitués à faire le coup-de-poing, à sentir l'adrénaline leur parcourir le long de l'échine, s'ennuient bien vite dans la peau de fonctionnaires du crime. Et le mal du pays se fait cruellement ressentir. Courgibet et les Buisson quittent la Chine. Le grand frère ne souhaite pas rentrer tout de suite à Paris, aussi il décide d'aller tenter sa chance à San Francisco, pour faire des affaires avec la pègre locale. Il compte mettre à profit les contacts qu'il a pris, notamment grâce au trafic d'opium.

En revanche, pour Mimile et Courgibet, c'est le retour à Pantruche, et la reprise des affaires. Ils s'associent de nouveau avec Desgranchamps, resté au pays pendant leur escapade chinoise. Toujours plus de casses, et toujours avec la même impunité. Les trois hommes sont insaisissables. Cependant, ils commettent une nouvelle bévue. Et lorsqu'en 1935, Le Nuss rentre en France, c'est pour découvrir que ses anciens complices sont très activement recherchés. En effet, Desgranchamps a été condamné à mort par contumace pour avoir agressé un policier lors d'un cambriolage qui a mal tourné. Émile était avec lui, les deux hommes ont réussi à s'échapper *in extremis*. Bref, les affaires ne tournent plus aussi rond qu'avant. Les hommes tâchent de se faire oublier. Ils errent de planque en planque, et ne font plus que quelques coups pour s'assurer le minimum vital.

Mais, vers la fin de l'année 1937, les affaires reprennent. *Via* un intermédiaire, Desgrandchamps toujours en cavale parvient à reprendre contact avec Émile. Le message est simple. Charles Desgranchamps est sur un très gros coup, et il a besoin d'un homme de confiance. Il connaît les qualités d'Émile, son sang-froid, et sa capacité à défourailler sans réfléchir en cas de besoin. Les deux hommes se retrouvent à Paris pour discuter de l'affaire.

— Un marlou m'a filé un tuyau fumant, Mimile. Avec un coup pareil, on n'aura plus qu'à se retirer des affaires.

Émile est tout ouïe. Le gros coup. C'est ce qu'espèrent tous les truands, le casse qui les mettra à l'abri pour le restant de leurs jours.

— Là, j'ai besoin d'un bon pilote, d'une épée comme toi, Mimile. C'est une affaire facile, rapide, mais derrière faudra décarrer à toute blinde. Tu te sens de le faire ?

Émile acquiesce. Ses multiples braquages l'ont souvent amené à conduire à tombeau ouvert à travers les rues de Paris.

— T'inquiète, ça, c'est dans mes cordes. Mais y a combien à la clé ? demande Émile.

— Des millions mon pote. Je te dis, un casse pareil, on en parle encore dans cent ans.

Desgrandchamps a raison : le coup dont il parle, c'est le mythique hold-up du Crédit Lyonnais de Troyes, l'une des plus grosses affaires de cette première moitié du XXe siècle.

29 décembre 1937, 16 h 30. Troyes, ville calme s'il en est, est tout à la langueur des fêtes de fin d'année. Les décorations de Noël égaient la tranquille préfecture de l'Aube. Une puissante Hotchkiss beige, ces voitures américaines tape-à-l'œil que les truands aiment tant, roule lentement à travers la ville. Cinq hommes sont à son bord. Buisson, Desgrandchamps, Henri Schlick, dit Riton, Berthuin, dit Johanny, et Émile Courgibet. La nuit est sur le point de tomber. La voiture s'arrête sur le bas-côté. Desgrandchamps redonne une dernière fois les consignes.

— Bon les hommes, le plan est simple, mais faut pas se trouer. Toi, Mimile, tu vas te garer à cinquante mètres de la banque. Tu gardes le moteur en route, mais au ralenti. Pas trop de boucan, hein ? Johanny et Courgibet, vous vous collez dans les vespasiennes. C'est le meilleur endroit pour tout surveiller.

Courgibet rechigne un peu.

— Merde, pourquoi c'est moi qui dois me coltiner les pissotières ? J'espère qu'il est sûr ton coup, Charlot, parce que je te jure que si je me tape les odeurs de pisse pour rien tu vas m'entendre.

Desgrandchamps rigole.

— C'est du tout cuit, mon pote. Je te jure que tu regretteras pas tes cinq minutes passées dans les chiottes. Riton et moi on se planque de l'autre côté de la rue. Il y a un recoin. On peut voir sans se faire repasser.

La voiture reprend sa route. Bien vite, elle arrive à hauteur du Crédit Lyonnais. À présent, il faut attendre. Si les renseignements sont exacts, un fourgon devrait arriver dans les minutes qui viennent pour récupérer l'argent de l'agence du Lyonnais et le mener en lieu sûr. C'est une très grosse agence, et le coffre est bien garni. Le temps s'étire en même temps que les ombres. La fin d'après-midi est froide. La tension est palpable. Dans la voiture, les hommes n'échangent plus un mot. Le silence est pesant.

— Regardez, les mecs, le voilà !

Charles Desgrandchamps a repéré le fourgon qui s'engage dans la rue. Le véhicule blindé se gare en face de la banque. Les convoyeurs en sortent, traversent la rue et s'engouffrent dans le bâtiment. Comme convenu, Buisson va garer la Hotchkiss à quelques mètres, laissant le moteur tourner. Les quatre autres sortent, et vont furtivement prendre leur poste. La rue est vide. Le moment est idéal. Riton et Desgrandchamps vérifient la bonne visibilité. Ils font un signe discret en direction des deux autres, cachés dans les vespasiennes. Tout est paré. La tension est à son comble. Les hommes savent que s'ils réussissent, ce sera le coup de leur vie. Au bout de quelques minutes, les convoyeurs sortent de la banque. Ils portent chacun plusieurs sacs de billets. L'un d'eux sort une clé et ouvre l'arrière du fourgon. Le Crédit Lyonnais est la dernière agence de leur tournée. L'arrière du fourgon est donc rempli à ras bord de sacs contenant des liquidités. Desgranchamps donne le signal. Riton, Berthuin, Courgibet et lui-même se précipitent, arme au poing.

— Vous bougez pas ou on vous fait sauter la cervelle !

Les trois convoyeurs n'ont rien vu venir. Ils n'ont pas le temps de réagir. Riton et Berthuin tiennent les hommes en respect.

Pendant ce temps, les deux autres attrapent les sacs. Ils n'ont qu'à se servir. Ils font un aller-retour rapide pour déposer leur butin dans la voiture, puis retournent récupérer ce qu'il reste. Les convoyeurs sont pétrifiés. Ils voient, aux mines patibulaires de leurs assaillants, qu'ils ont affaire à de vrais caïds, qui n'hésiteront pas à leur balancer un pruneau dans le buffet s'ils tentent quoi que ce soit. Au bout de quelques secondes seulement, l'affaire a duré moins d'une minute, Desgrandchamps donne le signal de la retraire.

— On se tire les mecs. Allez, Mimile, fonce !

Buisson, pour couvrir leur fuite, tire quelques coups de feu, obligeant les convoyeurs à se mettre à couvert.

La bande s'échappe en quatrième vitesse. L'affaire est réglée. Plus tard, en rase campagne, alors qu'ils sont certains de ne pas être suivis, Buisson arrête la Hotchkiss.

— Alors, y a combien ? lance Émile.

Les quatre hommes sortent les billets des sacs et font le compte. Il leur faut un peu de temps pour tout compter et recompter. Ils n'en croient pas leurs yeux. Le tuyau était bon, très bon même. La fine équipe empoche la coquette somme de 1 800 000 francs, une somme astronomique en cette année 1937. Le partage est rapidement fait. Chacun remplit un sac de voyage avec les billets du braquage. La voiture reprend sa route. Ce casse est le plus beau mais aussi celui qui va coûter le plus cher à la bande…

Émile ne peut rester à Paris après un coup pareil. La police est sur les dents, et il risque de tomber s'il flambe dans la capitale. Aussi prend-il la sage décision d'aller s'installer en province. Il investit sa part dans l'immobilier, à Lille. Il achète une ancienne boîte de nuit, et la reconvertit en bordel. Activité lucrative, et encore légale à cette époque. Buisson, commence alors une vie de riche taulier. Ce n'est pas forcément ce dont il avait rêvé pour terminer ses jours, mais il veut en profiter un temps. Un peu d'accalmie. On verra plus tard si le démon des braquages le reprend.

Mais dans le Milieu, tout se sait. Et les auteurs d'un coup de cette ampleur ne restent jamais anonymes très longtemps. Un matin, la police vient cogner à la porte du domicile de Desgranchamps. Rencardées par un petit indic' les forces de l'ordre n'ont eu qu'à cueillir le truand au saut du lit. Emmené au poste, Charles, alias Charlot les Grands Pieds, est cuisiné pendant des heures.

— Si tu te mets pas à table, on met ta femme en taule pour complicité. T'as compris, Charlot ? Alors tu déballes ou c'est elle qui morfle.

Pour protéger sa compagne, Desgranchamps n'a d'autre choix que de parler. Il raconte le hold-up par le menu et donne les noms de ses comparses. Malheureusement pour la police, les indications de Charlot ne sont pas assez précises. Les flics ne parviennent pas à mettre la main sur le reste de l'équipe. Jugé quelques années plus tard, Charlot les Grands Pieds réussit à se faire passer pour fou, et obtient l'internement dans un asile, d'où il s'évade en 1946. Dès son retour aux affaires, il prend une balle dans le ventre lors du braquage d'une usine et meurt des suites de ses blessures.

La bande d'Émile est à présent décimée. Éparpillée. Riton se cache on ne sait où, et Courgibet est parti à New York, où il a refait sa vie sous une fausse identité, désormais rangé des voitures.

Mais respecté et craint depuis le hold-up de Troyes, le premier grand braquage de banque de l'histoire du crime français,

Émile doit trouver une nouvelle bande. Son boulot de tenancier de bordel l'ennuie au plus haut point. Il lui faut reprendre du service. Il n'a maintenant plus qu'à claquer des doigts pour que la fine fleur du crime français vienne lui apporter son soutien. Il prend donc quelques contacts et s'acoquine avec une autre pointure. Abel Danos, dit Le Danois, ou encore Le Mammouth.

Danos est un malfrat très respecté dans le Milieu, ami de Pierrot le Fou et de René la Canne, c'est un ancien du casse du train de Marseille en 1936, qui avait rapporté 100 millions de francs à l'équipe. Avec lui, Émile Buisson sait qu'il a affaire à un homme de son calibre. Aussi, organisent-ils un coup vraiment ambitieux. Un autre. Le premier braquage de l'Occupation. Le 24 février 1941, au Crédit industriel et commercial de la rue de la Victoire à Paris. Ce jour-là, deux encaisseurs du CIC reviennent d'une tournée de transfert de fonds entre le siège social de la banque, ses succursales parisiennes et la Banque de France. Les deux hommes déchargent tranquillement les sacs remplis de billets de banque dans une poussette. C'est alors que surgissent Mimile, Le Danois et deux complices. Flingue en pogne. Ils mettent en joue les encaisseurs stupéfaits.

— Lâchez la poussette, dit Mimile. Allez, fissa.

Buisson pose la main sur l'engin et le tire vers lui.

— Jamais de la vie ! rétorque le convoyeur en résistant.

Le Danois prend la parole et se fait menaçant.

— Écoute mon gars, il vaudrait mieux pour vous deux qu'on ait la poussette tout de suite ! On va vous brûler sinon.

Mais les convoyeurs résistent. Il est hors de question de se laisser impressionner.

— Vas-y, je t'attends. Fais la cracher ta pétoire !

Danos ne se fait pas prier. Il tire. Buisson enchaîne.

Les coups partent dans tous les sens. Les convoyeurs n'ont pas le temps de sortir leurs armes. Ils sont criblés de balles en un instant. C'est un véritable bain de sang, une exécution. Le premier convoyeur est tué sur le coup, l'autre est très grièvement blessé. Les assaillants récupèrent le butin et s'enfuient à travers les rues de Paris. Sans le moindre état d'âme. Les quatre hommes récupèrent 4 millions de francs en billets. Ils apprendront plus tard que le coup aurait pu être bien plus important. En effet, la presse divulgue quelques jours plus tard qu'ils sont partis en oubliant d'emporter plus de 20 millions de francs en bons du Trésor.

Ce casse a rendu folles toutes les polices de France. Les flics utilisent tous leurs réseaux. En cette période de disette, il est cependant assez facile d'obtenir des informations contre quelques billets. Aussi, ils parviennent, en soudoyant quelques malfrats, à identifier les membres de l'équipe du casse de la rue de la Victoire. La police s'aperçoit alors qu'elle a affaire à une équipe de premier plan : Georges Sellenet, dit « Jo », Roger Beckerich dit Roger le Fou, Le Danois et Buisson. Des avis de recherches sont lancés contre les dangereux criminels. Les quatre hommes restent cependant introuvables.

Buisson se cache, se terre pendant quelques mois. Sa carrière en France commence à être compromise. Il a trop tiré sur la corde. Aussi, en mai 1943, il décide de se rendre en Italie. Pendant le voyage en train, il se fait contrôler par une patrouille de la Gestapo.

— Papiers, monsieur !

Buisson garde son sang-froid, il sort tranquillement son portefeuille, et montre ses documents. Les militaires allemands ne sont pas dupes une seconde.

— Ce ne sont pas de vrais papiers, monsieur. Nous allons devoir vous fouiller. Levez-vous.

Évidemment, Mimile ne voyage pas sans quincaillerie. Ses armes sont découvertes par les gestapistes. Il est arrêté, et condamné à un an de prison pour port d'arme illégal. Mais une fois sous les verrous, les informations commencent à tomber. Buisson est identifié comme faisant partie du groupe de malfrats ayant braqué les encaisseurs de Troyes en 1937. Il est alors envoyé à la prison de Troyes. Vu son passif, Buisson se dit qu'il n'a rien à perdre. Il tente rapidement une évasion. Mais il la tente seul, et elle est peu ou pas préparée. Aussi tourne-t-elle court. Un surveillant qu'il n'avait pas remarqué lui tombe dessus alors qu'il traverse le couloir de sortie. Émile parvient à se libérer, sort son couteau, et égorge le gardien. Les bruits de bagarre alertent les autres surveillants, qui le maîtrisent et le remettent en cellule. La peine sera très lourde. Il est condamné à perpétuité. Les autorités pénitentiaires l'envoient alors purger sa peine à la Santé. La Santé. Le meilleur endroit pour rencontrer des hommes qui n'ont pas froid aux yeux… Là, il fait la connaissance d'un certain Bernard, un as de l'évasion. Les deux hommes se lient d'amitié.

— Faut que je me taille, Bernard. De toute façon, j'ai pris perpète, je préfère canner en me faisant la belle plutôt que de pourrir ici jusqu'à ma mort.

Bernard accepte d'aider Buisson à se faire la malle. Il lui propose un plan :

— Le meilleur truc à faire, c'est de se tailler pendant un transfert à l'hôpital. J'ai déjà monté un coup comme ça à Clairvaux. J'ai simulé une crise d'appendicite, ils y ont vu que du feu. Là je ferai pareil.

Buisson écoute et n'en perd pas une miette.

— Toi, comme t'es complètement marle, faudrait que tu tentes autre chose. Tout le monde ici sait que tu es capable de tout avec un ya entre les mains. Le mieux ce serait que tu l'utilises pour t'automutiler. Tu t'ouvres le bide ou un truc comme ça.

Émile éclate de rire.

— T'es pas louf, Bernard ? Je vais pas utiliser mon couteau pour me tailler la viande !

Mais Bernard continue :

— Je suis sérieux, Buisson. Faut tenter le coup, sinon t'es bon pour calancher ici, et passer ta vie aux frais de la République.

Buisson jauge la situation. Il réfléchit :

— Bon, d'accord, disons que je m'entaille le buffet, qu'est-ce qui se passe après ?

Bernard a déjà tout en tête :

— Après faudra compter sur les aminches pour braquer l'ambulance.

Le plan paraît raisonnable à Mimile qui accepte. Il tient si bien son rôle d'aliéné qu'il est directement envoyé au service psychiatrique de Villejuif. Bernard, lui, est découvert et envoyé au mitard. Ses amis ne viennent pas chercher Buisson pendant son transfert. Mais Mimile ne s'en fait pas, il sent que son frère manigance une visite surprise, pour bientôt…

Le Nuss, après avoir purgé une peine pour un énième braquage, a été libéré en septembre 1946, de la prison de Nîmes. Il a rejoint les Lyonnais, et notamment Charles Desgrandchamps, tout juste évadé de l'asile. Il reprend ses affaires, installé à nouveau dans le faubourg Saint-Martin. Le Nuss veut faire évader son petit frère, et pour cela il s'est entouré d'un Stéphanois et d'anciens codétenus de Mimile, Henri Dussac et Roger Dekker.

Le 3 septembre 1947, les quatre hommes, masqués et lourdement armés, attaquent l'hôpital de Villejuif et trouvent Émile au beau milieu de la cour de la prison. Ils le libèrent sans difficultés. Les surveillants sont tellement débordés par la situation qu'un interné de renom, René la Canne, qui s'est lui aussi blessé volontairement pour arriver à Villejuif, profite du remue-ménage pour fausser compagnie à ses geôliers. Émile et René se retrouveront quelques mois plus tard, pour préparer un gros coup : l'attaque d'un fourgon du Crédit Lyonnais. Mais ils ne se lanceront pas dans cette opération qu'ils jugeront finalement trop dangereuse.

Le 9 septembre 1947, moins d'une semaine après l'évasion, les frères Buisson et trois complices, Russac, Dekker et Francis Guillo, un Breton qu'Émile a rencontré à la Santé, se positionnent devant un restaurant huppé de la place de l'Étoile, l'Auberge d'Arbois, rue Le Sueur. Terriblement gourmand, Émile avait habitude d'y déjeuner avant le début de la Seconde Guerre mondiale. Mais ce jour-là, il est revenu avec de moins bonnes intentions. Armes au poing, les cinq truands pénètrent dans le restaurant avec fracas :

— Haut les mains, Messieurs, Dames ! Nous allons passer parmi vous. Laissez-nous faire et il ne se passera rien de grave.

Deux des hommes bloquent les sorties tandis que les autres dépouillent les riches clients installés dans le restaurant. Les bijoux et les portefeuilles tombent les uns après les autres dans la besace de Mimile. Tout le monde se laisse faire, personne dans l'assemblée n'est assez suicidaire pour tenter de les arrêter. Les truands repartent au bout de quelques minutes, à bord du vieux taxi qu'ils ont volé à l'aller, conduit par Le Nuss. Mais les policiers ont été informés de l'attaque du restaurant et ils s'apprêtent à barrer les rues adjacentes. Lorsque le taxi déboule face à une patrouille de police, Le Nuss accélère et passe à travers l'obstacle. Deux motards partent à leur poursuite. Les cinq hommes roulent alors en direction d'Asnières. Un des motards parvient à un moment à les rattraper et arrive à leur hauteur. Le Nuss, habitué des courses-poursuites, fait une embardée, et pousse le malheureux dans le décor. Le deuxième motard, qui laisse son compagnon sur le bas-côté, continue à poursuivre le tacot, mais ne les dépasse pas. Alors qu'ils entrent dans la ville de Clichy, Le Nuss pile brutalement et le motard tombe en essayant d'éviter la voiture. Il glisse sur quelques mètres et se retrouve au milieu de la chaussée, sa jambe droite coincée par la moto. Furieux d'avoir été pris en chasse, Émile sort de la voiture armé de sa mitraillette. Il s'approche de l'homme blessé, sans défense, le regarde un instant, et l'abat d'une rafale en pleine tête. Par cet acte lâche et barbare, Émile Buisson devient, pour les autorités et la population, un véritable ennemi public.

Alors qu'ils célèbrent la réussite de leur casse, devant le butin étalé sur une table, Buisson se rend compte qu'il manque une belle bague qu'il avait lui-même enlevée du doigt d'une vieille bourgeoise au bord de l'évanouissement. Il soupçonne Russac de l'avoir volée, mais ne dit rien devant le groupe. Le lendemain, sous prétexte d'aller enterrer une partie du butin, Émile fait venir Russac dans un bois près d'Asnières. Alors que Russac s'attelle à creuser, Buisson lui pose une question.

— Dis-moi Russac, à qui comptes-tu vendre la bague que tu nous as prise ?

Russac le regarde, apeuré.

— Tu croyais quand même pas que tu allais nous doubler sur ce coup, non ?

Émile l'abat d'une balle dans la tête avant qu'il n'ait pu ouvrir la bouche. Buisson n'excuse aucune faute et punit lourdement quiconque lui manque de respect.

Mais, encore une fois, le groupe a été dénoncé à la brigade criminelle. Le 26 septembre, dans un bar près de l'hôpital Saint-Louis, au 57 rue Bichat, Le Nuss et Dekker sont interpellés. Mimile, qui était avec eux, a réussi à sortir par une fenêtre et à s'échapper par les toits. Sa réputation d'« insaisissable » enfle grâce aux nombreux articles de journaux rappelant son incroyable fuite. Le Nuss et Dekker parlent, et sont rapidement relâchés. La responsabilité du braquage du restaurant et de l'assassinat du motard retombe sur le dos d'Émile, qui a rejoint entre-temps Francis Guillo. Buisson en veut à son frère et sera heureux d'apprendre, une année plus tard, que Dekker a été abattu par des gendarmes pendant son évasion de la prison de Fontevrault.

Avec P'tit Francis, Émile dévalise des commerces, des bijouteries, ou encore des PMU, les veilles de courses, quand les caisses sont pleines. Ils s'attaquent à l'usine Saint-Gobain d'Aubervilliers et raflent la paie de tous les ouvriers. Le 10 mai 1948, à Draveil, ils braquent deux employés de la Sécurité sociale qui venaient de retirer 70 000 francs dans un bureau de poste. Rapidement, les vols à main armée se multiplient. À Boulogne-Billancourt la paie d'un garage est dérobée, dans la tranquille ville de Neuilly-Plaisance le siège de la Sécurité sociale est pillé, sur le boulevard de Courcelles à Paris c'est un bureau de tabac qui est attaqué, et à Étampes un convoyeur de la Caisse d'allocations familiales est dépouillé. La bande de Buisson, qui s'agrandit au fur et à mesure des braquages, laisse de nombreux morts sur son passage, notamment deux ouvriers abattus parce qu'ils s'opposaient courageusement au vol de leur paye.

Puis Mimile et sa bande reviennent vers les banques : à Champigny, ils s'attaquent à la banque régionale d'escompte et de dépôt. Buisson adore voir la tête des clients et des employés quand il entre son arme à la main et crie « Haut les mains ! Plus un geste ! ». Mais cette fois-ci, une personne ne l'écoute pas. Roger Gourmont, le directeur, n'est pas du tout intimidé par ce petit homme énervé. Il tente de se défendre et approche doucement sa main vers l'intérieur de sa veste. Il s'effondre avant d'avoir pu sortir son arme. Buisson lui tire plusieurs balles dans le ventre, et Gourmont succombe à ses blessures. Les braqueurs repartent avec 40 000 francs. Pas cher payé pour la vie d'un homme… C'est leur vingt-deuxième agression en quatre mois ; Émile ne compte plus les morts.

Alors qu'il est recherché par toutes les polices de France, Buisson n'hésite pas à dîner à la Rôtisserie périgourdine, un restaurant fréquenté par de nombreux policiers et qui se trouve… en face du Quai des Orfèvres ! Il fréquente les lieux publics et n'a pas peur de se montrer. Mimile mène la grande vie, il n'a pas de limites. Ses complices sont fous d'inquiétude, ils pensent que leur chef devient irresponsable. Buisson défouraille pour un oui ou pour un non et il a l'humeur changeante. Sur son chemin vers la belle vie, un obstacle ne le reste pas longtemps. Il ne fait pas de cadeau, que ça soit à ses ennemis, ou à ses associés…

Après le coup de Champigny, Émile aspire à un peu de repos. Il s'installe dans une vieille auberge en banlieue parisienne, et joue au notable tranquille. Mais les affaires reviennent rapidement. Buisson monte une équipe pour préparer d'autres coups plus lucratifs : les transports de fonds de Versailles. Le 17 février 1950, avec ses hommes, il attaque un fourgon de la Compagnie des tramways de Versailles et tue l'encaisseur d'une balle dans le foie.

Les hommes qui ont rejoint Mimile sont Henri Ribot, Désiré Polledri et Maurice Yves, dit Le Poissonnier. Émile se montre très dur avec ses associés. C'est lui le chef de la bande, et chacun doit admettre qu'il travaille sous ses ordres et selon ses règles. En tant que patron, c'est lui qui s'occupe du partage des butins. Et quand il s'aperçoit qu'un de ses hommes travaille sur ses propres coups sans en faire profiter ses copains, Émile voit rouge. C'est Désiré Polledri. Peu de temps auparavant, Désiré avait accidentellement abattu Maurice le Poissonnier dans une voiture, en assemblant une petite mitraillette démontable juste avant de partir en opération. Mimile était furieux, mais il n'avait pas sévi. Les affaires personnelles menées dans le dos de son patron sont la faute de trop. C'en est assez pour Mimile, il doit se séparer de Désiré. Il l'abat d'une balle dans la nuque, après lui avoir coupé la langue, au beau milieu du Passage Landrieu.

Le mauvais sort s'acharne sur Buisson : le P'tit Francis est arrêté en janvier 1949 à Issy-les-Moulineaux pendant un contrôle de police. Il blesse trois policiers au cours de son interpellation. Alors qu'il est en prison, le P'tit Francis va involontairement faire tomber Émile en confiant une lettre qui lui est destinée à un certain Dédé de Deauville, un petit malfrat aux relations étendues.

— Tu remets cette lettre à Ribot, qui saura à qui la transmettre. Va, je compte sur toi.

La lettre en question est une réponse aux demandes pressantes de son ami. Mimile sort d'un mauvais coup et il a besoin de tout : argent, planque, voiture, armes. Mais Francis est trahi par Dédé de Deauville, qui ne transmet pas la lettre comme convenu. Avant d'arriver entre les mains d'Henri Ribot, le courrier fait un petit détour par la Sûreté générale…

L'inspecteur Borniche, qui s'occupe de la traque de Buisson depuis son évasion de l'hôpital de Villejuif en 1947, profite de l'occasion pour monter un piège contre le fugitif.

— Qu'on l'aide à trouver tout ce qu'il veut. Qu'on lui donne une planque, des armes, une voiture, tout ! On n'aura plus qu'à le cueillir…

Des policiers infiltrés dans le Milieu parlementent avec des hommes de Buisson et lui fournissent ce qu'il demande. Ils lui trouvent une planque, une masure plantée sur la route de Deauville, près d'Évreux, l'auberge de la mère Odue. Mimile est tombé dans le panneau, Borniche n'a plus qu'à attendre le moment propice pour lui mettre la main dessus.

Quelques jours plus tard, le matin du 10 juin 1950, une voiture se gare sur le parking de l'auberge de la mère Odue. Trois personnes sont à l'intérieur : Borniche, sa femme Maryse, et Gillars, un de ses agents. Avant de sortir du véhicule, ils voient un homme petit et méfiant sortir quelques instants de l'auberge.

— C'est lui ! lâche Gillars.

Borniche et ses compagnons s'installent dans le restaurant. Il repère tout de suite Buisson, qui se réfugie rapidement en cuisine. Le policier se lève, s'approche du fugitif, mais change de chemin lorsqu'il le voit attraper un couteau. L'inspecteur demande alors à la tenancière d'appeler une clinique à Deauville et fait semblant d'avoir une conversation très importante. Il vérifie du coin de l'œil l'attitude du petit bonhomme et il raccroche dès qu'il voit que Buisson n'est plus sur ses gardes et lui tourne le dos. Tout est fini pour Émile Buisson. Borniche lui saute dessus et le ceinture. Maryse lui passe les menottes tandis que Gillars prête main-forte à son patron.

— Tu es fait Émile ! dit Borniche pour le raisonner et asseoir son autorité.

Pendant les premiers interrogatoires, Buisson avoue tous les braquages mais nie catégoriquement la trentaine de meurtres qui lui ont été attribués. En prison il est surveillé de très près. Même si ses principaux complices ne sont plus en service, les surveillants ne peuvent se permettre de prendre des risques avec « Mimile l'insaisissable ».

Lors du premier jour de son procès, le 18 janvier 1954, c'est la cohue au Palais de justice de Paris. Les journalistes et les photographes jouent des coudes pour pouvoir tirer le portrait de l'ennemi public numéro un qui, entouré de ses avocats et de policiers, n'en mène pas large. Buisson se fait tout petit dans cette pagaille. Pendant les débats, personne ne croit ses explications farfelues sur les multiples meurtres qui lui sont reprochés. La sentence tombe. Émile Buisson est condamné à mort et enfermé à la prison de la Santé, où il croupit pendant deux ans, attendant son exécution. Le 28 février 1956, dans la cour de la prison, après avoir dit « Je suis prêt » à son bourreau, Mimile est guillotiné. Roger Borniche, l'homme qui l'a amené à l'échafaud, observe la scène à quelques mètres de là. Le P'tit Francis, jugé en même temps que son complice, voit sa peine de mort commuée en vingt ans de prison en 1959.

Le dernier coup de folie d'un Buisson a lieu en décembre 1952. Alors qu'il est de passage à Paris, Jean-Baptiste Buisson retrouve un ami pour boire un canon dans le bar La Sirène, vers la porte Saint-Martin. Là, il rencontre une vieille connaissance, Lucien l'Avocat. Un des amis de Lucien, Jean, accoudé au comptoir, écoute la conversation des deux hommes. Ils parlent d'Émile. En entendant le nom de Buisson, Jean commence à s'exciter.

— T'es le frère de Buisson ? L'ennemi public numéro un ? Et t'as pas peur qu'il balance des trucs sur toi ? Y en a beaucoup qui parlent pour sortir plus tôt, et je suis sûr que ton petit frère, c'est une donneuse.

Comme son frère en 1925, Jean-Baptiste veut directement laver l'affront fait à son nom. Il sort du bar et revient quelques instants plus tard avec un 11.43 dans la main. Il tire sans hésiter sur les deux amis, qui meurent sur le coup. On ne parle pas de son petit frère de la sorte. Le Nuss prend seize ans de prison. Il sort en 1969 et meurt au début des années 1980, plus de trente ans après Mimile.

ANTOINE ET BARTHÉLÉMY GUÉRINI

LES TRUANDS MAGNIFIQUES.

Antoine et Barthélémy Guérini dit Mémé. Deux frères, un clan. Un règne sans partage sur le Milieu marseillais qui va durer plus de 20 ans… De 1945 à 1967, les deux hommes bâtissent un véritable empire.

Les frères Guérini sont originaires de Corse, du petit village de Calenzana, caché dans un coin de Balagne. Leur père est bûcheron, et dans ces premières années du vingtième siècle, la vie est rude, très rude dans les campagnes les plus reculées de l'île de Beauté. La vie est d'autant plus difficile que le père, Félix, doit entretenir une fratrie de huit enfants. Six fils, deux filles. Huit bouches à nourrir. Un gouffre. Aussi, dès leur plus jeune âge, les enfants doivent aider. Aider le père pour qu'il s'en sorte, comme il peut.

Aux petites heures de l'aube, les frères Guérini se lèvent. Ils ont faim, mais le repas n'aura lieu que dans quelques heures. Avant, il faut aller travailler, soutenir le père dans son dur labeur. La famille du bûcheron vit près de la forêt de Bonifato dans le plus grand dénuement. Les repas sont tellement maigres, que, bien des années plus tard, Barthélémy confiera, avec une pointe d'ironie douce-amère : « nous avions faim en sortant de table »…

Les deux frères qui formeront plus tard le fameux clan Guérini, ont six ans d'écart. Antoine, naît en 1902 et Barthélémy en 1908. Les deux hommes n'affrontent pas leur sort misérable de la même manière. Antoine ne supporte pas cette vie d'indigence. Il a l'esprit frondeur. Il est animé par une rage rebelle, une rage intérieure qu'il a héritée de son grand-père. Antoine a soif de revanche sur la vie, dès son plus jeune âge. Aussi, il accepte mal l'autorité de son père. Il y est même totalement réfractaire. Les altercations entre ces deux-là sont nombreuses. Et les coups pleuvent. Aussi, après une ultime algarade avec le bûcheron de Calenzana, Antoine décide de quitter l'île, cette Corse qu'il aime tant mais qui ne lui a apporté que la misère et la faim. La seule issue pour lui est de rejoindre le continent.

Antoine s'installe à Nice. Il n'a aucun bagage, aucune compétence particulière. Aussi, ses premiers petits boulots ne sont pas à la hauteur de ses espérances. En effet, lorsqu'il arrive sur la baie des anges, c'est une place de simple serveur qui lui permet de subsister. Mais l'établissement dans lequel il officie n'est pas un endroit comme les autres. C'est un certain Jacques Costa qui lui a trouvé ce travail, et c'est dans un bar fréquenté par le Milieu qu'Antoine démarre son existence continentale. Plein d'ambition, Antoine décide de mettre à profit ses nouvelles fréquentations. Sa colère froide et son intelligence aiguisée lui permettent rapidement de se faire une petite place dans les milieux interlopes de la prostitution. Très vite, son frère cadet Barthélémy, que tous appellent Mémé, le rejoindra. Les deux hommes ne se quitteront plus.

Mémé quant à lui, est arrivé en France en 1922, sans même savoir parler français, ni lire ou écrire. Arrivé à Bordeaux il a fait la connaissance de Titi Colonna, un ami de son père. Une figure importante du Milieu bordelais. Mémé enchaîne les petits boulots. Aussi, sans se concerter le moins du monde, les deux frères ont entamé des relations avec le même type d'individus. Attirés par le Milieu et l'argent facile, les frères Guérini ? Peut-être. Mais c'est sans doute la soif d'une réussite éclatante qui les anime bien plus que le reste.

Aussi, c'est vers 1925 que Mémé retrouve Antoine. Les deux hommes ont une idée précise de la façon dont ils doivent démarrer dans la vie. En effet, Titi Colonna, mentor et conseil de Mémé lors de son arrivée sur le continent, recommande aux deux jeunes gens de se lancer dans la prostitution. Le commerce des femmes est florissant et fructueux. Les deux hommes quittent alors Nice pour Marseille.

C'est la première compagne de Mémé, Léonie, qui, la première, se met au « turbin ». Antoine pour sa part dégotte rapidement plusieurs filles qu'il met sur le trottoir. Les frères Guérini sont à présent proxénètes.

Pour assurer un complément de revenus, et surtout pour entamer des relations dont il sait qu'elles seront indispensables à sa réussite, Antoine travaille comme gros bras dans le quartier du Panier pour le compte du parti socialiste. Il se démarque notamment des gangsters marseillais par son mutisme et sa froideur. Il est connu pour être un homme droit, et sa violence imprévisible fait de lui un homme craint. Il assoit sa réputation lorsqu'avec ses amis il écarte une bande de proxénètes arabes que personne n'osait affronter. Si Mémé est moins remarqué que son aîné, il reste néanmoins encore plus déterminé que lui, voulant s'éloigner le plus possible de la misère dans laquelle il a grandi.

Les deux frères s'installent au Panier, leur « lieu de travail ». Ce quartier de Marseille ressemble à un petit morceau de Corse enclavé sur le continent. Les deux hommes retrouvent ici une petite communauté exilée de l'île de Beauté. Certains des habitants du quartier sont originaires de leur village de Calenzana. Les chaises devant les portes le soir, à la fraîche, les petites rues sinueuses, l'acclimatation se fait plus facilement dans ce décor qui ressemble à Ajaccio. En tête : la réussite, coûte que coûte. Les années de dénuement, l'humiliation de la faim ont aiguisé leur profond désir de revanche.

En 1928, Antoine a déjà une dizaine de prostituées qui travaillent pour lui. Cette même année il achète le bar des Colonies et s'associe avec son frère. Leur association durera 40 ans. Et les noms des deux hommes deviendront totalement inséparables.

Lorsqu'ils sont arrivés à Marseille, c'était un autre duo de truands qui tenait le haut du pavé : Carbone et Spirito. Les deux hommes tiennent la ville depuis des années en maintenant au pouvoir un maire corrompu et nauséabond, Simon Sabiani. Mais les Guérini sont fins et intelligents. Ils ont compris qu'ils ne sont pas de taille à lutter. Du moins, pas pour l'instant. Aussi, confrontés aux deux caïds déjà en place, les Guérini jouent la diplomatie. Tant que les deux frères corses se cantonnent à la prostitution, leurs activités sont tolérées.

À partir de 1930, les Guérini comprennent que c'est grâce aux appuis politiques qu'ils peuvent espérer réaliser leur rêve de puissance. Ils se mettent alors à fournir des hommes au parti socialiste, pour assurer la bonne marche des campagnes électorales. De l'autre côté, la droite se fournit chez Carbone et Spirito. Les affrontements directs sont rares, mais pas inexistants. En 1935 des hommes de Paul Carbone tirent à vue sur Antoine et ses amis après une réunion électorale. Ce sont les premières frictions entre les Guérini et les caïds marseillais.

Antoine s'est fait un véritable nom dans le Milieu marseillais. Lui et son frère montent en puissance. Peu à peu, ils rachètent bars et maisons closes.

Au printemps 1936, les frères achètent le bar de l'Étoile, et en font un établissement de luxe où se presse tout le gratin de la police, de la politique et des affaires lors de l'inauguration. Les autres frères et sœurs (François, Pascal, Pierre, Lucien, Toussainte et Restitude) débarquent à Marseille pour s'occuper des établissements des deux aînés. En 1937 plusieurs maisons closes deviennent la propriété de la fratrie (à Toulouse, Alger et Marseille), avant que les deux frères n'héritent d'un ami, tenancier de plusieurs établissements dans le sud de la France.

Peu à peu, Antoine Guérini prend du poids et assoit sa place de « chef du proxénétisme » sur Marseille. Il y parvient sans heurts, grâce à son sens de la diplomatie. Suite à une entrevue avec Carbone et Spirito, les patrons de la ville, il arrache le droit de maintenir sa position. À la veille de la guerre, les frères de Calenzana sont donc à la tête d'un petit empire de la prostitution.

L'arrivée de la gauche aux commandes de la ville au milieu des années 1930, leur permet d'avoir leurs entrées dans le monde politique et administratif. Ils embauchent leurs parents et amis corses dans les services municipaux. C'est le véritable début de leur ascension. Ils ont choisi le bon bord politique, et cela n'a pas de prix.

En 1936, les Guérini se lancent dans le racket. Ils ont décidé de ne plus se cantonner à la prostitution et de se contenter des quelques miettes que leur laissent Carbone et Spirito. Leur but est clair et net : prendre le pouvoir dans le milieu marseillais. Spirito enrage mais Carbone, pour sa part, décide de jouer l'apaisement. Il a sans doute compris qu'avec le changement de bord politique de la ville, et les nouveaux appuis des deux frères, il vaut mieux faire profil bas.

Cet équilibre, fragile, perdurera jusqu'en 1939. Mais la Deuxième Guerre mondiale va radicalement changer la donne pour les deux frères et leur permettre d'assouvir pleinement leur désir de puissance.

Sous l'occupation, les Guérini optent pour la Résistance (au contraire de leurs rivaux Carbone et Spirito qui prennent part à la collaboration). Les méthodes de l'occupant allemand, et a fortiori des collaborateurs français, indignent profondément Mémé Guérini. Il prend sans hésiter le parti de la Résistance. L'un des frères Guérini, Pascal, quant à lui, organise une filière pour faire fuir les clandestins vers la Corse et l'Afrique du Nord tandis que Mémé s'engage franchement dans les combats. Antoine, pour sa part, vient de temps à autres en aide à des résistants ou des juifs en fuite, qu'il cache dans les caves de ses établissements. Mais le truand corse garde le sens des affaires avant tout et n'hésite pas à faire du commerce avec l'occupant, notamment un assez important trafic de bons d'essence.

En réalité, le clan joue sur les deux tableaux. Antoine n'est pas exactement un collabo, mais sont attitude reste très ambigüe.

En pleine guerre, une tragique histoire d'amour bouleverse le destin de Mémé Guérini. Il part en Corse pour aller chercher la femme qu'il aime mais que sa famille lui refuse. Comme dans un roman du Moyen Âge, Mémé va littéralement enlever la jeune femme. Ils quittent clandestinement la Corse et embarquent sur le Bonaparte qui fait la navette avec Marseille. Durant la traversée, un sous-marin italien croise l'inoffensif bateau rempli de passagers. Sans que personne ne comprenne vraiment pourquoi, le submersible italien prend le Bonaparte pour un bâtiment ennemi et le torpille. Mémé Guérini voit la femme de sa vie se noyer sous ses yeux, sans qu'il n'y puisse rien faire. Le drame est terrible, et touche Mémé profondément et à jamais.

Désespéré, Mémé Guérini se plonge intensément dans la résistance. Avec toujours plus d'audace et de témérité. Mourir n'a plus d'importance à ses yeux. Il multiplie les actions d'éclat.

C'est dans ce contexte qu'il rencontre Gaston Deferre à qui il sauve la vie deux fois. Cette relation aura une importance déterminante dans le destin des Guérini.

Le courage et le patriotisme de Mémé lui permettent de faire partie des dirigeants du réseau clandestin « Joseph le Fou », branche du réseau « Brutus ». Auteur de nombreux faits d'armes tels : le guet-apens d'un convoi qui transportait une jeune juive de douze ans, la décapitation d'un traître qui avait dénoncé des résistants, l'attaque d'un char d'assaut en plein Marseille, Mémé est considéré comme un véritable héros. Cela lui vaudra d'ailleurs une décoration à la Libération.

Le patriotisme est une chose, les affaires une autre, mais il arrive parfois que les deux coïncident. Aussi, au printemps 1942, les frères Guérini auraient réuni une partie des caïds et des chefs résistants de Marseille afin de trouver des moyens de faire fuir l'occupant nazi de certains quartiers de la ville où il est gênant. Au total, ce sont près de trois cents durs de durs, des hommes du milieu prêts à tout, qui prennent le maquis. Du 8 mai à la fin juillet 1942, quarante-huit attentats frappent les forces d'Occupation. Les Allemands ne peuvent laisser s'installer ce genre de rébellion. Trop dangereux. Et si les autres villes venaient à en faire de même ? En février 1943, les troupes allemandes passent à l'action : du 1er au 17, tout le quartier du Vieux-Port est détruit. Les occupants ne laissent derrière eux qu'un gigantesque amas de ruines.

Le 16 décembre 1943, Paul Carbone meurt dans un accident de train, et à la Libération, François Spirito s'enfuira à l'étranger pour ne pas subir l'épuration. Les Guérini ont le champ libre.

Août 1944, c'est le débarquement de Provence. Marseille est libérée. Gaston Deferre et les forces de résistance prennent le contrôle de l'administration et de la presse locale. Les Guérini comprennent que, grâce à l'appui de Gaston Deferre, ils ont un bon coup à jouer. Plus rien ne pourra les arrêter à présent.

Cependant, les luttes politiques pour la reprise du pouvoir se développent, font rage. Et c'est un communiste, Jean Cristofol qui devient maire de Marseille. Les socialistes n'en restent pas là. Les luttes de pouvoir avec les communistes sont d'une violence inouïe. Les rixes entre les représentants et les militants des deux mouvances politiques sont nombreuses. Et les Guérini prêtent volontiers main-forte, offrant les services de leurs gros bras aux socialistes.

Quoi qu'il en soit, la guerre ayant mis un terme au règne de Carbone et Spirito, la voie est libre pour les Guérini. Ils peuvent aisément prendre le contrôle du monde de la nuit marseillaise.

En octobre 1947 le protégé et l'ami des frères, Gaston Deferre est élu maire de Marseille. Le clan est au sommet de sa puissance, bénéficiant de solides appuis politiques et d'une impunité des plus utiles, n'oubliant pas de rendre des services en retour. Ils aident notamment les socialistes en difficulté à mater les révoltes syndicales et la grande grève de 1947. Ainsi, le 12 novembre 1947, une importante manifestation dégénère. Les manifestants en colère commencent à saccager le quartier de l'Opéra où Mémé et Antoine possèdent plusieurs établissements. Les deux hommes, épaulés par Antoine Sinibaldi, font feu sur des militants communistes. Un homme est blessé mortellement. L'unique faute de Vincent Voulant a été de manifester sa colère. Mémé est recherché. Mais il capitalise sur son passé de résistant et sur sa croix de guerre. Il parvient à passer entre les mailles du filet. De l'importance d'avoir un bon carnet d'adresses…

C'est à partir de cette époque que Mémé commence à s'éloigner du Milieu, préférant fréquenter le grand monde. Il organise régulièrement des banquets et des réceptions qui réunissent des personnalités de la politique, des affaires et du show-bizness. Même si dans les faits c'est Antoine qui dirige le clan, Barthélemy est le plus en vue de la fratrie Guérini. Apprécié des Marseillais pour sa générosité, il a une réputation d'homme affable et diplomate. Chaque jour il accueille de nombreux voyous dans sa villa cossue, donnant des conseils, essayant de régler les différents, s'occupant des histoires d'honneur, des relations, donnant des feux verts et des interdictions… L'homme se plaît dans ce rôle de juge de paix.

Le plan Marshall et la position de Marseille comme port méditerranéen en eaux profondes sont une réelle aubaine pour les Guérini. Les deux frères passent à la vitesse supérieure. Antoine et Barthélémy vont mettre ces années de reconstruction à profit pour se constituer un empire jusque-là jamais vu dans l'histoire du banditisme français.

À la libération Antoine et ses frères s'étaient mis à racheter les affaires d'anciens truands collabos morts ou en fuite. Du fait de leur puissance financière et « militaire » on leur oppose peu de résistance. Bars, boîtes, hôtels et cabarets de Paris ou Marseille tombent dans leur escarcelle. Une quinzaine d'établissements hauts en couleur au total.

Antoine est un homme sûr de lui, mais réservé, pour ne pas dire discret, condescendant lorsqu'il s'adresse aux uns et aux autres, toujours courtois. Son caractère diffère énormément de celui de son frère Barthélémy. En effet, Mémé est, pour sa part, un homme exubérant à la joie de vivre communicative.

Protégés, intouchables, les Guérini peuvent racketter et trafiquer en toute impunité. Les prostituées se comptent par milliers. Les Guérini approvisionnent près de 250 établissements en France et en Afrique du Nord. Les maisons dites de « tolérance » sont à cette époque encore tout à fait légales. Avoir des intérêts dans ce type d'« affaires » n'est pas regardé comme honteux ou dégradant. En revanche les trafics en tout genre rapportent de véritables fortunes.

La contrebande de cigarettes donne lieu à des affaires mémorables. Comme l'arraisonnement du Combinatie, un cargo bourré de cigarettes américaines dont le chargement disparaît dans la nature. À peu près tout le milieu marseillais trempe dans cette affaire. Les hommes de main des Guérini partent la nuit et reviennent le matin, les bras chargés de cartouches de cigarettes trempées. Les affaires tournent bien, très bien.

Sûrs de leur impunité, les truands osent tout. Ainsi, l'affaire des bijoux de la Begum qui va défrayer la chronique pendant plusieurs semaines.

Le 3 août 1949, aux alentours de midi la Cadillac de l'Aga Khan, et de la Bégum quitte une luxueuse demeure du Canet pour se rendre à l'aéroport de Nice. Un cycliste se poste devant la voiture pour la ralentir. Soudain, la Cadillac se trouve arrêtée par une traction qui barre la route ; Un homme semble soulager innocemment sa vessie contre un mur. Brusquement, il se retourne et braque une mitraillette sur les occupants de la Cadillac. Deux autres hommes, portant des bérets basques et des lunettes de soleil, surgissent de la traction et s'emparent, sous la menace de leurs armes, du sac rouge de la Bégum, rempli de bijoux, dont la Marquise, un diamant 22 carats. L'Aga Khan est délesté de son portefeuille. Avant de prendre la fuite, les bandits prennent soin de crever les pneus de la Cadillac. Le montant du casse s'élève à 213 millions de francs, un record pour l'époque. On parle de « Casse du Siècle »

L'organisateur de l'affaire est un caïd du milieu marseillais : Paul Leca. C'est un américain retraité proche de la femme de ménage de la Begum qui a apporté l'affaire à Leca.

L'enquête n'avance pas. Jusqu'au jour où, en 1950, un indicateur donne les noms de deux des braqueurs, Ruberti et Sanna qui, arrêtés dénoncent le reste de l'équipe (Leca, Vinceleoni, Benedetti et Mondolini). Michel Nicoli, juge de paix du Milieu marseillais leur conseille de restituer le butin du casse pour alléger les charges qui pèsent contre eux. Le 26 février 1950, le magot est mystérieusement déposé devant une porte du principal commissariat de Marseille.

Toutes les affaires importantes de l'époque gravitent autour du clan Guérini. Sauf que, malins, Antoine et Mémé n'y sont jamais directement impliqués.

Au début des années 1960, les deux hommes sont à leur apogée. Leur carnet d'adresses est incroyable. Antoine tient une boîte prestigieuse, le Versailles, passage obligé pour toute la bonne société locale. Un orchestre joue devant des tables napées couvertes de bougies, le Versailles est un établissement de grande classe. Toutes les plus belles fréquentations des Guérini s'y bousculent. Mais toutes ces paillettes ne sont qu'une façade, et l'envers du décor est bien plus terrible.

Les fabuleux profits générés par le trafic de drogue et l'émergence de la French connection attisent les envies. La tentation est grande, et les bons rapports avec les chefs les plus importants du grand banditisme comme Lucky Luciano facilitent les échanges. Le milieu se lance dans le commerce de l'héroïne.

1965, Gaston Deferre gagne les élections municipales. Il lâche les Guérini. Le clan perd alors un soutien stratégique essentiel. Pour le clan Guérini, c'est le début de la fin.

Ayant perdu ce soutien primordial, Antoine Guérini décide de se diversifier. Il cherche à mettre la main sur les cercles de jeu parisiens. Il fait appel à un « ami », Robert Blémant, un ancien policier, qui, à la libération, a été sommé de choisir entre la police et ses accointances avec le milieu. Il choisit le milieu. Il va faire de nombreuses affaires avec le clan Guérini durant des années, jusqu'au jour fatal où un différent l'oppose à Antoine. En effet, Blémant joue les caïds. Il monte une équipe de gros bras et prétend jouer d'égal à égal avec Antoine. Ce dernier se méfie de plus en plus de Blémant qu'il soupçonne de jouer double voire triple jeu. De plus, Antoine considère que l'ancien flic est un homme sans parole, sans honneur, un homme malsain et retors qui n'hésitera pas à lui planter un couteau dans le dos le moment venu. Un contrat est alors mis sur la tête de Robert Blémant. Barthélémy cherche à dissuader son frère. « Ne fais pas ça Antoine, Blémant à rendu des services. Tu ne peux pas l'éliminer comme ça, sur un coup de tête ». Mais rien n'y fait. Antoine est décidé.

Le 4 mai 1965, alors qu'il rentre dans son domaine, Robert Blémant est exécuté au volant de sa Mercedes. Une rafale de mitraillette qui ne lui laisse aucune chance. Avec Antoine Guérini, les sommations et les avertissements n'existent pas. Le moindre pas de travers est sévèrement puni. C'est à ce prix et à ce prix seulement que l'on peut tenir le milieu. Blémant frayait de trop près avec les tenants des cercles parisiens. Antoine Guérini ne supporte ni la traîtrise, ni le double jeu. La lutte pour les casinos s'enclenche alors. L'épreuve de force est rude, la guerre des jeux est déclarée. Conséquence de la vendetta, les exécuteurs de Robert Blémant sont abattus au début 1966. Les représailles à l'exécution de l'ex flic vont refermer un piège mortel autour d'Antoine Guérini.

23 juin 1967, dans l'après-midi, Antoine Guérini va faire le plein de sa Mercedes, accompagné de son fils. Alors qu'Antoine ouvre la portière, une moto rouge s'approche et se gare tranquillement à proximité de la voiture. L'homme sort un pistolet et crible Antoine de balles. Treize impacts viennent en finir avec la vie du parrain, du chef du clan Guérini.

27 juin 1967, les obsèques d'Antoine ont lieu en Corse devant plus de 2000 personnes. Pendant l'enterrement, deux petits truands cambriolent la villa d'Antoine à Marseille. Ils ne réalisent pas la gravité de leur geste. Les hommes de main d'Antoine sont fous de rage. Ce qui pourrait paraître comme une simple erreur fait figure pour eux de crime de lèse-majesté. Ils retrouvent l'un des deux cambrioleurs. Le petit cave se voit conduire au Cap Canaille. Du haut de la falaise, l'homme comprend qu'il n'a plus rien à attendre. Un pistolet dans les reins, les hommes de Guérini le questionnent. « Alors, qu'est-ce que t'es allé foutre dans la villa de Monsieur Guérini ? Qui t'a rencardé ? Si tu craches le morceau on te laisse en vie. » Le pauvre petit truand est affolé. Rien ni personne ne lui a donné le tuyau. Il a procédé comme à l'accoutumée. « J'ai regardé les avis de décès dans le journal. C'est toujours comme ça que je fais. J'ai vu qu'une villa allait être inhabitée, j'ai foncé ». C'en est trop pour les hommes de Guérini. Ce petit truand sans envergure ne s'est même pas donné la peine de réfléchir deux minutes. Peut-être n'a-t-il même pas fait le lien

entre le nom de la villa qu'il cambriolait et le parrain qui tenait le milieu marseillais depuis 20 ans. Le coup part. L'homme s'écroule. Il est balancé du haut de la falaise. La colère des hommes de Guérini leur a fait commettre de nombreuses erreurs. Les hommes se font tous arrêter, un par un.

Le 4 août 1967, les policiers débarquent au grand hôtel Méditerranée pour arrêter Mémé et cinq de ses complices. Une instruction est menée, mais les juges ne parviennent pas à prouver la culpabilité de Mémé dans l'élimination du petit cambrioleur. Et pour cause. Mémé était prêt à passer l'éponge. Il avait bien compris, lui, que le cambriolage était une bêtise qui méritait une simple réprimande. Mais il n'a pas su tenir les hommes du clan… Et il va le payer chèrement.

Fin 1969, le procès s'ouvre à Paris. Le but de ce procès, plus ou moins avoué, c'est la chute des Guérini. Il y a bien trop longtemps que la famille tient le haut du pavé. Leur puissance et leur impunité ont fini par lasser le pouvoir, la police. Le verdict tombe le 16 janvier 1970 : 20 ans de réclusion criminelle pour Mémé Guérini. Les avocats de Mémé se disent écœurés. En signe de protestation, ils retirent leurs robes, les jettent à terre et les piétinent.

La chute de Mémé est, sur le plan moral, quelque chose de terriblement éprouvant. L'homme dépérit. Au point que sa propre fille, Marie-Christine décide de le faire évader. Elle ne supporte plus de voir son père dans cet état d'apathie et de délabrement. L'idée ? Le faire sortir de la prison de Fresnes dans un panier de linge. Tous les préparatifs sont mis en place. Marie-Christine prévient son père. Tout est prêt. Mais à la dernière minute Mémé se rétracte. Il envoie un message à sa fille. « J'ai reçu un message, je ne m'évade pas ». On ne saura jamais ce qui a motivé cette décision. Probablement Mémé avait-il eu des informations concernant ce qui pouvait l'attendre à l'extérieur. Peut-être a-t-il eu peur de finir sa vie criblé de balles, comme son frère Antoine.

Le 4 mars 1978 après plus de dix ans de détention, atteint d'un cancer du rectum, Barthélémy Guérini est libéré en conditionnelle. Décidé à s'éloigner le plus possible du Milieu, il lâche les affaires et vit ses dernières années près des siens. Il mourra le 1er mars 1982 à la Valette, une clinique privée de Montpellier, à l'âge de 73 ans. Peu avant de mourir il aurait lâché « Je n'irai plus à Marseille ».

PIERROT LE FOU

TRUAND, COLLABO ET RÉSISTANT

7 février 1946, Paris connaît un rude hiver. La France n'est pas coutumière de telles vagues de froid. Seul l'hiver 40-41, celui de la défaite, peut lui être comparé. Avenue Parmentier dans le 11e arrondissement, à cette heure matinale, peu de passants se sont risqués à affronter cette température glaciale. Un fourgon blindé Citroën atteint le 150, avenue Parmentier. Les convoyeurs sont venus apporter des fonds à l'agence AK du Crédit Lyonnais. Le fourgon se gare, les hommes en descendent. Un vieillard à l'aspect chétif sort péniblement de la station de métro qui se trouve juste à côté. Il a piètre allure, on aurait envie de lui porter secours. Il marche avec difficulté, le dos courbé sous le poids d'un sac en toile. Le vent glacé semble encore ralentir sa marche.

— Quelle pitié, grogne le chauffeur du fourgon, j'aimerais pas finir comme ça !

— Héhé ! C'est pourtant ce qui t'attend mon gars ! lui réplique son collègue.

Le vieux progresse néanmoins, comme il le peut. Il semble souffrir au moindre de ses pas. Il est presque arrivé à la hauteur de la banque. Il est 11 h 30, l'heure pour les convoyeurs de débarquer leur chargement. L'un des deux, un pistolet à la main, scrute l'avenue. Rien à signaler, aucun danger à l'horizon.

— C'est bon, tu peux commencer à décharger les sacs.

Le vieillard parvient maintenant à leur hauteur. Les convoyeurs le regardent avec un sourire de commisération. Pauvre vieux... Soudain, l'ancêtre, d'un geste alerte, sort une mitraillette de son sac :

— Pas un geste, les mains sur la nuque ! ordonne-t-il.

Au même instant, un complice, jusqu'alors caché sous une porte cochère, s'élance et braque le chauffeur :

— Fais ce qu'on te dit, et pas un mot ! Si tu gueules, on te refroidit aussi sec !

Un troisième complice saute d'une traction avant arrivée à vive allure et empoigne le premier sac. À peine a-t-il amorcé son geste qu'une autre Citroën s'immobilise à ses côtés. Il se retourne prestement et lui ouvre la portière arrière :

— Vas-y, Georges, balance la fraîche !

L'homme n'a plus qu'à jeter les six sacs à l'intérieur. La portière se referme et la traction fonce vers le Faubourg du Temple. L'un des hommes confisque les armes des convoyeurs, et s'engouffre dans l'autre traction avant. Un autre estourbit les deux pauvres gars, et le rejoint. Le dernier prend le volant. Le pseudo-vieillard a verrouillé la portière du fourgon, laissant les deux hommes à l'intérieur.

Pas une bavure, pas un coup de feu, le Crédit Lyonnais vient de perdre 3 millions de francs en moins de deux minutes.

— Un coup de maître ! se félicite Attia.

— J'ai mieux encore… répond mystérieusement Pierrot le Fou en enlevant sa perruque et sa moustache.

L'opération, menée avec sang-froid et dextérité, est l'œuvre du fameux gang des Tractions avant. Cinq hommes qui resteront dans la légende du crime organisé : Joseph Attia, dit Jo, Georges Boucheseiche, Raymond Naudy, Henry Fefeu dit Riton le Tatoué et, bien entendu, Pierre Loutrel, alias Pierrot le Fou.

Le lendemain matin, l'œil vitreux, l'haleine encombrée par les relents d'alcool ingurgité la veille, Pierre Loutrel essaie de se remémorer ses frasques nocturnes. Il a eu une journée et une nuit chargées, c'est tout ce dont il se souvient.

— Bah, Jo saura me raconter les détails, se rassure-t-il.

Ce genre d'absence lui arrive de plus en plus fréquemment. Nous sommes en 1946, les Français doivent encore subir les privations dont ils ont souffert durant l'Occupation. Mais Pierrot, lui, ne manque de rien. Ce dont il a toujours rêvé, il le possède : un appartement dans les beaux quartiers parisiens, des chemises en soie, des chaussures italiennes, mais surtout, deux magnifiques voitures. Une décapotable rouge, une Talbot-Lago, dont il se lasse un peu ces derniers temps, sa préférence allant à sa Delahaye. Pierrot la Voiture ! Il aime bien ce sobriquet, inventé sur mesure par ses amis Jo Attia et Abel Danos. Tiens, d'ailleurs, il en a d'autres des surnoms, celui qui revient le plus fréquemment et qui restera dans les annales lui plaît encore plus : Pierrot le Fou.

Pierrot, Pierre Loutrel de son vrai nom, a un parcours qui ne dénote pas dans le milieu du grand banditisme des années 40. Né dans une famille de fermiers de la Sarthe en 1918, il gardera toute sa vie l'accent de son pays natal. Il aurait pu reprendre l'affaire paternelle, devenir un propriétaire terrien... Mais c'est sans compter l'esprit d'aventure qui le titille dès l'adolescence. À 15 ans, il s'enfuit de la ferme familiale et s'engage comme mousse dans la marine marchande. Il préfère les escales aux longs trajets en mer : là, il peut côtoyer les milieux interlopes qui le fascinent tant et qu'il retrouve de pays en pays dans les ports où le navire largue ses amarres. Les voyous, les putes ont toujours quelque chose à raconter et Pierre Loutrel aime être entouré de cette faune bruyante et alcoolisée. Son goût pour la picole vient sans doute de cette époque. Après quelques années de mer, d'aventures et de bouteilles cassées, Pierrot décide de retrouver la terre ferme. Il est tout jeune, mais il nourrit déjà des rêves de grandeur.

Lorsqu'il débarque à Marseille, rien ne tente moins le jeune homme que de rentrer sagement dans le rang. Ses années à fréquenter la faune des ports du monde entier lui ont appris une leçon qu'il n'est pas près d'oublier. Un honnête homme, ça gagne peut-être son pain, mais pas ce qui va avec ! Non, la tranquillité, ce n'est pas pour lui. À Marseille, le Milieu est contrôlé par une bande de Corses dirigée par deux légendes du grand banditisme : Spirito et Carbone. Ils ne sont pas difficiles à trouver. Chacun, sur le Vieux-Port, connait les cafés où ils ont leurs habitudes. Pierrot tente de les approcher, mais en vain. Il faut voir comment les deux caïds rembarrent ce gamin à l'accent rustique !

— Y a pas de place pour les commis de ferme ici ! tonne Spirito lors de leur unique entrevue. Et puis tu viens d'où gamin ? Ici, les gars du continent, on leur fait pas confiance.

Pierre doit se rendre à l'évidence, pas moyen d'infiltrer le groupe, à moins d'être Corse. Il reste donc à Marseille et vivote grâce à de menus larcins. Il vole à droite à gauche, rien d'énorme ni de très important. Il n'est rien d'autre qu'un petit voyou sans envergure qui se fait entretenir par des filles qui craquent pour sa jolie gueule d'amour. Et ce qui devait arriver arriva. Au cours d'un cambriolage mal préparé, Pierrot se fait pincer par les flics. Il est encore mineur et est envoyé quelques mois en prison. Cette période passée derrière les barreaux le conforte dans son ambition, il veut être un gangster, un vrai ! De la trempe de ceux que rien n'effraie, ceux qui ne reculent devant aucun obstacle. Sitôt relâché, il reprend ses activités. Il ne peut néanmoins pas couper au service militaire obligatoire. Il prend donc la direction de Foum Tataouine en Tunisie, un bataillon disciplinaire. C'est le fameux Bat'd'Af'où priment la violence et la sauvagerie. Tous les jeunes garçons ayant encouru, avant leur majorité, 21 ans à l'époque, une peine de deux mois de prison ou plus, échouent dans ce camp. On en ressort comme une épave, brisé à vie, ou, au contraire, dur comme l'acier. Dans tous les cas, une réinsertion dans la vie normale n'est pas envisageable. Ironiquement, on surnomme les membres de ce bataillon « Les Joyeux ». Les plus faibles et les plus mignons, deviennent les « schbebs », les fiancées des caïds. Mais pas Pierre Loutrel.

— Tiens, v'là un petit nouveau ! lance un grand gaillard à la mine patibulaire quand il rentre sous la tente pour y déposer son fourbi sur la paillasse.

Très vite on lui explique la règle : soit il se coltine un mec qui le protègera, soit il subira régulièrement les assauts des séducteurs de la chambrée. Mais Pierre n'est pas du genre à accepter ce genre de marché. À peine a-t-il déposé ses affaires qu'il hèle l'un des hommes.

— Toi là, l'grand qui s'marre. Vient un peu voir ici qu'on rigole !

Pierre a volontairement interpellé le plus massif de la chambrée. Il lui faut s'imposer pour prouver qu'il est un homme.

Le type qu'il a choisi, s'appelle Joseph Attia, et il a du répondant. Normal, il a été boxeur ! Pierrot s'en aperçoit bien vite à la puissance des coups qu'il porte. Mais Loutrel ne se décourage pas. Il tient tête, répond comme il le peut. Il arrive à porter quelques crochets qui font vaciller son adversaire. Les hommes, en cercle autour des deux pugilistes, encouragent Attia.

— Vas-y, apprends-lui à vivre à ce merdeux.

Pourtant, Pierrot tient bon. Le combat est long, Loutrel déguste, mais finalement, les deux hommes ne parviennent pas à se départager. Il n'y a ni vaincu ni vainqueur. À partir de là, le message est clair : on ne s'amusera pas avec Pierrot.

Joseph Attia a été bluffé par le courage du petit. Il le prend en amitié. Les deux hommes deviennent alors inséparables. Sur son torse, Loutrel fait tatouer « Fidélité aux amis ». Ce genre d'amitié, née dans le pire des cauchemars, seule la mort peut y mettre fin. Ils ont pris l'habitude de se dire, chaque soir : « T'es pas seul, Joyeux. Si tu tombes, je te relève. »

Heureusement, même les pires cauchemars ont une fin, et en 1938, Pierre Loutrel est démobilisé. Il a 20 ans. Son passage au Bat'd'Af'a fait de lui un vrai dur. Il se sent prêt pour percer dans le Milieu. Il est animé d'un désir de réussite aussi inextinguible que sa soif d'alcool.

En effet, la taule, le bataillon, toutes ses expériences ont rendu l'homme féroce. Sa seule faiblesse, c'est la picole. C'est d'ailleurs ce qui mettra fin à son règne terrible.

Pierrot est à Paris lorsque la guerre éclate. Il a trouvé une régulière, Marinette Chaudefaux, une donzelle qui faisait le trottoir à Pigalle. En 1941, le couple devient gérant d'un bar hôtel. Fini la retape pour Marinette qui apprécie le rôle de taulière. Une situation tranquille et sans histoire. Pierrot en revanche ne se calme pas. Il a bien compris qu'on pouvait se faire du fric avec cette guerre, tant qu'on n'a pas de principes trop rigides. Les Français souffrent de l'occupation allemande ? Lui pense qu'il est plus malin de s'en accommoder, d'en profiter un maximum même ! Pas une once de patriotisme ne pourrait le faire renoncer à l'argent facile. Il traîne avenue Foch, avec le Grand René, dans les locaux de la Gestapo. René Launay, célèbre collabo, a monté une équipe de Français que les autorités allemandes ont fourni en armes et en tractions avant. Leur mission : repérer et appréhender les résistants. En contrepartie, l'*Abwehr* et la Gestapo leur garantissent l'impunité pour leurs délits. Voilà l'avantage d'être dans la Carlingue ! Et Loutrel ne se prive pas. Alors qu'il pourrait se contenter des bénéfices non négligeables engendrés avec ses activités de collabo et de trafiquant au marché noir, il continue les cambriolages et les casses en tout genre. Il est audacieux, et de plus, il a son *Ausweis* en poche. Que demande le peuple !

Le fric afflue, en masse. Il s'habille comme un prince, roule en décapotable, mène la grande vie. Il est généreux aussi, le Pierrot ! Il paie facilement ses tournées, surtout passée une certaine heure. Il est grand seigneur, certes, tout le Milieu s'accorde pour le dire, mais il est surtout imprévisible. Ses crises d'éthylisme le rendent dangereux, même pour ses amis. Il sort très facilement son P38 et n'hésite pas à faire parler la poudre. Déjà en 1942, il a quelques cadavres à son actif. Des types qui ont eu la mauvaise idée de se mettre en travers de son chemin au cours d'opérations ou lors de ses virées nocturnes. Pierrot le Fou, le Louf, le Dingue est craint. Donc respecté.

C'est à cette époque qu'il rencontre quelques-uns de ses complices, avec qui il formera le fameux gang des Tractions avant. Abel Danos, dit Le Mammouth, Henri Fefeu, un ancien des Bat'd'Af'qu'on surnomme Riton le Tatoué, et Georges Boucheseiche. Ils se voient au One Two Two, un célèbre boxon du 9e arrondissement. Jo Attia, lui, a été déporté. Pierrot ne le retrouvera qu'à la fin de la guerre, à son retour de Mauthausen. Déporté parce qu'il ne voulait pas collaborer avec l'ennemi, Attia n'hésitera cependant pas un instant à rejoindre la bande de la Carlingue après la guerre. Peu avant la fin du conflit, Loutrel a bien senti le vent tourner. Il sait qu'il n'est plus dans le bon camp. Il quitte Paris pour Toulouse quelques semaines seulement après le débarquement des forces alliées en Normandie. Là, il rencontre le chef du réseau Morhange, Pierre Rous. Celui-ci n'ignore pas le passé gestapiste de Loutrel, mais il décide tout de même de l'employer dans le domaine où il excelle : le plus sale boulot, l'exécution des traîtres. Loutrel change alors de nom et devient le lieutenant Héricourt. Il épure impitoyablement, ce qui lui vaut d'être très apprécié par ses nouveaux collègues. À côté des ses activités patriotiques peu sincères, il continue à racketter, mais, cette fois, ce sont les commerçants ayant eu des contacts avec l'ennemi.

C'est en juillet 1945 que le gang des Tractions avant se forme. Dans le maquis, Pierrot a rencontré Raymond Naudy, un beau gosse et un vrai résistant. La bande est au complet : des collabos, un résistant, un rescapé des camps de concentration : « la France réconciliée ! » se plaît à dire Loutrel. À côté de ce noyau dur, difficile de savoir combien de membres exacts comptera le gang ; des truands moins remarquables participent parfois aux opérations, selon les besoins. Impossible également d'évaluer le nombre exact des victimes de Pierrot le Fou… il n'hésite jamais à tuer, peut-être pas par sadisme, mais simplement par facilité.

Après quelques casses réussis à la fin de l'année 1945, Loutrel déborde d'ambition. Il est très satisfait de ses acolytes : des vrais, des durs, en qui il a une confiance aveugle. Maintenant qu'ils se sont fait la main, il faut viser plus haut, taper plus fort, et empocher des millions. Le premier gros braquage, celui du 7 février 1946, n'est qu'un échauffement pour le gang. À peine trois jours sont passés lorsque Pierrot remet le couvert. Cette fois, il agit seul. C'est une sorte de défi pour lui, le moyen aussi de prouver à ses potes de quel bois il se chauffe et d'asseoir son autorité. L'action se déroule près de la gare de Lyon, toujours par un froid sibérien. Le centre des PTT se trouve rue de Bercy, qui ressemble plus à un terrain vague qu'à une artère parisienne. Le visage rougi par le froid, un employé décharge les sacs postaux et les balance sur un chariot. Le chauffeur du fourgon s'est rapidement éclipsé à l'intérieur de la baraque, pour partager un godet avec les autres postiers. Le manutentionnaire se retrouve donc seul. Soudain, le ronronnement d'un moteur dans ce désert silencieux attire son attention. Personne en dehors du service n'a accès à la cour en temps normal. Une traction avant s'approche de lui, lentement. Elle porte une plaque minéralogique aux couleurs de l'armée. *Le courrier des troufions*, se dit le postier. *Faut pas qu'il compte sur moi pour m'occuper de ses colis !*

Un homme, un haut gradé semble-t-il, sort de la Citroën. Le postier ne se méfie pas. L'uniforme a quelque chose de rassurant. Il regarde le nouveau venu s'approcher. *Qu'est-ce qu'il me veut celui-là ?* L'homme arbore une mine menaçante. Il lâche soudain :

— Entasse les sacs dans ma tire !

— Mais…

— Ta gueule ! T'as trente secondes, grouille-toi !

Le canon d'un P. 38 émerge de la poche du faux militaire, interdisant toute manifestation de bravoure au pauvre homme.

Pas question de lambiner, l'arme de Loutrel pointée vers son bas-ventre, le postier est motivé comme jamais. Au pas de course, il décharge le fourgon des PTT et remplit la traction. En moins d'une minute, il a transporté trente sacs. Son chef de service serait étonné par tant de zèle !

— Bah, tu vois, c'était pas difficile ! Et puis t'es réchauffé maintenant !

Le pistolet toujours rivé sur le malheureux, Loutrel monte dans sa voiture et démarre. Pratique ces tractions avant, elles en ont sous le capot ! En plus de démarrer en trombe, elles étouffent les cris d'alarmes que le postier ne manque pas de lancer une fois la voiture partie.

Ce 11 février, Pierrot le Fou, seul, vient d'empocher 5 millions de francs. Les temps ne sont pas durs pour tout le monde !

Le rythme effréné que le gang des Tractions avant s'impose continuera durant toute l'année 1946. La bande amasse une véritable fortune, mais cela ne semble pas l'arrêter. Pierrot le Fou aime l'action bien plus que l'argent. Serait-il multimilliardaire qu'il n'arrêterait pas pour autant ses casses. C'est son oxygène. Quand il doit se planquer avec Marinette après les gros coups, très vite il tourne en rond, comme un lion en cage. Les crises de violence s'enchaînent, il fait peur. À sa rage succède souvent une période de cafard. Est-il vraiment fou ? Nul ne le saura jamais. À partir du moment où il commence à défrayer la chronique et est au sommet de sa gloire dans le Milieu, il ne sera jamais arrêté par la police. Il ne fera pas l'objet d'examens psychiatriques, aucun expert ne s'est penché, de son vivant du moins, sur son cas. Sa folie est peut-être légendaire, mais son énergie criminelle est autodestructrice et le meurtre ne lui pose aucun cas de conscience.

Au milieu de l'année 46, afin de rendre la tâche de la police encore plus difficile, la bande se scinde en deux d'un commun accord. Jo Attia, l'ami le plus proche de Loutrel, gère le Nord, Paris et sa région, tandis que Pierrot s'occupe du Sud, la Côte d'Azur, Nice, Marseille. Dans un décor digne des meilleurs films de gangsters, Loutrel va réaliser ses opérations les plus audacieuses. La fréquence des casses se multiplie, des braquages se succèdent, à quelques jours d'intervalles, à Paris et dans le sud de la France. Cette scission désoriente les forces de l'ordre. Aucun policier ne pense avoir à faire à la même bande. Certes, les méthodes de braquage se ressemblent, mais comment faire le lien ?

En mars, Pierre Loutrel et un de ses complices attaquent à main armée deux employés d'EDF à Nice, toujours en traction avant. Le butin s'élève à 1200000 francs. Quelques semaines plus tard, un casse se solde par une bavure qui met le feu aux poudres. Ce coup se déroule à Marseille. Pierrot veut attaquer l'encaisseur des établissements Boirie. Il est complètement soûl au cours de cette opération, comme cela arrivera de plus en plus fréquemment. Dans ces cas-là, il est incontrôlable et toute sa haine peut se déverser sur sa victime. Avec sa voiture, il coince le type contre un mur, boulevard de Longchamp. Il le braque avec un Colt 45. Sans doute a-t-il la main un peu tremblante, ce qui donne confiance à l'encaisseur. Celui-ci tente, dans un geste désespéré, de s'échapper, protégeant la serviette contenant l'argent qu'on lui a confié. Cette tentative d'insoumission ne plaît guère à Pierrot, il descend le pauvre type à bout portant. Dans la sacoche, à peine 700000 francs… maigre butin, si on le compare à celui des hold-up précédents.

Cet assassinat fait grand bruit dans l'opinion publique marseillaise. La police commence à s'activer : perquisitions, rafles, interrogatoires au poste se succèdent à un rythme effréné. Tout un remue-ménage qui n'est évidemment pas du goût de la pègre locale. Elle voit d'un très mauvais œil cette série de braquages qui amène les flics à mettre le nez de plus en plus souvent dans ses affaires. Les indics, ces voyous qui donnent des renseignements à la police contre rémunération, sont plus sollicités que jamais. Le gang des Tractions commence à devenir très impopulaire dans le Milieu. Mais c'est surtout Pierrot, que les caïds de la Côte aimeraient bien voir à l'ombre. Comment faire confiance à un type qui a la gâchette si facile ?

Le coup le plus fameux du gang des Tractions avant a lieu le 1er juillet 1946. Entretemps, ils n'ont pas perdu la main, enchaînant les braquages en région parisienne et sur la Côte d'Azur. Ils sont riches à ne savoir que faire de leur argent, mais rien ne semble les calmer. Ils ont l'impression d'être surpuissants, ils ne connaissent que peu d'échecs et la police est loin, très loin derrière. D'ailleurs, une blague qu'ils aiment se raconter résume bien l'affaire : « Traction avant, police derrière ! » Il faut dire que, juste après la guerre, les forces de l'ordre sont très mal équipées. Les gangsters et leurs puissants bolides ont plus d'une longueur d'avance sur eux. La traction avant est le modèle le plus apprécié des braqueurs : elle est rapide, démarre au quart de tour et tient bien la route. Elle a de plus un avantage non négligeable sur ses concurrentes aux yeux des voyous, elle est très facile à voler : il suffit d'une clé à tube spéciale, très facile à se procurer. Autant dire que les poursuites automobiles laissent peu de place au suspense !

1er juillet 1946, il est 5 heures du matin, Pierre Loutrel et Raymond Naudy sont méconnaissables. Une fois de plus, les deux complices ont joué la carte, payante jusqu'à présent, du déguisement. Cette fois, ils se sont grimés en ouvriers : veste de travailleur bleue et pantalon de toile, les mains encombrées de pots, de truelles et de sacs de plâtre. Leur complice du jour, Dominique Labesse (un gagne-petit selon Pierrot, mais ni Attia, ni Boucheseiche n'étaient disponibles pour ce coup) ne peut s'empêcher de siffler admirativement en les voyant débarquer.

— Dis donc ! Vous y êtes pas allés avec le dos de la cuiller, les gars ! On croirait vraiment que vous allez au chagrin.

Pierrot ne daigne même pas lui répondre. Labesse est un demi-sel qui est là par hasard. Loutrel lui montre sa supériorité en le méprisant. Bien évidemment, l'idée vient de Pierrot. Il a même fignolé les moindres détails. Dans les sacs, il y a certes des mitrailleuses, mais aussi du vrai plâtre. Le visage des deux hommes est constellé de minuscules tâches de peinture. Et il a pris soin de faire peindre une enseigne sur la voiture : « Entreprise G. Lacroix, Peintures ».

Le plan est d'une simplicité effarante. C'est souvent un gage d'efficacité. Plus un plan est complexe, plus il a de chance de rater. Moins il y a de paramètres, moins il y a d'inconnues. Il s'agit en fait de voler la recette d'une journée des PTT. Pierrot a été bien aidé sur ce coup. Il a obtenu un tuyau de la part d'un postier nommé Gérard. Des tuyauteurs comme ça, Pierrot en redemande ! Gérard travaille à l'hôtel des postes de Nice. Abordé passablement éméché dans un bar, il n'a pas hésité longtemps avant de proposer son aide au braqueur. Contre quelques malheureux biftons (une somme négligeable pour Pierrot et ses amis, mais colossale pour ce pauvre postier), il lui a indiqué la disposition des pièces et l'emplacement de la chambre forte. Gérard connaît bien le système de sécurité et surtout il a accès au mot de passe pour accéder à cette zone sous haute surveillance. Celui-ci change quotidiennement. Ce jour-là, ce sera « domicile ».

La camionnette de cette fausse entreprise de peinture se gare à 5 h 15 devant l'Hôtel des Postes, boulevard Thiers. Raymond et Pierrot en sortent, avec tout leur barda. Le gardien les voit approcher. Sans méfiance, il les salue joyeusement :

— Alors les gars ! On travaille de bonne heure !

— Ouais, on est des braves ! C'est pas le boulot qui nous effraie ! répond en Pierrot en singeant l'accent local.

Ils pénètrent dans l'enceinte du bâtiment. Grâce aux indications précises données par Gérard, ils s'orientent sans hésiter vers la porte blindée conduisant au premier étage. C'est là que la chambre forte se trouve. Raymond Naudy sonne.

— Oui ? interroge une voix encore ensommeillée.

— Domicile.

— C'est bon, je vous ouvre.

Les deux peintres amateurs entendent le bruit de la clé dans la lourde serrure. Le loquet glisse avec un bruit métallique. Raymond Naudy et Pierrot le Fou entrent l'un après l'autre.

— Bonjour, on vient pour les travaux dans la salle de tri, explique Loutrel.

— Ah… je ne suis pas au courant. Allez-y, je ne vais pas vous empêcher de faire votre besogne les gars ! répond le gardien.

Ils montent lentement l'escalier, comme des ouvriers que la perspective d'une longue journée de travail rebute un peu. Arrivé à l'étage, Pierrot jette subrepticement un regard dans la pièce. Les têtes se sont tournées dans leur direction une seconde, mais très vite les personnes se sont remises à leurs tâches, qui demandent plus d'attention que deux pauvres artisans. Ils préparent les sacs d'argent pour les convoyeurs qui ne tarderont pas à arriver.

D'un geste précis, Loutrel extirpe sa mitraillette du sac de plâtre, faisant voler de la poussière au passage. Naudy, lui, dégaine un Colt 45.

— Que personne ne bouge ! Le premier qui crie, on lui troue la peau ! prévient Pierrot.

Personne n'a l'air de vouloir crier. Bouche bée les employés les fixent, l'air de n'y rien comprendre.

— Face au mur, tous ! Les mains bien en évidence… voilà, c'est ça ! ordonne Naudy avec une autorité toute naturelle.

— Toi ! désigne Pierrot, entasse le fric dans les sacs, et que ça saute !

Le maigrichon choisi par le braqueur, avec des gestes maladroits, commence à remplir les sacs.

— Dépêche-toi !

Dans la voix de Pierrot perce une nervosité à peine contrôlée. Seul Raymond a pu la percevoir.

Une ardeur nouvelle motive soudain l'employé, les billets de banque commencent à donner aux sacs de toile des rondeurs qui font saliver Pierrot.

Au bout de quelques minutes, il décide qu'il est temps de partir.

— Ça suffit ! Allez, maintenant on rentre là-dedans, et gentiment !

Pierrot désigne la chambre forte. Les employés se regardent, interloqués, puis s'avancent prestement vers le coffre. Pierrot referme la porte blindée sur eux. Aussitôt, les deux braqueurs ouvrent les fenêtres qui donnent sur la rue et lancent les sacs. Dominique se trouve juste en dessous et les réceptionne pour les mettre dans la voiture. Il est 5 h 27, Pierrot sait que les convoyeurs arrivent habituellement vers 5 h 30. Le temps presse ! Il ne faut pas perdre une minute. Ils sortent de la pièce en courant. Reste un dernier obstacle. Gérard les avait prévenus, il va leur falloir traverser la salle de tri et les gens y seront déjà au travail. En un temps record, les deux bandits parcourent le couloir. Pierrot ouvre la porte de la salle à la volée. Les trieurs les regardent, pétrifiés. Un d'eux, comprenant ce qui se passe, amorce un geste téméraire, veut-il vraiment leur barrer la route ? Sans ralentir, Pierrot lâche une rafale avec sa mitrailleuse Sten. Le courageux employé s'écroule, au moment où Pierrot et Naudy franchissent la porte.

Cette opération menée d'une main de maître aura duré à peine une quinzaine de minutes. Pierrot et Naudy ont raflé 33 millions de francs, du jamais vu. Il s'agit alors de la plus grosse somme dérobée au cours d'une attaque à main armée de l'histoire du banditisme français. Pierre Loutrel le sait, et il en est fier. Il a enfin atteint son but, il va devenir, grâce à ce casse, le numéro un. Il pourrait se contenter de sa fortune et de ce titre. Mais c'est dans sa vanité que vient se loger sa folie.

Après un tel coup d'éclat, même le plus grand des voleurs est contraint au repos et à la discrétion. Ainsi, durant quelques semaines, Pierrot le Fou fait profil bas. La police niçoise a mobilisé tous ses effectifs sur l'affaire. Ils ridiculisent les forces de l'ordre. Le gang des Tractions avant n'a pourtant pas dit son dernier mot. Ils ont commencé à faire parler d'eux au début de l'année 1946, on parlera d'eux jusqu'à la fin de l'année 1946 !

À Paris, dès la mi-juillet, les braquages reprennent, le rythme s'accélère encore : le 16, attaque d'un fourgon de la Société Générale, opération éclair, en moins de trente secondes, ils dérobent 3 200 000 francs ; le 27 juillet, attaque de la société d'approvisionnement de la SNCF ; le 1er août, une affaire tourne court. Loutrel veut dérober 500 kilos d'or au Comptoir des Métaux Précieux. Méfiante, la société avait prévu l'éventualité d'une attaque et a changé de véhicule. Pierrot essuie son premier gros échec, il est furieux.

— Jamais plus ! Jamais plus, vous m'entendez ! Cette demitonne d'or nous est passée sous le nez, comme ça ! tempête Pierrot.

— Mais… Pierrot, la police est sur les dents, on ne peut p…

D'un revers de main, il frappe Riton qui essaie de le calmer. Sa grosse chevalière en or lui ouvre la lèvre, le sang coule tandis qu'il le regarde, hébété.

— Je m'en fous de la police ! On continuera à notre rythme, notre image en dépend !

Ses complices subissent sa colère et ses accès de violence. Pour réparer ce fiasco, qui le tourmente plus que tous les morts qu'il a sur la conscience, il s'investit encore plus dans l'organisation de braquages, qui se succéderont à une allure folle tout au long du mois de septembre.

L'été 46 a vu le gang des Tractions avant à son apogée. L'automne sera la saison de la chute. Les flics, malgré leur lenteur, commencent à avoir des pistes, ils y voient plus clair. Ils savent qui est Loutrel et qui fait partie de la bande. Il s'agit maintenant de leur mettre la main dessus. Les braquages se succèdent en région parisienne. Un jour, la PJ apprend que le gang a attaqué deux encaisseurs à Champigny. Déclic chez les flics : ils savent, grâce à leurs nombreux indics que c'est à Champigny, au Chalet des Marronniers notamment, que les gars du Milieu viennent prendre leurs quartiers de repos. Les indics ont même signalé la présence d'amis de Pierre Loutrel. Voilà enfin une piste sérieuse ! Pendant quelques jours, adoptant eux aussi la technique du travestissement, les flics surveillent les alentours. Tous leurs indics, maquereaux, voyous à la petite semaine, sont sur le coup, avec pour mission de laisser traîner leurs yeux et leurs oreilles.

Le 25 septembre, l'inspecteur Casanova apprend que le gros de la bande fait bombance au Chalet. *C'est le moment ou jamais de les avoir !* pense-t-il. Il voit déjà la promotion qui l'attend. Pour un flic, c'est le coup du siècle. Les renforts arrivent suite à son appel, ruée dans l'auberge… ils arrivent dans une salle à manger presque déserte. Si cela ne tenait qu'à lui, Casanova embarquerait le tenancier et lui ferait cracher le morceau à coups de barre de fer. Ils sont encore sur les lieux quand un gamin arrive. Une allure de gavroche, l'air miteux et déjà fourbe, malgré son jeune âge. Crânement, il demande au patron six paquets de Gauloises bleues. À l'époque, un an après la fin de la guerre, la population a encore besoin de tickets pour acheter à manger et se fournir en cigarettes. Toutefois, sans un mot, le patron lui donne discrètement les six paquets.

— Casanova ! Il a l'air louche ce gamin… il arrive, demande des brunes et les obtient en un tour de main, murmure un des flics.

— Tu crois que… mais bien sûr ! Le petit vient chercher des clopes pour quelqu'un. On le suit… peut-être qu'il nous conduira tout droit dans les bras de ce foutu gang !

Ils suivent le gamin, qui ne va pas bien loin. Il traverse le pont qui surplombe la Marne et rentre dans un autre troquet, L'Auberge. Par la fenêtre, les flics reconnaissent Jo Attia. Cela suffit pour inciter les policiers à établir un siège devant l'Auberge. D'autres renforts arrivent, les forces de l'ordre sont vraiment nombreuses : deux cents agents casqués et cinquante motocyclistes encerclent l'établissement, avec en sus deux automobiles blindées, des mitrailleuses lourdes, deux lance-grenades, et un bazooka. Si Pierrot le Fou pouvait voir ça, il serait fier comme un pape ! Tout ce déploiement d'hommes et d'armes pour lui et ses amis. C'est un honneur ! Mais il n'est pas là, Pierrot. Il déjeune en compagnie de sa douce à quelques kilomètres seulement.

Un gars sort. Les flics planqués dans l'ombre sont à l'affût. La démarche mal assurée, le malheureux ébauche un geste… qu'un des policiers va mal interpréter. Il cherche à ouvrir sa braguette pour se soulager d'un repas bien arrosé, mais en face, le flic a cru qu'il sortait son arme. Il vise et tire, l'homme s'effondre. Il ne s'agit que d'un larbin de la bande qui n'a jamais participé à un braquage. Une bavure qui va coûter cher à la police, puisque, bien entendu, le coup de feu a alerté les bandits à l'intérieur de l'Auberge. Boucheseiche, Fefeu et Attia sont, entre autres, présents.

— Les gars ! On est cernés ! crie Attia.

— Nom de Dieu, on va leur montrer de quel bois on se chauffe !

Aussitôt, Boucheseiche dégaine son arme.

Ils ne comptent pas se rendre facilement. Un séjour à l'ombre aux frais du contribuable ? Très peu pour eux, merci ! Les flics commencent à tirer sur la façade, épouvantant les pauvres clients ordinaires, qui eux, ne comprennent rien. L'un d'eux, croyant à un règlement de comptes entre malfrats, appelle d'ailleurs la gendarmerie… qui intervient quelques minutes plus tard en tirant sur leurs collègues ! Une grande confusion s'ensuit, qui profite aux assiégés. Jo Attia tire dans un projecteur pour s'enfuir dans l'obscurité. Il commence à courir, mais il est blessé au bras et à la hanche. Henri Fefeu vient le chercher et le ramène à L'Auberge.

À l'intérieur, le téléphone fonctionne, si bien qu'un des hommes a prévenu Pierrot :

— Pierrot, on est à L'Auberge, cernés par la flicaille. Surtout ne pointe pas ton nez dans ce merdier !

— Pigé, répond Pierrot.

C'est sans compter sur le tempérament explosif de Loutrel. Jamais il ne laisserait tomber des amis. Alors il plante là Marinette et saute dans sa Delahaye, sa mitrailleuse Sten sur le siège voisin, direction Champigny. En quelques minutes, il atteint le barrage de policiers, et fonce dedans, en renversant un. L'effet de surprise est total, jamais les policiers n'auraient cru que la menace viendrait de l'extérieur. Le cafouillage s'intensifie encore, d'autant que l'action est, comme d'habitude avec la bande, rapide comme l'éclair. Pierrot fait un dérapage contrôlé devant la porte, sort de la voiture et à coups de mitraillette, oblige les policiers à se replier. Ses potes ont compris et s'engouffrent dans la voiture. Henri Fefeu, excellent conducteur, prend le volant. L'action dure à peine dix secondes... la bagnole force de nouveau le barrage sous une pluie de balles et disparaît, sous les yeux effarés des policiers.

Ceux-ci la retrouvent un peu plus tard, la belle Delahaye de Pierrot, les pneus crevés, la carrosserie percée de toutes parts... vide, évidemment; les malfrats ont pris la poudre d'escampette depuis longtemps. Les barrages qui se forment dans toute la banlieue sud-est ne parviennent pas à les arrêter dans leur fuite.

C'est néanmoins le début de la fin pour le gang. La police concentre toute son énergie sur cette enquête. Cela fini par payer. L'inspecteur Nouzeilles met sur écoute un garage suspect où une traction avant volée est en réparation. Quand Henri Fefeu vient la récupérer, il est cueilli. Enfin une grosse prise, il a été presque de tous les braquages de Pierre Loutrel. Fefeu est malmené pendant quatre jours dans les locaux de la PJ où on lui fait subir un interrogatoire musclé. Il est du même acabit que Pierrot, il a connu les Bat'd'Af'c'est un dur. Jamais il ne parlera. Sérieusement amoché, il est conduit à l'infirmerie de la Santé, où il connaît une fin misérable: pour éviter la guillotine, il va avaler les crachats d'un tuberculeux. Méthode efficace, puisqu'il mourra quelques mois plus tard dans un sanatorium pénitentiaire.

Le 6 novembre, Pierre Loutrel se mouille dans le plus minable braquage de sa carrière.

— Pierre ! Regarde cette parure, là dans la vitrine ! Elle est magnifique, non ?

— Celle en diamant ? Oui, mon chou, elle t'irait bien. Tu la veux ?

Soûl, il promet à Marinette la parure aperçue. Évidemment, ce n'est pas dans les habitudes de Pierrot de payer, alors, après un déjeuner dans une brasserie du quartier, fin bourré, il décide de braquer la bijouterie Sarrafian. Comment a-t-il réussi à convaincre ses acolytes Jo Attia et Boucheseiche de l'accompagner sur ce coup ? Mystère… mais ils sont de la partie. Titubant, les mains tremblantes, il entre seul dans la boutique.

— Madame, monsieur, articule-t-il tant bien que mal.

— Bonjour, monsieur. Puis-je vous renseigner ?

— Oui, je voudrais offrir cette parure à ma femme. Je peux l'examiner de plus près ?

Alors que le bijoutier et sa femme la sortent, il les braque avec son P. 38. Il doit faire pitié à voir, avec son haleine d'alcoolique et ses gestes mal assurés. Le bijoutier lui résiste, veut le désarmer. Pierrot tire, l'homme est blessé à mort. S'emparant du butin, il s'enfuit en courant. La femme sort à son tour, hurle. Pierrot est déjà loin, dans la Citroën. Un silence pesant règne dans la voiture. Ses comparses savent que l'alcool causera sa perte, ce braquage en est la preuve. Chacun rumine ses sombres pensées quand un coup de feu éclate dans l'habitacle. Jo Attia se retourne et, stupéfait, voit Pierrot blessé au ventre. Que s'est-il passé ?

La fin de Pierrot le Fou n'est pas glorieuse. Énervé et encore sous l'emprise de l'alcool, il a voulu ranger son flingue dans sa ceinture. Le canon de l'arme heurte la boucle en métal, il force… le coup part. La balle rentre par le côté droit de son abdomen, traverse la vessie et ressort par la région anale. La souffrance est insupportable, il perd beaucoup de sang.

Ses amis l'amènent inconscient chez un toubib complice, qui le fait admettre sous une fausse identité à l'hôpital. On lui pose un drain d'un mètre dans l'abdomen. Il y reste deux jours, avant que Jo Attia et Boucheseiche l'enlèvent dans une ambulance, déguisés en infirmiers. Cet enlèvement, s'il part d'une bonne intention, signe l'arrêt de mort de Pierrot le Fou. Ils empruntent des mauvaises routes, chaque cahot du véhicule fait souffrir Loutrel. Arrivé à la planque, il est à l'agonie. Il meurt quelques heures plus tard.

— Ça y est… qu'est-ce qu'on fait ? On ne peut pas le garder là !

Ému aux larmes, le Grand Jo a du mal à parler.

— On fait au plus simple : on le balance dans la Seine. Pas de traces, pas d'effort et, avant qu'on le retrouve, il sera gonflé comme une baudruche et méconnaissable, assure Boucheseiche.

— Nom de Dieu ! T'as pas de cœur ! C'est Pierrot quand même !

Attia, l'ami de toujours, insiste pour qu'on l'enterre. En cette nuit de novembre, sous un crachin glacé, ils amènent la dépouille sur l'île de Gillier. Près d'un saule, ils creusent sa tombe dans la terre meuble. Ce point de repère servira à l'un des complices pour retrouver le corps, trois ans plus tard.

Le secret est bien gardé, tout le monde ignore la mort du grand Pierrot, en premier lieu, la police et la presse. Pendant les trois années suivantes, on accuse Pierrot le Fou de tous les braquages et règlements de compte. En 1949, un des complices craque et révèle l'emplacement de sa tombe de fortune. Pierrot le Fou ne fera plus les choux gras des journaux, mais un mystère demeure : Où sont passées les sommes colossales amassées durant cette folle année 1946 ? Les membres de la bande disparaissent les uns après les autres, tués ou emprisonnés. Seul Attia meurt de sa belle mort, ayant bénéficié de non-lieux dans toutes les affaires dans lesquelles il était impliqué. Surveillé toute sa vie, il ne fera jamais de dépenses extravagantes, il n'a donc pas empoché le magot. À croire que ce n'était décidément pas l'argent qui intéressait le gang, mais bien la performance.

RENÉ LA CANNE

UNE TRACTION AVANT À MONACO

René La Canne

26 août 1944, Paris. Dans la ville en liesse, ivre de cette liberté fraîchement retrouvée, affaiblie mais euphorique, un homme émacié et fatigué se fraie un chemin. Assis sur son vélo, grimpant les rues menant à Montmartre, il repense aux arrivées victorieuses d'avant-guerre, où les spectateurs agitaient des drapeaux et applaudissaient les sportifs en plein effort. Mais les hourras ne sont pas pour lui aujourd'hui. Lui, c'est René la Canne, un repris de justice. On l'appelle comme ça à cause de sa jambe, amochée par une balle pendant une bagarre. Il grimpe les escaliers qui mènent à son appartement et ouvre la porte d'un geste franc.

— René ! Tu es en vie !

Marinette tombe dans les bras de son mari.

— Je n'avais plus de nouvelles de toi. Je te croyais mort !

Quelques semaines plus tôt, René s'était fait prendre en flagrant délit de vol à main armée dans une usine. Il tentait de s'emparer de la paie de tous les employés. Un joli butin sur lequel il n'est pas parvenu à mettre la main. Peu après son arrestation, il est envoyé au camp de Compiègne. Il est en transit, lui dit-on, en attente d'un prochain départ vers une destination dont le nom sonne comme une condamnation à mort : Buchenwald.

Alors que le directeur du camp de Compiègne s'apprête à officialiser la déportation de Girier, deux hommes débarquent dans son bureau. Ils ont l'allure de marlous. Aussi, le directeur n'est pas surpris lorsqu'ils lui affirment appartenir à la Carlingue, cette organisation, constituée de repris de justice, chargée par la Gestapo de traquer les résistants.

— Nous venons chercher un dénommé René Girier. On est de la Carlingue. On a des ordres.

René est dans la pièce au moment où les deux hommes arrivent. Il a reconnu ses deux amis Pierrot et Lucien. Ils ont eu vent de l'arrestation de leur compagnon et sont prêts à se jeter dans la gueule du loup pour le sauver. Le directeur mort à l'hameçon. Qui oserait venir dans un camp et réclamer un prisonnier ? Mais l'homme est un bon fonctionnaire, un zélé.

— Écoutez, messieurs, je ne doute pas de votre ordre, mais je tiens à remettre ce Girier directement à la Gestapo si elle le demande.

Pierrot et Lucien ne tentent rien. Ils parlementent un peu, pour la forme, mais savent qu'ils n'arriveront pas à se faire délivrer leur ami.

— Très bien, on vous envoie la Gestapo, elle viendra récupérer Girier dès que possible.

Bien entendu, personne ne viendra. La tentative de la dernière chance a échoué. René part pour Buchenwald. Mais il ne fera pas tout le voyage. Ce serait sous-estimer son instinct de survie. Le voyage en train est long. Les wagons à bestiaux dans lesquels s'entassent les prisonniers sont en mauvais état. René creuse le bois du plancher. Puis se laisse couler le long de la voie. Un seul homme le suit. Les autres déportés sont paniqués à l'idée de se faire prendre.

À Montmartre, à la libération, René se fait appeler Jacques Motton. Il retrouve son vieil ami Maurice le Poissonnier, un filou qui a ses entrées dans la police. Girier a besoin de travailler, et l'époque offre de belles opportunités. Son ami Maurice organise une rencontre avec le colonel Rally. Ce dernier a besoin d'hommes d'expérience et ayant peu de scrupules pour se charger d'un travail très particulier. Rally, en effet, dirige les équipes chargées d'exécuter les ordres d'épuration et de confiscation des biens des profiteurs de guerre. Ces groupes sont surtout composés d'anciens malfrats. René a le profil parfait pour diriger ces missions officieuses. Pendant trois mois, il traque les anciens collaborateurs. Avec des hommes de main, il se rend chez eux et accapare leurs biens, qu'il ramène ensuite au poste. Mais Girier est un homme indépendant, et il ne peut se contenter de la position de simple subalterne. Il se met alors à son compte, avec sa propre équipe. Il a toutes les informations nécessaires pour savoir où taper. Ses victimes ne voient aucune différence. René et ses hommes sont habillés en policiers. Et ces derniers n'y voient aucun mal, ce sont eux qui ont fourni les uniformes.

Avec Pierrot le Notaire, Jacques le Niçois, et Antoine Moretti, dit Gù, René parcourt la Normandie, à la recherche de particuliers à dépouiller. La présence de ses amis le rassure. Ensemble, tous les plans fonctionnent sans accroc.

Un jour, les quatre hommes entrent dans la ferme d'un paysan qui s'est grassement enrichi grâce au marché noir. Après avoir fouillé dans la pièce principale, où sont sagement assis les cinq enfants du paysan, René commence à s'impatienter.

— Dis-moi où est ton argent, profiteur !

— Quel argent ?

— Fais pas le mariole avec moi. Je suis pas venu jusqu'ici par hasard. Je sais que tu caches une petite fortune dans ta baraque. T'as intérêt à parler si tu veux pas voir tes gamins mourir les uns après les autres.

— …

— Tu ne veux pas parler ?

— …

— Occupez-vous du petit, les gars.

Pierrot et Gù amènent le garçon vers l'étable. Quelques instants plus tard, un coup de feu retentit.

— Tu vas parler maintenant ?

Le paysan n'ouvre toujours pas la bouche. René envoie ses hommes exécuter un deuxième fils, puis un troisième. Ce n'est qu'après la quatrième détonation que l'homme se décide à lâcher son pactole. Quand les faux policiers repartent, le paysan retrouve ses quatre fils en vie. Dieu merci, la scène n'était qu'un simulacre.

C'est que René est un véritable as de la simulation. Il est capable d'organiser des plans inimaginables pour arriver à ses fins. Endosser des rôles l'amuse énormément. À Neuilly, avec Pierrot, ils entrent dans des immeubles en se faisant passer pour des gaziers. Gravissant les étages, sonnant aux portes, ils avertissent que des fuites de gaz risquent de faire exploser le bâtiment. Ils font aimablement sortir les riches propriétaires. Puis repartent avec leurs coffres. René adore jouer la comédie, devenir quelqu'un d'autre. Avant chaque opération, il passe beaucoup de temps à se préparer, préoccupé par le moindre détail. Il modifie son aspect physique en se teignant les cheveux, en se coiffant différemment, en portant des lunettes ou une moustache. Il enfile aussi des uniformes divers : postier, gendarme, employé de bureau, fonctionnaire de sous-préfecture, chaque panoplie lui permet d'entrer dans des lieux interdits au public.

Dans ces années d'après-guerre, où règne la confusion des périmètres d'autorité entre les différents services de police (la Sûreté nationale, la police parisienne et la gendarmerie), la mobilité est un grand atout. Alors René investit dans une traction avant. Cela permet à son équipe de frapper quelques coups dans une ville et de repartir avant d'être recherchée.

Ses opérations, René préfère les dégoter tout seul, ou alors avec des partenaires de confiance. Il se méfie toujours des tuyaux vendus par des caves ou des voyous de deuxième zone. Il connaît suffisamment le Milieu pour savoir qu'on ne peut se fier à personne.

— Tu vois Pierrot, ces mecs-là chôment trop. Ils passent leur temps dans les bars et jacassent comme des pies. Plutôt nous constituer prisonniers tout de suite que de marcher dans leurs combines.

En tournée en Normandie, René la Canne apprend que, tous les soirs, deux employés d'une banque d'Évreux transfèrent les dépôts du jour dans le coffre-fort de la maison mère, située à cent mètres, en face. Le coup a l'air facile. Lui et ses acolytes partent en repérage. Lorsqu'ils arrivent à Évreux, à bord de leur traction avant, René et ses camarades constatent que la chose ne sera pas si aisée qu'ils l'avaient imaginé. En traînant devant la banque, ils s'aperçoivent bien vite que les employés sont armés et extrêmement soupçonneux. L'immédiat après-guerre voit de nombreuses bandes se former, profitant de la désorganisation du pays qui se relève à peine des années d'occupation allemande. Il va falloir jouer serré. D'autant que la banque est à découvert. Aucun endroit à proximité ne permet de se cacher et de guetter l'arrivée des fonds. Et puis il y a ce vigile, un grand baraqué qui les voit venir de loin. L'homme porte une mitraillette Thompson en bandoulière. Il a une véritable tête de tueur. René connait ces hommes. Il sait que celui-là n'hésitera pas à défourailler si la situation le demande. Alors Girier réfléchit à la meilleure façon d'approcher sans éveiller les soupçons du cerbère. Après avoir envisagé plusieurs scénarios, une idée lumineuse lui traverse l'esprit. Ça ira, j'ai un plan. Il va falloir se déguiser, les gars. Pierrot et moi on enfile nos tenues de flics. On aura besoin de deux hommes supplémentaires. Pierrot, fais venir Jacques et un de ses amis. Toi, Gù, tu t'habilles avec des loques. On va avoir besoin de chaînes aussi.

L'équipe se prépare tranquillement. Chacun répète son rôle. Ils sont hilares lorsqu'ils pensent à la situation.

L'horaire de sortie des employés de la banque est fixe. René la Canne et ses complices savent quand frapper, à quelques minutes près. Aussi, après quelques jours de préparation, les hommes mettent-ils leur plan à exécution. Au moment où les employés quittent la succursale pour se rendre à la maison mère, le vigile voit arriver quatre gendarmes traînant un mastodonte enchaîné. Ils invectivent leur prisonnier.

— Allez, avance espèce de gros tas, on n'a pas que ça à faire.

Gù joue son rôle à la perfection. Les cheveux hirsutes et le regard perdu, il marmonne, il râle. Passant devant le vigile, il attire son attention en le prenant à témoin sur la façon dont le traitent les forces de l'ordre. L'homme baisse la garde un instant. Très court. Mais cela suffit. René et Pierrot lui sautent dessus et le plaquent contre le mur de la banque. Le vigile se retrouve désarmé, une lame de rasoir sur la gorge. Les deux autres complices se ruent à l'assaut des employés et leur arrachent leurs sacs. Dans le même temps, Gù, traînant ses chaînes derrière lui, tel un fantôme d'opérette, monte dans la traction et met en route le moteur. Ses trois complices s'engouffrent dans la voiture qui démarre en trombe. Le coup n'a duré que quelques secondes. Le plan a fonctionné à la perfection. René est fier de son équipe.

À l'occasion, sous le nom de George Poncet, René participe à des courses cyclistes, une passion qu'il entretient depuis son plus jeune âge. Il sait qu'il prend des risques à montrer son visage aux spectateurs et aux officiels, mais il aime se dépenser. Pierrot est très inquiet chaque fois qu'il part en compétition.

— Et si jamais tu gagnes et qu'on voit ta photo dans les journaux ? Y a bien quelqu'un qui te reconnaîtra !

René rigole. Il n'est pas mauvais, mais avec sa patte folle, il n'a aucune chance de monter sur un podium.

Avec le revenu des ses larcins, René investit dans l'immobilier. Il achète quatre appartements à Paris, autant de planques dont personne ne connaît l'existence. Il y passe quelques jours dans l'année, et y dépose des papiers et des armes. À ses voisins, qui lui demandent la raison de ses absences répétées, il répond qu'il est un représentant de commerce surchargé de travail.

— Je n'ai pas une minute à moi, je parcours la France de long en large toute l'année.

Sur les boîtes aux lettres sont inscrits des noms d'emprunt, tous différents. Pour se couvrir, il s'envoie régulièrement du courrier. Dans chaque appartement, il reçoit ses nombreuses maîtresses. Marinette, son épouse, est au courant de ses incartades et elle laisse faire. Cependant, elle est loin d'imaginer que René a autant de succès avec les femmes ! Parmi ses maîtresses, il apprécie tout particulièrement une certaine Louisette, serveuse dans un restaurant de la Porte de Champerret. Il va la voir à l'heure du déjeuner dès qu'il peut. Un jour, elle lui rapporte une conversation qu'elle vient d'entendre dans la salle du restaurant. Trois comptables de l'usine EDF toute proche discutaient de l'organisation des versements de la paie des employés. René est tout ouïe.

— Ils disaient qu'un fourgon arrivait le matin du jour de la paie, et que la distribution prenait beaucoup de temps : ils sont plus de deux mille.

René sent qu'il tient là un tuyau de première bourre. Il embrasse Louisette fougueusement.

— Merci chérie. T'es un ange.

S'il cache des choses à Marinette, Girier lui fait également courir de nombreux risques. Un soir, alors qu'ils dorment à l'hôtel, un flic débarque dans la chambre.

— Contrôle d'identité !

René garde son sang-froid, il est recherché par la police depuis pas mal de temps, il ne s'en fait pas. Il présente des faux papiers au nom de Jacques Motton. Le policier n'y voit que du feu. Mais quand il lit le nom de Marinette sur sa carte d'identité, il tique.

— Vous êtes madame Girier ?

— Oui.

— René Girier, ça vous dit quelque chose ?

— Oui, c'est mon mari.

— Et lui ? dit-il en désignant René.

— Un client…

— Monsieur Motton, vous pouvez partir. Madame, suivez-moi.

Marinette est interrogée pendant quelques heures avant d'être relâchée. Le couple a eu très chaud. Ils partent à Nice se mettre au vert pendant un temps.

De retour à Paris, René s'intéresse à nouveau à cette affaire que lui a indiquée Louisette. Celle de l'usine EDF. La paie de deux mille employés, ça doit faire une sacrée somme. Il faut aller voir de plus près si le coup est jouable. Il fait appel à Pierrot et lui propose de préparer le coup avec lui.

— Pour les repérages, on va se faire passer pour des peintres en bâtiment. Ça nous laissera tout le temps de voir comment ça tourne dans la taule.

Les deux complices achètent échelles et peinture et se présentent un matin devant l'usine. Ils installent tranquillement le matériel. Ils ont l'air de deux honnêtes ouvriers occupés à rafraîchir les murs des bâtiments de l'usine. Les deux hommes sifflotent, font des blagues, regardent les passantes, c'est du moins l'impression qu'ils donnent. En réalité, leur attention est tout entière dirigée sur les allées et venues des employés. Ils poussent le sens du détail jusqu'à camoufler leur voiture, en y faisant inscrire : « Entreprise Duval et Fils, Peinture. » Dès le premier jour, un vigile vient leur poser des questions.

— Vous faites quoi, là ?

— Ça semble évident, non ? répond Girier, avec un air occupé.

— Qui vous a demandé de repeindre ce mur ?

— Mon patron. Au passage, c'est un très bon ami du tien.

À partir de ce moment, le vigile leur montre le plus grand respect.

Le soir, René consigne toutes les informations, les moindres détails qu'il a pu observer dans la journée. Il dessine petit à petit le plan de l'usine. Par bribes. Au bout de quelque temps il a une idée assez nette de la configuration des lieux. Les comptables sont dans le bâtiment central. Mais Girier a besoin de plus d'informations. Le coup est risqué et ne peut être tenté sans un maximum de précautions. Aussi, René prend l'habitude d'aller déjeuner au restaurant où officie son amie Louisette. Là, au fil des repas, il lie connaissance avec les fameux comptables. Les hommes ne se méfient pas. Ils connaissent le peintre, ils le croisent tous les matins, c'est lui qui s'occupe de la réfection des murs de l'usine. René est un homme affable, d'abord facile. Il a de l'humour et n'a aucun mal à sympathiser rapidement avec les employés. De fil en aiguille, Girier parvient, au cours des conversations, à obtenir les renseignements qu'il désire. Toujours aucune méfiance de la part des comptables, malgré des questions de plus en plus précises.

— Ça doit demander une organisation folle pour réussir à verser deux mille salaires la même journée ?

— Oh vous savez, on est rôdés. On est quatre et on a chacun notre guichet. À tour de rôle, on appelle une lettre de l'alphabet au micro. En fonction de leur nom de famille, les employés se regroupent dans les couloirs et passent chacun leur tour.

— Ce n'est pas la cohue ?

— Pensez-vous ! C'est sans compter Andrieux.

— Andrieux ?

— Un nouveau comptable. Il est très lent. Pour éviter de prendre trop d'avance sur lui, on est obligés d'attendre quelques minutes après chaque lettre avant d'appeler les lettres suivantes.

— Et vous n'avez pas peur d'être volés ?

— Il y a deux gardes à l'entrée du bâtiment. On ne s'inquiète pas. D'ailleurs, faut qu'on y aille, on a un tas de trucs à préparer, c'est pour demain.

René a tous les éléments pour opérer. Il est sûr de son coup. Il retrouve Pierrot pour lui faire part des derniers détails.

— Ça devrait se passer sans trop de problèmes. Par contre, faut faire fissa. Parce que c'est la paie de deux mille gonzes. Faut pas leur laisser le temps de réagir ou ils seraient bien foutus de nous faire la peau.

Pierrot rigole :

— Moi on me fait un coup pareil, le gars je l'étripe sur place.

Le lendemain matin, Pierrot et René la Canne arrivent un peu en avance sur l'horaire prévu. Ils ont quitté leur costume de peintre. Personne ne semble prêter attention au fait que les deux ouvriers si affairés ces derniers jours ont totalement disparu, en laissant le travail à demi fait. Leur patron a dû les envoyer sur un chantier en retard. Les deux hommes garent la traction pas très loin de l'entrée de l'usine. Pas trop près non plus. Deux hommes qui attendent dans une voiture, c'est soit des flics, soit des truands. Ils évitent donc de se faire remarquer.

À 10 h 35, un fourgon passe rapidement devant eux et s'engouffre dans l'usine.

— Voilà notre livraison Pierrot. Allez, au boulot.

René et Pierrot enfilent chacun une cagoule. Ils sortent de la traction en tenant fermement à la main une sulfateuse. Comme prévu, ils grimpent sans être vus le mur d'enceinte de l'usine. Puis ils se cachent derrière le bâtiment principal. Là, à l'abri des regards, ils attendent. Ça ne devrait plus être long maintenant. Au bout de quelques minutes, les haut-parleurs commencent à appeler les employés dont le nom commence par la lettre A. René et Pierrot se tiennent prêts. Dès qu'ils voient les premiers employés sortir, ils passent par la porte du fond et entrent dans le bureau des comptables.

— Pas de folie les amis ! Remplissez-nous ça et tout se passera bien.

Les comptables s'exécutent en moins de deux minutes. Ils mettent des pleines brassées de billets dans les sacs. L'opération est rapide, mais pas suffisamment discrète pour ne pas être repérée. Les gardiens rappliquent. Ils veulent intervenir, stopper les malfrats. Mais ils sont gênés par les ouvriers qui se sont amassés dans les couloirs. Les truands avaient compté là-dessus. Au moment de la paie, les employés sont tous là, c'est une évidence. Et la cohue était prévisible. Alors que les gardes sont encore à tenter de fendre la foule des employés, René et Pierrot sortent de l'usine. Ils n'ont pas eu plus de difficulté à sortir qu'à rentrer. Du gâteau. Les deux hommes grimpent dans la Citroën. Et s'enfuient bien avant que qui que ce soit ait eu le temps de réagir. Le coup est splendide. Les deux hommes ont raflé 10 millions de francs en quelques minutes. Par humour, ou fanfaronnade, René la Canne retourne au restaurant de Louisette. Là, il recroise les comptables qui lui racontent toute l'histoire. René feint admirablement la surprise en entendant leur version de l'histoire.

— Je suis sûr que les voleurs avaient un complice à l'intérieur, dit l'un d'eux.

— Vous pensez à quelqu'un ? demande René.

— J'ai des doutes sur Andrieux.

Girier sourit intérieurement. Ce pauvre comptable ne se doute pas un instant que le complice interne, c'est lui-même. Il a fourni à Girier des informations capitales qui ont permis aux deux complices de mener avec succès leur plus belle affaire.

Après ce coup de maître, René décide d'arrêter les braquages pendant un temps. Les flics ont modernisé leur panoplie : ils ont à présent des voitures qui peuvent faire course égale avec celles des criminels, des armes perfectionnées, et disposent désormais de postes émetteurs et récepteurs leur permettant d'être informés de la direction prise par des fuyards. Quand il l'apprend à ses hommes, ils sont sous le choc.

— Tu peux pas nous faire ça, René, qu'est-ce qu'on va faire sans toi ?

— Les flics sont sur notre dos, ils vont nous tomber dessus un jour ou l'autre, j'en suis sûr. Je préfère partir quelque temps, et je vous conseille de faire pareil.

— Et tu comptes aller où ?

— À Deauville, je vais m'acheter un hôtel.

Ainsi René se retrouve taulier, dans la station balnéaire normande. Avec Marinette, ils gèrent tranquillement les réservations et le service des repas. La vie est un peu ennuyeuse, certes, mais c'est le prix à payer pour avoir fait un très gros casse. Mais l'existence paisible de patron d'hôtel va cesser brusquement pour Girier et son épouse. Un jour, des militaires américains complètement ivres déclenchent une fusillade dans la salle de réception. C'est la panique. Il n'y a pas de blessé mais René qui connait son affaire sait que les flics vont rappliquer au pas de course. Il ne peut pas se permettre de prendre le risque de les attendre. En moins de temps qu'il ne faut pour le dire, il décide de quitter les lieux et confie la responsabilité de l'hôtel à un vieil ami.

De retour à Paris, René a besoin de se refaire. Il contacte Pierrot, qui bat le rappel des troupes. Tout le monde est au rendez-vous. L'équipe de René lui est fidèle, et sait que ses coups sont toujours juteux et se déroulent sans le moindre accroc.

— On va reprendre les braquages de particuliers. Un gars de confiance m'a parlé d'un bon plan, un paquet d'oseille. On va aller se faire la maison de Daladier.

— Édouard Daladier… L'ancien président du Conseil ?

— En personne, mon petit pote.

Girier et ses camarades se mettent en route. Ils prennent la voiture et s'embarquent pour les environs de Paris où demeure l'homme des tristement célèbres accords de Munich. Lorsqu'ils arrivent à destination, René la Canne et ses complices sont impressionnés. La bâtisse est incroyablement majestueuse et imposante. Avec ses deux tourelles et ses trois étages, elle domine une vaste esplanade donnant sur les bords de l'Oise. Avant de passer à l'action, les hommes vont repérer les lieux. Assez rapidement, ils trouvent ce qu'ils cherchaient : la gendarmerie. Girier et Pierrot veulent savoir de combien de temps ils disposeront lorsqu'ils passeront à l'action. Ils font plusieurs fois le trajet entre la maison de l'ancien président du Conseil et la gendarmerie, montre en main. Le verdict est sans appel : six minutes. Autant dire que Girier et sa bande ne doivent pas lambiner. La moindre perte de temps pourrait leur être fatale. Les hommes se concertent.

— Qu'est-ce qu'on fait ? Six minutes, c'est pas lerche. Va falloir carburer.

Ils décident néanmoins de jouer le coup. Ces hommes sont aguerris et savent ce qu'ils ont à faire. Ils se sentent capables d'exécuter le plan assez rapidement pour avoir le temps de tout rafler et de déguerpir avant l'arrivée des gendarmes.

Arrivés en douceur, ils se garent à couvert, à quelques mètres seulement de la maison. Ils attendent la tombée de la nuit, le moment où se fait le changement de service au poste de gendarmerie. En cas d'alerte, les forces de l'ordre mettront plus de temps à réagir. En attendant, les truands ont tout le temps. Ils discutent en fumant. Ils sont détendus. Au bout d'un moment Girier déclare :

— Bon les gars, ça va être à nous. Enfilez vos costumes.

Sans un mot, les hommes revêtent les uniformes de policiers qu'ils ont apportés pour l'occasion. Lorsque René donne le signal, ils descendent de la voiture, traversent la vaste esplanade et s'approchent du perron. Arrivés à la porte, c'est Girier qui prend l'initiative. Il frappe très fort.

— Police, ouvrez !

Un temps se passe. René tambourine de plus belle. Finalement, un domestique ouvre timidement.

— Que désirez-vous, messieurs ?

René lui tend sa fausse carte de police. Le domestique n'y voit que du feu.

— Commissaire Andrieux, nous sommes ici pour parler à M. Villard, le secrétaire de M. Daladier.

Surpris par l'heure tardive, le domestique laisse cependant entrer les quatre hommes. Il lâche un petit « je vous en prie, allez-y ». Mais il a à peine le temps de terminer son invitation que René la Canne et ses complices ont sorti leurs armes et menacent le pauvre homme. Rapidement, Pierrot court vers le fond du hall d'entrée. Il ouvre le placard où passent les fils téléphoniques, et les sectionne d'un simple coup de pince. Gù et Jacques fouillent la maison à la recherche du personnel. Personne ne doit leur échapper. Une fois les domestiques regroupés, Gù lance avec autorité :

— Tout le monde est là ? Il ne manque personne ? S'agirait pas qu'un petit malin joue les héros, hein ? Parce que, ça, vous le sentiriez passer.

Les domestiques terrorisés acquiescent. Non, personne d'autre, ils sont tous là. Et ils ne bougeront pas, c'est promis. René grimpe alors les marches du grand escalier au bout du hall. Il pénètre dans le bureau du propriétaire. À le voir, on croirait qu'il connaît les lieux sur le bout des doigts. Il sait exactement où chercher. Le tuyau était vraiment de première bourre. Il lui faudra récompenser le petit cave qui lui a donné les informations. René se dirige directement vers le meuble en acajou situé derrière le bureau. Comme prévu, il y trouve le coffre. Il n'a plus qu'à entrer la combinaison. Le coffre s'ouvre avec docilité. Dans un sac, René vide son contenu. S'y trouvent des billets, et dix enveloppes. Girier rafle tout. Il quitte le bureau et redescend au rez-de-chaussée où l'attendent ses camarades. Affaire rondement menée. Les faux policiers peuvent à présent quitter les lieux. Comme ils s'apprêtent à sortir, le majordome les interpelle.

— Messieurs, s'il vous plaît, messieurs.

Pierrot et René se retournent. Ils sont surpris de se voir appeler de la sorte.

— Je voulais vous dire que vous partez avec le salaire du personnel.

— René sourit. Il ne peut résister face à la mine désespérée des employés de maison. Grand prince, il fouille dans le sac et sort les enveloppes. Il lit tout haut les noms qui y sont inscrits. Maurice Blanvalet ?

Un jeune homme lève le bras.

— Tenez.

— Gisèle Lefort ?

Une petite femme de chambre attrape l'enveloppe qui lui est tendue. Mais le temps presse. René a de l'humour, mais c'est avant tout un professionnel. Il pose les enveloppes restantes sur le rebord d'une commode et avant de partir lance :

— Bon, je vous laisse terminer la distribution vous-mêmes.

Le lendemain, les employés ne manqueront pas de signaler aux journaux la bonté des braqueurs et de leur chef, un grand monsieur claudicant.

Le samedi soir, quand il ne « travaille » pas, René prend sa traction et emmène Marinette dans les bals de province. Il aime sortir de Paris, il se plaît plus à la campagne. Alors qu'il est en vadrouille avec sa femme, aux environs de la Porte de Clignancourt, le couple croise une patrouille de police.

— Simple contrôle de routine, monsieur. Montrez-moi vos papiers, s'il vous plaît.

René sort sa fausse carte, celle qu'il utilise habituellement. Le policier la regarde, puis s'approche de son collègue. René ressent des picotements lui parcourir l'échine. Ça ne sent pas bon. S'il y a un problème, c'est maintenant qu'il doit partir. Le policier revient avant qu'il ait eu le temps de prendre une décision.

— Je vais vous demander de nous suivre au commissariat, monsieur, nous devons vérifier votre identité. Madame, attendez-nous ici.

Le policier fait signe à son collègue de monter dans le véhicule de Girier. René fulmine. Comment a-t-il pu manquer à ce point d'initiative ? Pendant tout le trajet, il réfléchit. Il va bien falloir qu'il trouve une solution. Il ne va tout de même pas se laisser attraper au cours d'un simple contrôle. Ce ne serait pas digne de lui. Parvenu devant le commissariat, René fait une manœuvre pour se garer dans le sens du départ.

— Vous êtes bien compliqué, vous, observe le policier assis à ses côtés, impatient de sortir.

La voiture toujours en marche, René ouvre sa portière, et pose un pied à terre. Le policier en fait de même. Mais dès que son buste franchit l'habitacle, la Canne revient au volant et appuie à fond sur la pédale d'accélération. Le policier le regarde filer sans rien pouvoir faire. Ce n'est pas encore pour cette fois se dit René qui sent pourtant qu'un de ces jours il aura moins de chance.

Et, en effet, peu de temps après, il est arrêté en pleine rue. Les flics l'ont pris par surprise :

— Bouge pas Girier ! Ou on t'allume…

Ils peuvent être fiers. Ils viennent d'arrêter un homme condamné dix-sept fois par contumace, pour vols à main armée, association de malfaiteurs, et usage de faux papiers. René est condamné pour des affaires auxquelles il n'a pas participé, mais il n'est pas inquiété pour le braquage de l'usine EDF. Au total, René devrait passer les vingt-sept prochaines années en prison. Pour lui, il en est hors de question. Il compte se faire passer pour irresponsable et passe un entretien avec un psychiatre. René ferait croire n'importe quoi à n'importe qui. Il joue parfaitement le jeu. Le psychiatre le juge amoral et incapable de discerner le bien du mal. En vertu de l'article 64, il est placé dans un établissement spécialisé. Après neuf mois à la prison de la Santé, il est envoyé dans la section Henry-Colin de l'hôpital psychiatrique de Villejuif, où il doit être interné à vie. Trois semaines après son arrivée, il réussit à sortir de l'enceinte de l'hôpital mais est rattrapé par des paysans dans un champ après moins d'un kilomètre de course. À l'hôpital, il subit les foudres du médecin chef Renault, qui lui impose des séances d'électrochocs. C'est lors de ces séances qu'il croise le petit Émile Buisson, dit Mimile. Ensemble, ils mettent des mois à monter un plan d'évasion. Mais celui-ci s'effondre quand Marinette, chargée de leur faire passer des armes, se fait prendre bêtement pendant la fouille précédant la visite. Elle avait dû se débrouiller seule, elle n'avait pas pensé à démonter les armes. René est envoyé au trou, mais Buisson lui fait dire qu'il l'attendra.

Quelques mois plus tard, alors qu'ils sont en promenade, des hommes cagoulés et armés de mitraillettes grimpent sur le mur d'enceinte et font descendre une échelle. Les deux internés simulateurs s'échappent.

La cavale ne dure pas très longtemps pour René. De retour à Paris, il est reconnu dans la rue et emprisonné à la Santé. Une deuxième expertise psychiatrique vient infirmer la première : René Girier est parfaitement sain d'esprit et est reconnu responsable de ses actes. Mais un retournement de situation fait qu'il est blanchi de tous les crimes et délits commis avant son internement. René la Canne est simplement condamné à un an de prison pour vol de vêtements, ceux qu'il portait lors de son évasion de l'hôpital de Villejuif ; le médecin chef Renault y tenait. À sa sortie, son équipe est décimée, il ne reste que Pierrot.

Ils travaillent à deux. Ils braquent une bijouterie à Paris, et des banques. Soit ils se font passer pour des flics, soit pour des convoyeurs de fonds. Un jour, il est arrêté pour un vol de voiture qu'il jure ne pas avoir commis. Il réussit à s'évader une nouvelle fois.

De retour dans le Milieu, René monte un nouveau coup. Le casse de la Porte d'Orléans. Une attaque qui lui demande un mois de préparation. Il repère auparavant le trajet d'un fourgon postal qui fait la tournée des bureaux de la ville en fin de journée. À chaque arrêt, un garde descend de la porte arrière du fourgon, entre dans le bâtiment des Postes, et en ressort aussitôt avec une sacoche. Mais au bureau de poste du boulevard Jourdan, René remarque qu'un vigile plutôt méfiant attend l'arrivée du garde. Ce dernier ne sort d'ailleurs pas seul. Il est systématiquement escorté jusqu'au fourgon par ses collègues. Le sac qu'il porte est beaucoup plus gros que ceux des autres arrêts. De quoi aiguiser les appétits de Girier. Pour cette affaire-là, en plus de Pierrot, René a besoin de six hommes. Il fait appel à Fanfan, Rock, Victor, Maurice, Rudolph et Jean. Ils répètent trois fois le scénario du braquage.

— Victor, tu attendras devant le bureau de poste, incognito. À vingt mètres de là, Jean, Rudolph, Pierrot et moi, on sera dans une traction, à assurer les arrières. Fanfan et Rock, vous serez dans l'agence, à faire semblant de remplir des formulaires d'ouverture de compte, attentifs aux convoyeurs. Quand ils sortiront, vous les braquerez pendant que Victor s'occupera du gardien. Maurice arrivera alors avec une deuxième voiture pour récupérer tout le monde.

Le jour de l'attaque, tout se passe comme prévu, Victor immobilise le gardien, et les convoyeurs ont lâché leurs armes sous la menace du groupe de cagoulés. Mais le garde qui tient le sac refuse de le lâcher, et s'y agrippe obstinément. Victor est obligé de tirer deux balles de P38 à quelques centimètres de la tempe du garde.

Suite à ce succès, René envisage des opérations de plus grande envergure, comme le braquage de la Cartoucherie française. C'est un certain Fernand Grimaldi qui lui fournit le tuyau, René ne le connaît pas trop, et préfère travailler prudemment. Il envoie une de ses maîtresses pour repérer les lieux. Pour ce coup-là, il serait beaucoup plus simple d'intervenir dès l'arrivée du fourgon. Mais sur place, rue de Rivoli à Paris, l'opération semble très délicate. René s'imagine mal braquer des mitraillettes devant cette foule de femmes qui flânent devant les vitrines des magasins de mode. Il se met à un mètre du gardien de la Cartoucherie, et observe les passants. Comment réagiront tous ces gens lorsqu'ils sortiront leurs armes ? Il y a trop de monde, c'est trop risqué. René abandonne. Il comprendra plus tard que le plan de Fernand Grimaldi était un piège tendu par la police. Les flics pensent alors que René est toujours en contact avec Buisson, et ils sont prêts à tout pour attraper l'ennemi public.

Refroidi par cette histoire, René tient désormais à trouver ses plans seul, quitte à faire appel à des gars de confiance pour les réaliser. Il pense alors à un gros coup. Lorsqu'il tenait son hôtel à Deauville, René allait souvent avec Marinette flâner devant la vitrine de la somptueuse bijouterie Van Cleef & Arpels, à rêver devant les bijoux qu'elle contient. Pendant l'été 1949, René revient devant cette bijouterie, avec d'autres intentions : il repère.

— Il n'y a pas de gardien et le commissariat est à moins de cent mètres. D'un côté de la rue, il y a une promenade, de l'autre, une plage encombrée. En comptant bien, l'opération ne doit pas durer plus de trente secondes, sinon on aura les flics sur le dos, explique-t-il à Pierrot à son retour de promenade.

Dans le célèbre hôtel Normandy, où il est descendu, René entend que Rita Hayworth vient d'arriver. Cette belle femme, fantasme de tous les hommes, est mariée avec le fils de l'Agha Khan, qui la couvre de bijoux. « Elle doit porter au moins 80 millions sur elle », dit une femme dans l'assemblée. René veut l'enlever pendant qu'elle est à Deauville, le casse de la bijouterie peut bien attendre le temps qu'il prépare son plan. Ainsi René suit le célèbre couple pendant plusieurs jours, entre hôtels, restaurants, plages et salles de jeu, et repère leurs itinéraires. L'intervention ne devrait pas être compliquée : déguisés en gendarmes, ils pourraient prétexter un contrôle pour la faire s'arrêter lorsqu'elle est seule avec son chauffeur, et les braquer à ce moment-là. La suite pose problème, René a besoin d'une bonne planque pour l'otage. Après quelques jours de réflexion, il trouve la solution : il séquestrera Rita Hayworth dans une citerne à calvados aménagée.

— C'est pas plus petit que ma cellule au mitard ! dit-il à Pierrot qui trouve l'idée étrange. Mais lorsqu'il se met à la recherche d'une équipe, les Corses et les Lyonnais refusent. Personne ne veut l'aider à enlever la sublime Rita Hayworth. Trop voyant, trop risqué. René reprend alors son plan précédent.

Deauville, le 2 août 1949. Il est 11 heures et une fine pluie rafraîchit l'atmosphère. René est installé dans une traction aux côtés de Pierrot, qui conduit. Derrière eux sont assis un Lyonnais et Antoine, dit Le Corse. La Citroën 15 roule lentement sur les chemins. Leur objectif est la bijouterie Van Cleef & Arpels.

— Tout va se jouer sur la rapidité les gars. On applique le scénario à la seconde près. Faut pas vous faire d'illusions, les flics sont à côté et ils vont donner l'alerte immédiatement. Toutes les routes seront barrées en une demi-heure.

La traction entre dans le centre-ville, et arrive dans la rue Gontaut-Biron, celle de la bijouterie.

— Ralentis, on est en avance, dit René à Pierrot, très concentré avant le casse.

En arrivant devant la bijouterie, René s'assure que la deuxième voiture, avec à son bord des Corses et des Lyonnais, est bien à sa place, sur la promenade. À 11 h 25, René bondit hors du véhicule avec sa mitraillette et se dirige vers la porte vitrée. Antoine et le Lyonnais le suivent. À l'intérieur, il y a deux employés et le patron, qu'ils maîtrisent tout de suite :

— On ne bouge pas, messieurs, ça va durer quelques secondes, lance René, en forçant les tiroirs.

L'équipe s'affaire, mais les trente secondes passent avant qu'ils terminent le travail.

— On décarre !

Avant de partir, Antoine tire un coup de feu dans la vitrine.

— On décroche, bordel ! lui crie René.

Les braqueurs s'échappent et retrouvent les voitures relais. Puis l'équipe se sépare. Avec le butin, René et Pierrot rejoignent la Seine et embarquent sur *Le Sans Soucis*, le petit bateau de pêche de Girier. Les deux hommes enfilent en toute hâte les habits de pêcheur qu'ils avaient planqués dans la cale. Ils arrivent à Paris en évitant tous les barrages. René a déjà un contact pour écouler les bijoux, un certain Van Vergen, un bijoutier d'Anvers. Sur le chemin, il braque un marchand de timbres de collection. À son arrivée en Belgique, il échange pour 50 millions de bijoux et 10 millions de timbres. De retour à Paris, René apprend qu'Antoine l'a doublé. Après avoir tiré dans la vitrine, il aurait volé en douce une bague magnifique, sertie d'un rubis gros comme un pouce. René charge les Corses de s'occuper du traître.

Menant grand train, manquant sans doute de prudence, René est arrêté un peu plus tard, à Paris. Enfermé à Fresnes, il monte un nouveau plan pour sortir de là.

— Je me suis évadé dix fois de prison. Pourquoi pas onze ? dit-il à ses compagnons de cellule, qui trouvent son plan irréalisable.

René veut s'évader au cours d'un transfert vers l'hôpital, seul. Pour cela, il compte découper le plancher du fourgon cellulaire. Armé d'une très petite scie, il s'entraîne pendant des mois à découper un petit trou et à passer à travers. La seule solution qu'il a trouvée pour passer à coup sûr est d'être complètement nu. Un jour, se sentant enfin prêt, René simule de violentes douleurs à l'estomac. Ses codétenus appellent les surveillants qui l'amènent à l'infirmerie, où il se force à vomir pour rendre crédible son mal. Les médecins signent son transfert vers un hôpital de Paris. René est fouillé par les surveillants, qui ne trouvent rien d'anormal. Il peut partir. Dans le fourgon cellulaire, René apprend qu'il doit partager sa cabine. Peu importe, il propose au gars de l'accompagner. René se déshabille et sort de son anus un fin étui à cigare dans lequel est cachée la scie. Tout se passe comme prévu. Cinq minutes plus tard, René et son compagnon roulent sous la voiture. C'est sa onzième évasion, certainement la plus périlleuse qu'il ait eu à réaliser.

René goûte à nouveau à la liberté, mais les choses ont changé. Les rafles des policiers se font de plus en plus fréquentes. Marinette a été arrêtée, comme d'autres amis. Alors René reprend une vie tranquille. Un jour de janvier 1951, alors qu'il sort d'une projection du *Troisième homme*, il est ceinturé sur la place de l'Opéra.

— Fais pas le con, Girier ! Tu es fait ! Ne touche pas à ton flingue !

René est arrêté pour de bon. On lui passe les fers. Il les portera en permanence.

À son procès, il est accusé de vol qualifié avec circonstances aggravantes, d'acquisition ou détention sans autorisation de munitions ou d'armes de première ou quatrième catégorie, et d'association de malfaiteurs. Il est condamné à huit ans de réclusion criminelle. En prison, il reçoit les visites de la princesse Charlotte de Monaco, et gagne peu à peu sa confiance. La princesse fait jouer ses relations, et avec la promesse d'un emploi à son domicile, elle réussit à le faire sortir plus tôt. À sa libération, Charlotte l'installe dans un château, et René devient son chauffeur… sans permis. C'est lui qui conduit la voiture de la princesse au mariage de son fils Rainier avec Grace Kelly. Puis, elle lui fournit de quoi acheter une ancienne librairie à Reims, dans laquelle René accueille les repris de justice pour les aider à se réinsérer, et crée « Les Ramoneurs de France ».

Il meurt tranquillement dans une maison de retraite de Reims, en 2000, à l'âge de 81 ans.

FRANÇOIS MARCANTONI

AU CŒUR DU COMPLOT

Dans les milieux politiques autorisés de la cinquième République, on a l'habitude des coups fourrés. Et surtout quand la fonction présidentielle est en jeu. Ce 1er octobre 1968, la France gaullienne n'a pas encore eu le temps de digérer les coups de boutoir donnés par la Rue pendant le splendide mois de mai qu'elle doit faire face à un nouveau scandale. Rien de très intrigant au départ, tout au plus un simple fait divers, règlement de comptes entre petits truands : le meurtre de Stevan Markovic, un gros bras de la Côte d'Azur, qui arrondissait ses fins de mois en faisant le coup-de-poing ou en trafiquant un peu de drogue. Une histoire somme toute banale, tout juste bonne à figurer dans un entrefilet à la rubrique faits divers. Seulement voilà, le Markovic, dont on vient de découvrir le cadavre en état de putréfaction avancé à même le gravas d'une décharge publique de la banlieue parisienne, à Elancourt (Yvelines), n'est autre que le garde du corps d'une star du cinéma français. De LA star du cinéma : Alain Delon.

À un bon millier de kilomètres de là, dans les ruelles qui mènent à la Cannebière, l'affaire fait déjà grand bruit. Car le Markovic, il était connu sur la Côte d'Azur, de Marseille à Saint-Tropez, en passant par Monte-Carlo et Menton. Toujours collé aux basques d'Alain Delon, parfois un peu trop proche de Nathalie, l'épouse du beau gosse intronisé par Melville dans tous ses films de gangsters. Le milieu marseillais, principalement d'obédience corse, bruisse de toutes les rumeurs les plus folles. Et quand elles tombent dans l'oreille des flics de la maison Poulaga, le sang de la maréchaussée ne fait qu'un tour : le bel Alain ne serait pas le dernier à être soulagé de la disparition de Markovic, un homme visiblement un peu trop encombrant et un poil trop ambitieux. Il faut dire qu'à 31 ans, l'immigré yougoslave n'avait pas envie de vivre chichement. Grisé par la folie des soirées show-biz de Saint-Tropez et sa (prétendue) brève liaison avec la femme de celui qu'il protégeait, il aurait eu très envie de faire chanter Alain Delon, et de révéler quelques photos compromettantes à la presse. On sait que Delon n'est pas non plus un enfant de chœur. Il a toujours été proche du Milieu, et on le croise souvent entouré d'amis arborant borsalinos, costumes rayés, et bagues aux doigts. La Corse fait la loi à Marseille, où Delon fait de nombreux passages, retrouvant ses habitudes de jeune homme en traînant dans les cabarets jusqu'au petit matin. Un de ses amis les plus proches est François Marcantoni, le tenancier des Calanques, rue Quentin-Bauchart. Marcantoni est un truand avéré, mais cela a peu d'importance pour Delon, qui fait passer l'amitié avant la respectabilité. Grand et massif, toujours tiré à quatre épingles, Marcantoni reçoit dans l'arrière-salle de son établissement, où les voyous se retrouvent pour parader devant les filles faciles autour d'une table de poker. L'ambiance est enfumée, on y consomme des boîtes entières de Monte-Cristo chaque nuit, et des litres de whisky. Et, à voix basse, on y règle les affaires des amis qui ont « besoin de résoudre un problème ».

Sur la scène des Calanques, des danseuses de cabaret un peu abîmées et des chanteurs de charme se succèdent pour offrir un peu de divertissements aux « hommes », ces messieurs du Milieu. Une bonne entreprise pour Marcantoni, qui accueille également les personnalités du show-biz du moment, bien contentes de trouver un endroit où échouer lors de virées nocturnes sans fin. C'est cet esprit de fin de nuit, de fête ininterrompue, que Marcantoni va importer quelques années plus tard à Pigalle, entre cercle de jeu clandestin et cabaret de nuit, où les passes avec les « danseuses » semblent toujours négociables et où un petit supplément de « remontant en poudre » n'est jamais bien difficile à trouver... Marcantoni est un roi de la nuit. Un seigneur de la fête.

Dès la première semaine d'octobre 1968, les indics de la police qui traînent dans le milieu marseillais ont de forts soupçons sur l'implication de Marcantoni dans le meurtre de Markovic. Delon aurait été jaloux de son garde du corps, aurait refusé de céder à son petit jeu de maître chanteur d'opérette et aurait demandé à son vieil ami François de régler le problème, en douceur, mais de manière radicale... C'est du moins ce qui se raconte un peu partout chez les affranchis du Milieu. Il faut dire que Marcantoni a tout du coupable idéal. Un pur produit des « réseaux de la résistance corse », ceux-là même qui propulseront quelques années plus tard Charles Pasqua et sa clique des Hauts-de-Seine au pouvoir. Quand on le croise sur le Vieux-Port, on lui sert un bien respectable « Monsieur François », déférent et craintif. Car Monsieur François a fait la guerre, a été torturé par la Gestapo, et a servi la France, version majuscule. Un genre de héros. C'est en tout cas ce que prétend la version officielle de sa biographie. Biographie à géométrie variable. Dans le brouhaha interlope des nuits enfumées, à la faveur des rencontres et des opportunités, Monsieur François passe du rôle de simple ancien combattant et petit propriétaire de cabaret (ouvert avec la famille de Tino Rossi) au statut de truand reconnu, fiché au grand banditisme depuis 1959. Monsieur François est au courant d'à peu près tout ce qui se passe d'illégal sur le Vieux-Port, à Paris ou à Ajaccio, et trouve toujours de jeunes et larges épaules pour faire le coup-de-poing quand il en a besoin. Il faut bien se faire respecter... Mieux encore, le Marcantoni a des connexions en politique. Il faut dire qu'il est ancien résistant et d'origine corse. Son curriculum vitae semble tout à fait idéal pour se faire respecter en haut lieu.

À cette époque, dans une France gaullienne qui empeste la fin de règne, le Service d'action civique (le SAC) navigue entre organisme d'État et cabinet noir à la solde de de Gaulle. On y retrouve un étrange panachage de personnalités toutes plus troubles les unes que les autres : activistes de l'extrême droite (de Occident au GUD), vieux nostalgiques de l'Algérie française (OAS en tête), truands corses, bandits marseillais et gros bras de la SDECE (l'ancêtre de la DGSE). Ce sont les hommes de mains, exécuteurs des basses œuvres de de Gaulle, les signataires des pires barbouzeries de la cinquième République. Des hommes dotés d'une violence aveugle que même le Général n'arrive pas à contrôler. Au SAC s'est succédé le *who's who* de la pègre corso-politique. Les liens entre cette officine, le Milieu et les cercles politiques sont très étroits. Jacques Foccart, le « Monsieur Afrique » de la cinquième République, conseiller de de Gaulle et Mitterrand, en tire les ficelles dans l'ombre, secondé par Pasqua, Étienne Léandri (ancien collaborateur et fervent anticommuniste) ou Pierre Debizet. Il est mis en place peu après l'arrivée au pouvoir du Général. L'inscription au verso de la carte d'adhérent déclare que le titulaire « s'engage sur l'honneur à apporter inconditionnellement son soutien à la poursuite des objectifs définis par le général de Gaulle ». Le SAC est reconnu « association à but non lucratif ». À peine constitué, il se lance dans une campagne d'infiltration et d'assassinats contre le FLN. Pour ses « sales coups », Pasqua et les chefs du SAC recrutent dans les prisons, notamment parmi les truands incarcérés pour des attaques à main armée. Comme à l'époque du RPF, les gaullistes travaillent à travers de nombreuses entreprises (la

Barracuda, la Frimotex, etc.), qui, tout en ayant une existence légale, sont entre les mains de membres ou d'anciens membres des services secrets, et s'engagent dans un trafic d'armes particulièrement lucratif – de chars, de mitrailleuses, de munitions et d'explosifs –, en direction de l'Afrique noire, des pays du Maghreb et du Moyen-Orient. Dans toutes les basses œuvres de la France en Afrique – coups d'État, assassinats, corruption, détournement de fonds, élimination d'opposants, etc – les hommes du SAC sont de la partie, autour de Jacques Foccart, surnommé le « Monsieur Afrique » du camp gaulliste. Marcantoni a toujours nié avoir fait partie du SAC. Cependant, de nombreux documents de l'époque attestent de son appartenance à cette milice parallèle. De la même manière le cousin de Marcantoni, Jean-Charles Marchiani, futur préfet et alors membre du cabinet de de Gaulle, a toujours été en étroite relation avec ce groupuscule qui avait beaucoup de sang sur les mains.

Monsieur François a toujours aimé les lumières du music-hall. Il accompagne volontiers son ami Alain Delon sur les tournages de Jean-Pierre Melville ou des autres grands cinéastes de l'époque afin de le conseiller sur les attitudes à avoir pour avoir vraiment l'air d'un gangster. Marcantoni est la caution de véracité et de crédibilité ! Il arrive même à Monsieur François de pousser la chansonnette sur la petite scène de son cabaret Les Calanques. Installé entre Marseille et Paris, sous les néons nocturnes de la place Pigalle, il est de ces truands qui ne se sont jamais résolus à uniquement faire des affaires dans l'ombre. « Quand on a goûté au champagne, la limonade est bien fade », répète-t-il à l'envie de sa voix grasse et rocailleuse, le complet rayé sur les épaules, et le chapeau mou vissé sur la tête.

L'affaire Markovic est à la fois une aubaine et un véritable drame pour Marcantoni. Aubaine, car ce truand respecté du Milieu sort enfin de l'ombre et se retrouve propulsé aux côtés de son ami Delon à la une des journaux ; drame puisque, de toute sa carrière de fiché au grand banditisme, il est de ceux qui ne sont presque quasiment jamais passés par la case prison, réussissant à filer entre les gouttes de la justice. Marcantoni a déjà 48 ans et, cette fois-ci, il se retrouve jeté dans les geôles de la République pendant onze mois d'affilée, malgré ses amitiés haut placées.

Mais comment Le Grand, comme on le surnomme à Pigalle, a-t-il pu tomber aussi facilement, lui qui, dans le privé, se disait intouchable ? Il faut dire que l'enquête diligentée par la police judiciaire a fait ressortir de troublantes coïncidences : le corps de Markovic, retrouvé dans les Yvelines, a été débarrassé dans une décharge attenante à une des propriétés de Marcantoni ; une importante correspondance de Markovic a été retrouvée dans son petit appartement du Sud-Est, et dans ces lettres sulfureuses, le nom de Marcantoni et de Delon reviennent à de nombreuses reprises ; des témoins déclarent que Markovic leur avait confié que s'il lui arrivait malheur, c'était du côté de Marcantoni et Delon qu'il fallait aller voir ; de troublants éléments utilisés lors du meurtre, comme un tapis dans lequel avait été roulé le cadavre, mènent directement jusqu'à Marcantoni. L'homme semble pris en étau. Pourtant, le truand nie en bloc.

« Pure calomnie », déclare-t-il à *Détective*.

« Des conneries de la pire espèce de tapettes qui ne comprennent rien au monde des hommes », lance-t-il à une journaliste de *Paris Match* venue l'interviewer.

« Des fantasmes de journalistes qui n'ont pas de couilles », glisse-t-il à la radio.

Marcantoni est innocent; en tout cas, c'est ce qu'il prétend, dans un langage fleuri.

Le mythe Marcantoni est en marche. Celui qui, à 20 ans, rembourrait les épaulettes de ses vestes rayées pour avoir l'air encore plus impressionnant, se retrouve avec un costume bien trop grand pour lui. Tant que l'affaire Markovic tourne autour de son amitié avec Alain Delon, cela passe encore: Le Grand se confine dans le mutisme, courbant l'échine pour ne pas trahir ses amis. Mais les révélations d'un certain Akow, immigré serbe, vont tout faire basculer… Cela ne fait que quelques jours que le meurtre de Markovic lui a été attribué, et déjà de nouvelles rumeurs font leur apparition: en fait, le garde du corps de Delon aurait été le maître chanteur de personnalités bien plus puissantes que l'acteur français. Lui-même très porté « sur la chose », comme le titre un journal local, Markovic aurait été l'organisateur de parties privées en banlieue parisienne et dans le sud de la France, avec « des gens de la haute ». Un témoin anonyme déclare même à cette occasion: « La dernière fois que j'ai croisé Markovic à une partouze, il m'a montré une femme et m'a dit: "Tu vois cette salope? Eh bien, c'est la femme du Premier ministre". » Un premier ministre de l'époque, gonflé d'ambitions présidentielles. Un homme du nom de Georges Pompidou…

Il faut dire qu'on prête depuis longtemps à Pompidou une certaine attirance pour le libertinage, mais sans plus de preuves à apporter. Akow, ce petit malfrat alors en prison, fait parvenir des photos à la police: de vagues clichés noir et blanc où l'on aperçoit une femme qui ressemble de très loin à Mme Pompidou. Le général de Gaulle est cinglant sur ce sujet:

— À trop vouloir dîner en ville dans le Tout-Paris, comme aiment le faire les Pompidou, et à y fréquenter trop de monde et de demi-monde, il ne faut pas s'étonner d'y rencontrer tout et n'importe qui, lâche le vieux président à son fils.

Une nouvelle version fait désormais son apparition : Markovic aurait tenté de faire chanter le couple Pompidou avec ces photographies volées de partouze de gens de la haute, et aurait été éliminé par Marcantoni, signataire du meurtre. Malheureusement pour lui, que ce soit par le biais de Delon ou de Pompidou, Marcantoni reste toujours dans la ligne de mire.

En 1969, Monsieur François ne peut faire autrement que d'échouer en prison. Là-bas, il retrouve la section « Personnalités Publiques » de la Santé, où il a droit à une cellule individuelle, et vit comme un prince.

« Si vous avez de la caillasse, à Gibraltar, Ouagadougou, New York ou à la Santé, on vous respecte. Tous ces braves types, ces gardiens, je les ai gâtés comme on ne l'avait jamais fait. Ils m'ont rendu ce respect, rien de plus simple », aime-t-il à résumer pour évoquer son passage de onze mois derrière les barreaux. Dans les couloirs de l'établissement pénitentiaire, on lui sert du « Monsieur » à tout va, et au bout d'une semaine, il réussit même à organiser une partie de poker journalière, avec mises d'argent, entre détenus ! Depuis l'intérieur, il continue à gérer ses « affaires » habituelles : souteneur de prostituées, gestion de bar à bouchons du côté de Pigalle, commerce d'œuvres d'art à la provenance douteuse, import/export de produits plus ou moins licites. La petite entreprise Marcantoni se porte bien, merci pour elle.

Pourtant, Marcantoni se retrouve plongé dans une affaire dont il ne semble maîtriser ni les tenants, ni les aboutissants. Truand de haute volée perdu dans un complot d'État entre barbouzes amies qui l'utilisent pour de plus hauts desseins, il adopte la seule posture valable en ce temps d'avis de tempêtes : la dénégation et l'offensive. Car cette « nouvelle affaire Markovic » n'est plus une simple affaire de « fouille-merdes », comme il se plaît à dire en évoquant les journalistes de la presse à sensation. Cette affaire remonte jusqu'à l'Élysée et Matignon, où les partisans de de Gaulle, Pasqua, Pompidou et Giscard d'Estaing sont prêts à tous les coups bas pour pousser leur candidat vers le poste de président de la République, lors de l'élection de 1969. Pompidou est furax, et va voir le président :

— Mon Général, vous savez pourquoi j'ai demandé à vous voir. J'ai trois choses à vous dire : Je connais assez ma femme pour savoir qu'il est impensable qu'elle se trouve mêlée si peu que ce soit à cette affaire. On cherchera peut-être à « me mettre dans le coup ». Nulle part on ne me trouvera. Je n'en dirai pas autant de tous vos ministres. Ni place Vendôme, chez M. Capitant, ni à Matignon, chez M. Couve de Murville, ni à l'Élysée, il n'y a eu la moindre réaction d'homme d'honneur.

De Gaulle reste muet. Pompidou sort de la pièce avec le sentiment d'avoir été trahi au plus haut niveau de l'État.

Marcantoni croupit quant à lui dans son cachot de luxe. « Quand tu as connu la liberté, tu l'auras toujours, même derrière les barreaux », déclarera-t-il quelques années plus tard dans un de ses nombreux livres témoignages. Il semble même serein tandis que les journaux se déchirent, à l'extérieur, pour démêler le vrai du faux. Comme si, bien informé, Marcantoni se préparait à un non-lieu évident (qui interviendra en 1976), et que les demandes de ses avocats à faire comparaître les époux Pompidou devant la cour de Justice dans le cadre de cette affaire de malfrats devenue une affaire d'État, n'étaient que de fausses pistes afin de brouiller une enquête déjà bien mal partie. Car Monsieur François a toujours de hautes connexions, et quelques (petites) voix lui ont soufflé que s'il se contentait d'attendre dans son coin, il risquerait fort de recouvrer la liberté dans les semaines ou les mois à venir... Des soutiens très élevés, comme Robert Hersant - dont il a assuré la sécurité pendant sa campagne électorale - viennent le voir ou lui font parvenir quelques menus cadeaux afin d'agrémenter son quotidien. Les journées passent vite dans ces conditions, surtout quand la perspective d'une libération semble plus que probable.

Marcantoni construit une habile défense, basée sur des complicités nombreuses au sein du pouvoir judiciaire et policier: des rapports bâclés ont été rédigés par la police, des pièces à conviction disparaissent miraculeusement et l'imbroglio politique ourdi contre Pompidou prend de plus en plus de place, laissant Marcantoni dans un rôle de « cave » perdu dans un complot aux conséquences bien trop démesurées pour sa prétendue petite envergure. Et pourtant, la vérité est qu'un cadavre est bien là, celui de Markovic, et que toutes les preuves tangibles mènent à lui, François Marcantoni. Mais cela importe peu à présent pour les « scribouilleux » de tous poils. Ils ont déjà oublié le truand de Pigalle et de la Cannebière pour s'intéresser aux prétendues partouzes du couple présidentiable. Même Delon, aux avant-postes au début de l'affaire, se retrouve de plus en plus épargné dans l'affaire: un candidat à la présidentielle libertin qui fait abattre un maître chanteur, cela a plus de gueule tout de même pour la meute médiatique! Dans l'ombre, Marcantoni se débat comme un beau diable: on ne fera pas porter le chapeau d'une barbouzerie d'État à un petit gars de Marseille, fût-il un truand notoire! Malgré ses airs de grand parrain, François Marcantoni plaide la plus totale innocence: il n'est qu'un brave commerçant aux amitiés fortes issues des réseaux de la résistance, un brave combattant français et corse fidèle qui, malgré son allure peu recommandable, n'a rien à voir avec tout ça. Delon, quant à lui, assure à qui veut l'entendre que « François est un type bien, sur qui on peut compter, mais qui ne ferait pas de mal à une mouche » (*Détective*, 1970). Le SAC, de son côté, tente de gommer toute connexion avec Marcantoni. Difficile tout de même pour l'officine spécialiste ès barbouzerie, surtout avec la présence dans la famille de Marcantoni d'un certain Jean-Charles Marchiani qui n'arrange pas les choses…

Onze mois plus tard, Marcantoni est relâché, faute de preuves et d'aveux de la part du présumé coupable. Entretemps, Georges Pompidou a été élu aux commandes de l'État, et il a fait le grand ménage autour de lui, comme le témoigne cette déclaration datant de 1982 d'un des activistes du Service d'action civique, Pierre Lemarchand :

« Audition de Pierre Lemarchand, ancien du SAC, par l'Assemblée nationale, le 17 juin 1982 :

« M. Pierre BOURGUIGNON : À votre avis, est-ce que des gens du SAC ont été mêlés à la mise en cause de Mme Pompidou dans l'affaire Markovic ?

M. Pierre LEMARCHAND : Non. Je peux vous garantir que non. Le Général m'avait fait demander d'enquêter sur cette affaire. Elle a été montée de toutes pièces par M. Marcellin, contrairement à ce que les Français croient. Marcellin a cru que le Général voulait la perte de Pompidou et il a tout fait pour compromettre celui-ci.

M. le Président : Pourquoi alors, après son élection, Pompidou a-t-il gardé M. Marcellin ?

M. Pierre LEMARCHAND : Grâce à Mme Garaud. Voici ce qui s'est passé. Je le sais car quand on s'est aperçu que l'affaire était montée de toutes pièces, on m'a demandé de me renseigner et de faire quelque chose. Il se trouvait que le premier à avoir mis en cause Mme Pompidou était un certain Akow, emprisonné à Fresnes pour vol de voiture. Il avait pour avocat – c'était un hasard – mon ancien patron de stage Hug, dont un ami, Me Ceccaldi, n'aimait pas Pompidou et a cherché à utiliser contre lui Akow, probablement pour le compte de Giscard. Akow écrivit au juge d'instruction de Versailles pour lui dire qu'il avait des révélations à apporter dans l'affaire Markovic. On désigna pour l'entendre un officier de police judiciaire, Manceau, un gaulliste acharné que je connaissais, Akow lui raconta des histoires abominables sur Mme Pompidou. Manceau lui conseilla de prouver ce qu'il disait, car Pompidou était homme à lui faire payer ses calomnies très cher. Manceau avait pris note des propos d'Akow, lequel, au moment de la rédaction du procès-verbal, affirma qu'il venait de mentir et se contenta d'une déclaration officielle anodine. Lorsqu'il rentra au SRPJ de la rue du Faubourg Saint-Honoré, Manceau alla trouver son patron, qui était à l'époque Samson, pour lui raconter l'audition. Après quoi, il prit quelques jours de congé, car, vous le savez, les policiers ont toujours des jours à récupérer [...]

« Pour ma part, j'avais exprimé la conviction que Mme Pompidou était totalement innocente et qu'on avait monté une cabale contre elle. Mon idée était d'autant plus fondée qu'entre-temps on avait identifié la personne qui avait été photographiée pendant la "partouze" : c'était la femme d'un haut fonctionnaire qui a reconnu spontanément avoir participé à cette partie, et qui ressemblait effectivement un peu à Mme Pompidou. Lorsque j'ai su la façon dont M. Marcellin avait agi, je me suis demandé quel jeu il jouait. Quant au Général, il avait compris ce qui s'était passé et était persuadé que les Pompidou n'avaient rien à voir dans cette affaire. L'instruction a suivi son cours, le Général a démissionné, Pompidou a été élu. À ce moment, Mme Garaud – je ne sais pourquoi – a pris fait et cause pour M. Marcellin et, avec son intelligence diabolique, a persuadé tout le monde que les gaullistes qui, comme moi, s'étaient occupés de l'affaire Markovic avaient voulu démolir Pompidou. C'est pourquoi j'ai été, comme beaucoup de gaullistes, fâché avec Pompidou. Ce dernier ne comprenait cependant pas très bien, et il a demandé à M. Marcellin de faire reprendre l'enquête à zéro par N. Dans la journée, N. a été remplacé par Chaix, qui auparavant faisait partie du cabinet de M. Marcellin : l'enquête n'a rien donné. »

Marcantoni, quant à lui, est blanchi sept années plus tard, en 1976. Oh, ce n'était pas comme s'il avait réellement eu la peur au ventre chaque jour. Dès qu'il est sorti de prison début 1971, il n'a eu de cesse que de se remettre « aux affaires quotidiennes ». Car Le Grand était devenu un Monsieur François d'une bien belle envergure. En ne lâchant pas un mot pendant toute sa captivité et ses nombreux interrogatoires sans fin, en ayant « eu les couilles » de demander l'audition du couple Pompidou à son procès, et en soutenant bec et ongles son « vieux pote Alain », il a prouvé à tout le Milieu qu'on peut être un truand et tenir sa parole contre vents et marées. Une sorte de confirmation que le « code du Milieu » existe bel et bien : « Les jeunes, ils attaquent maintenant des transporteurs de fonds avec des bazookas, ce sont des fous, ils n'ont plus aucune culture, ils veulent juste gagner de l'argent, mais pour en faire quoi ? À mon époque, on aimait le théâtre, la chanson, le cinéma, on aidait nos amis artistes, et on ne se vantait pas de tous les coups qu'on faisait ! Ça a bien changé le Milieu... », confie-t-il en 2006 aux caméras documentaires de France 3. Il faut dire que cet homme à femmes (et à maîtresses) a une réputation de « taiseux » hors pair, ce qui lui aura permis d'éviter bien des ennuis pendant toute sa longue carrière de caïd.

Quand il sort de prison, Marcantoni a plus de la cinquantaine, mais encore de belles années d'activité devant lui. Il ne retombera qu'une seule fois, près de vingt-cinq ans plus tard, en 1994, pour escroquerie et vols de tableaux. Une activité de recel qui lui avait ramené plusieurs millions de francs… Pendant son temps libre, l'élégant Monsieur François en a profité pour multiplier les autobiographies absconses, puisque selon lui « il n'a rien fait, n'est coupable de rien, et est un innocent qui a traversé le siècle. » Et pourtant, quand, en 2008, il est victime d'un accident cardiaque lourd, c'est du côté du prestigieux hôpital militaire parisien qu'on le retrouve, comme le dévoile le journal *Bakchich*: « Son carnet d'adresses est noirci de contacts tant dans le milieu de la pègre et du show-biz que dans la sphère politique… Ses liens avec la folklorique « bande à Pasqua » s'avèrent toujours étroits. Bien qu'un peu rouillés et périmés par les jeunes caciques sarkozystes, ses réseaux corso-gaullistes sont loin d'être obsolètes. Entre anciens des services spéciaux, la solidarité corse peut faire des miracles. La preuve: son entourage s'est dépatouillé avec brio pour lui dégoter une place dans le vénérable hôpital militaire. Pour le faire entrer, les amis de François ont mis en avant ses exploits de résistant, arguant la bravoure et le courage du lascar contre les nazis et les collabos. Avec habilité, les acolytes de Marcantoni ont rangé au placard son borsalino de malfrat, le temps d'exhumer son béret de résistant. » Une habile manœuvre, mais pas encore un champ du cygne pour Le Grand qui n'est pas encore prêt à quitter la scène. Si ce n'est les deux pieds devant, bien entendu.

ALBERT SPAGGIARI

LE FUNAMBULE DES ÉGOUTS

Albert Spaggiari

Albert Spaggiari est plongé dans la lecture d'un de ces romans policiers qu'il apprécie tant. Rien ne semble pouvoir le déranger ou l'atteindre. Pas plus le chant des cigales, que le mistral qui bat les flans du mont Cheiron auquel est accrochée sa bergerie. Le coin est plutôt tranquille et c'est précisément cette tranquillité qu'est venu chercher Albert Spaggiari. Il ne veut pas faire de vagues. Surtout ne pas se faire remarquer... Car avant de s'installer dans l'arrière-pays niçois, notre homme a déjà eu quelques soucis avec la justice. Il a effectué cinq ans de travaux forcés dans un bagne près de Marseille. « Pour une broutille ! Un simple écart de conduite ! » C'est en tout cas ce qu'il affirme à qui veut l'entendre. Une broutille... qui lui a tout de même valu vingt ans d'interdiction de séjour en Indochine.

Retour à l'année 1953. Albert a 17 ans. Adolescent désabusé, ne voyant pas dans l'école un tremplin à la hauteur de ses ambitions personnelles, il décide de s'engager au sein des Bérets rouges, l'unité des parachutistes, et de partir pour l'Indochine. La guerre, la fraternité d'armes, l'engagement total, ces valeurs lui conviennent. Elles lui ressemblent. Malgré cela, Spaggiari ne reviendra pas couvert de gloire de cette guerre coloniale perdue. Mais il n'est pas non plus un lâche. C'est un soldat honorable. Il sera même décoré pour quelques faits d'armes. Cependant c'est sur un autre champ de bataille qu'il va se distinguer. En janvier 1954, il extorque avec l'aide d'un complice, une importante somme d'argent au Milk Bar à Hanoï ; il s'empare de la caisse de l'établissement et disparaît. Malheureusement pour lui, il est reconnu quelque temps plus tard et sera condamné l'année suivante, avant d'être extradé vers la France pour purger sa peine aux Baumettes, la célèbre prison marseillaise. Son passage derrière les barreaux sera de courte durée. Spaggiari est vite remis en liberté après avoir profité de deux remises de peine. Mais ces quelques mois de vacances aux frais de l'État ne semblent pas l'avoir assagi. Les idées se bousculent dans sa tête et les contacts qu'il a pris avec l'OAS lui donnent des idées de plus en plus précises, de plus en plus dangereuses… Et puis un jour :

— Contre-ordre, Albert, c'est annulé, tu te mets au vert et tu ne fais pas de remous ! Compris ?

— …

— Compris, Spaggiari ?

— Ouais, souffle Albert dans le combiné avant de raccrocher.

Spaggiari sort en claquant la porte de la cabine publique et se met à tourner frénétiquement dans les rues du quartier, allumant cigarette sur cigarette.

« Pourquoi ? Pourquoi ? » Les questions se bousculent dans sa tête. Spaggiari ne parvient pas à comprendre ce qui a bien pu motiver cette annulation de dernière minute. On l'avait chargé d'assassiner le président de la République, le héros de la guerre, lui, Spaggiari, devait mettre fin aux jours du sauveur de la France ! Quel coup, ça aurait été ! Les journaux titrant sur la mort sanglante du général de Gaulle et l'insaisissable meurtrier échappant à toutes les forces de police en alerte maximum ! Mais la décision venait d'en haut, c'était sûr, et pas d'un de ses amis de la cellule locale de l'OAS. Il fallait renoncer et oublier cette histoire tout de suite.

Spaggiari s'est déjà un peu éloigné du centre de la capitale lorsqu'il franchit la porte d'un bistrot sombre et enfumé où il commande immédiatement son premier verre. Il n'en ressortira que bien plus tard, assommé par l'alcool, pour se fondre dans la nuit.

Albert s'étire sur la chaise qu'il avait installée à l'ombre de sa pergola. Il vient de refermer son roman policier. On peut lire sur la couverture : *Tous à l'égout* de Robert Pollock. Il se lève, disparaît à l'intérieur de sa bergerie et en ressort avec un chapeau et un bâton de marche. Spaggiari a besoin de réfléchir et part pour l'une de ses promenades quotidiennes dans la campagne environnante. « L'égout… sous la ville… », ces bribes de phrases lui reviennent sans cesse à l'esprit. « Et si c'était possible ? » Albert mène une vie trop tranquille depuis quelque temps et l'action commence sérieusement à lui manquer. Depuis l'attentat avorté avec ses compagnons de l'OAS, Spaggiari vit au calme avec sa femme Audi qui tient une boutique de photo. Retiré dans ce petit village de l'arrière-pays niçois, il a tout le temps de ressasser ses idées noires. L'inaction le ronge. Il nourrit des projets de plus en plus ambitieux. Il veut faire un « gros coup » : il lui faut un coup d'éclat !

Spaggiari rentre doucement vers chez lui. Son regard est sombre et déterminé. En s'approchant des limites de la propriété, il croise le vieux panneau en bois au nom de sa bergerie « Les Oies sauvages ». Un sourire court sur le visage d'Albert. « Les Oies sauvages »… Le titre d'un chant qu'entonnaient les hommes de la division Charlemagne, ces Français qui avaient rejoint la *Wehrmacht* sur le front russe pendant la Seconde Guerre mondiale. Il ramasse une pierre crayeuse par terre, grime les deux « s » en un SS nazi et le « o » en une croix celtique avant de laisser échapper un petit rire, oui, il va le faire, un tunnel sous la ville et ce sera le casse du siècle !

— Audi, tu te souviens, l'autre soir quand on parlait de la Société Générale ? Mon ami, celui du conseil municipal, tu vois ? Tu te souviens de ce qu'il disait sur les systèmes d'alarme ?

La femme enfourne une nouvelle bouchée de gratin, arque les sourcils, lève les yeux au plafond comme si elle réfléchissait distraitement.

— Oui, je crois. Il disait que la salle des coffres n'avait pas de système d'alarme ? C'est ça, non ?

Elle jette un regard interrogateur à son mari.

Spaggiari baisse les yeux, il remue du bout de son couteau le contenu de son assiette et se remet à manger.

— Oui… c'est bien ce qui me semblait, souffle-t-il entre deux bouchées.

Nous sommes en 1974, soit deux ans avant le futur casse du siècle. Spaggiari a entamé ses premiers repérages dans les sous-sols de la ville. Il commence par explorer les égouts. Minutieusement il sonde ce dédale souterrain et finit par découvrir un accès au réseau le long de la partie couverte du fleuve du Paillon, au niveau de l'Acropolis, le palais des Expositions de la capitale des Alpes-Maritimes. D'après ses calculs, la salle des coffres de la banque ne doit pas être bien loin de l'endroit où passe la conduite d'égout qu'il a repérée. Cependant, il faudra bien creuser un tunnel de quelques mètres pour rejoindre la surface et la salle des coffres ! Spaggiari est confiant. De ce côté, il ne devrait pas être beaucoup dérangé, mais est-ce que l'opération en vaut bien la peine ? Est-ce que son ami du conseil municipal lui a dit vrai ? Pas de système d'alarme dans la salle des coffres ? Il faut à tout prix le vérifier.

— Bonjour, je souhaiterais rencontrer la personne qui s'occupe des placements de valeur dans votre établissement

— Un instant, je vous prie.

Rapidement, Albert se débrouille pour ouvrir un compte. Après avoir réglé les détails de son contrat, Spaggiari est conduit dans la salle des coffres de la Société Générale, située en plein centre-ville.

— Voilà, monsieur, votre clé et le coffre, je vous attends à l'extérieur.

Alors c'était cela ! Spaggiari découvre, presque déçu, une salle neutre, mesquine. Des deux côtés, des rangées de coffres. C'est ce décor un peu glauque qui sera bientôt le théâtre de son plus gros coup ! Il ferme les yeux et savoure à l'avance l'image de ce mur écroulé, des coffres éventrés et des sacs débordant de bijoux, de lingots et de liasses de billets de 500 francs. Il lui reste encore à s'assurer d'une chose, une seule, mais primordiale... Spaggiari ouvre sa mallette et en sort un réveil. Il règle son alarme sur 2 heures du matin et le dépose dans le coffre avant de le remettre à son emplacement. Si demain il entend parler d'une alerte dans une banque de Nice, il faudra abandonner le projet et aller caresser les oreilles de cet esbrouffeur de conseiller municipal !

Le lendemain, Spaggiari scrute les journaux à la recherche de la moindre information. Il n'y a pas eu d'alerte. Le conseiller disait vrai. L'opération peut commencer. Spaggiari entame sérieusement la planification de son opération. Maintenant qu'il est sûr pour le coffre, il doit mettre en place l'autre partie de son intervention : le tunnel. Il va lui falloir des bras pour creuser et ensuite pour extirper et transporter le lourd butin. Il se rapproche alors de deux malfrats locaux, Alain Bournat et Francis Pellegrin, qu'il charge de recruter une équipe dans le milieu de la pègre marseillaise. Il reçoit également l'aide de Gaétan Zampa, le caïd marseillais, ainsi que d'anciens amis de l'OAS, Enzo Linhio, Gaby Anglade et Jean Kay. Une équipe est rapidement constituée, ils vont pouvoir « monter » sur leur coup. Le premier coup de pioche est donné le 18 juillet 1976 et les travaux s'étaleront sur près d'un mois. Quotidiennement, les hommes empruntent le réseau d'égouts remontant jusqu'au fleuve, un déplacement dans une semi-pénombre sur presque trois kilomètres avec jusqu'à 50 kilos de matériel sur le dos ! On a affaire à un véritable chantier où l'on croise aussi bien des ouvriers du bâtiment que des professionnels du terrassement, des petits malfrats ou encore de vrais criminels qui travailleront jusqu'à dix heures entre chaque relève. Spaggiari supervise. Au-dessus de la mêlée, il impose des règles strictes : pas de café, pas d'alcool et en cadence, s'il vous plaît, messieurs !

Mais un matin…

— Quoi ?

Spaggiari n'en croit pas ses yeux, lorsqu'il ouvre le journal. Le nouveau président de la République est en vadrouille à Nice et un énorme dispositif de sécurité va quadriller la ville.

Il attrape son chapeau et sort en toute hâte de chez lui. Il faut aller prévenir les hommes, on ralentit le mouvement, tout le monde au vert pendant quelques jours ! Ou au moins pour quelques heures…

La visite de Giscard retardera de très peu le jour J, car à ce moment-là, l'équipe n'est plus très loin de son objectif. Ils ont enfin trouvé le moyen de percer le mur de la salle des coffres. Un mur de un mètre quatre-vingt d'épaisseur que la sueur et les efforts finissent par faire céder grâce aux assauts répétés des coups de burins. C'est artisanal et laborieux, Spaggiari le reconnaît, mais c'est le prix de la discrétion s'il ne veut pas éveiller des soupçons. Il craint d'ailleurs d'avoir déjà mis la puce à l'oreille des autorités à cause des allées et venues de ses terrassiers…

— Eh Albert ! (C'est Anglade qui hèle son chef) je crois que cette fois-ci on y est, viens voir !

Spaggiari rejoint son compère à la pointe de cette demi-lune que forme le bout du tunnel. Il approche son visage de l'endroit où Anglade vient de porter son dernier coup de pioche et sent un courant d'air lui passer sur le visage. Le trou n'est pas encore bien large mais demain… Ce seront lingots, pierres précieuses et autres objets de valeur qui s'engouffreront dans ce conduit !

— C'est pour ce week-end, les gars, conclut Spaggiari dans une joie à peine feinte.

Les couloirs sont nettoyés, l'électricité est installée le long des égouts, on apporte de gros chalumeaux ainsi que des bouteilles d'acétylène pour faire sauter les dernières résistances des coffres.

Dès le vendredi soir, un gros vérin est appuyé contre le coffre qui bouche le passage vers le butin. Pendant deux jours et trois nuits, les hommes de Spaggiari vont camper dans la salle, faisant des allers-retours incessants pour évacuer leur trésor.

Tout fonctionne comme prévu et Albert s'offre même le luxe de laisser travailler seuls ses hommes le samedi soir… Lui, a décidé d'emmener une amie au restaurant !

— Eh les gars, regardez ce que je vous rapporte !

Les trois hommes présents dans la salle tournent la tête. Spaggiari est là, un sourire lui barrant le visage et les bras chargés de vin, de pâtés et de pain pour que ses hommes participent aussi un peu à la fête. Mais on ne traîne pas après s'être offert ce court répit. Déjà les rois de la cambriole se remettent au travail et continuent à vider méthodiquement les coffres.

Tout semble bien se dérouler. Pourtant un facteur inattendu va venir troubler ce manège bien huilé. Il s'est mis à pleuvoir. À pleuvoir beaucoup. Et l'eau du Paillon commence à remonter dans les conduites d'égouts, rendant l'évacuation du butin de plus en plus compliquée.

Spaggiari décide de ne pas prendre de risque :

— C'est bon les gars, on évacue !

— Allez, encore un ou deux allers-retours, Albert ! T'as vu combien il reste de coffres, on va pas laisser tout ça quand même ?

— Non, c'est fini, vous bouclez vos sacs, on nettoie tout et on décolle.

Pas vraiment convaincus, les malfrats rassemblent leurs affaires et se dirigent vers le tunnel. Spaggiari s'assure que rien ne traîne. Il fait tout de même en sorte que quelques-unes de leurs découvertes se retrouvent bien en évidence. Spaggiari tient beaucoup à ce que les prochains visiteurs profitent de ce qu'il a trouvé dans certains des coffres… Puis, il s'engouffre à son tour dans le tunnel pour rejoindre ses hommes à l'extérieur. Tous grimpent dans un 4x4 laissé là par un complice et s'éloignent de Nice pour aller partager dans un endroit tranquille les quelques 50 millions de francs de leur fructueuse moisson…

« Ni armes, ni haine et sans violence ! » Lorsque Spaggiari lance cette réplique à l'assemblée, tout le groupe part d'un grand éclat de rire. L'équipe, incrédule, découvrira ce bon mot dans les journaux du matin. Et puis deux ou trois petites choses… Albert a laissé en évidence avant de s'enfuir la veille, parmi d'autres petites attentions aux visiteurs, des photos scandaleuses trouvées dans les coffres et laissées ostensiblement affichées. C'est tout le gratin Niçois des danseuses et des bourgeois qui est éclaboussé par cet étalage. Ce ne sera pas le dernier pied de nez de Spaggiari.

Le gang rit de bon cœur en découvrant dans les journaux la tête enfarinée de ces enquêteurs ne retrouvant aucun indice. Les pauvres policiers sont en effet bien perplexes, ils n'ont pour toute indication que cette inscription : « Ni armes, ni haine et sans violence. » Difficile avec ça de donner une direction à leur enquête.

En fait, tout s'est parfaitement déroulé et rien ne permettra à la police – pourtant très mobilisée par « le casse du siècle » – de remonter jusqu'à Spaggiari. Il faudra attendre que Spaggiari lui-même commette une grossière erreur. Ce qui finira par arriver…

Alors qu'il s'est enfui aux États-Unis et coule une paisible retraite de millionnaire, Spaggiari trépigne. Il est en manque de reconnaissance. À quoi bon avoir fait le casse du siècle si c'est pour que personne ne sache qu'il en est l'auteur ? Mais comment le faire sans se retrouver immédiatement derrière les barreaux ? Spaggiari a une petite idée. Un peu folle, comme souvent. Mais après tout, l'audace paie toujours.

— Mais si, puisque je vous le dis ! Le cerveau de ce casse, c'est moi, Bert. Alors si vous avez besoin d'une équipe discrète, je ne sais pas moi, pour forcer des ambassades ou quelque chose dans le genre, faites-moi signe, je peux vous régler ça sans délai !

— Mais qui êtes-vous exactement ?

— Je dois y aller, mais n'oubliez pas : discrétion et efficacité, c'est mon affaire !

À Washington, l'officier de la CIA qui raccroche le combiné est un peu troublé. Un illuminé qui a lu les journaux ou un authentique criminel franchement dérangé ? Il n'en faut pas plus, cependant, pour qu'il alerte la police française de l'étrange coup de fil qu'il vient de recevoir. Celle-ci ne mettra pas longtemps à faire le rapprochement : « Bert », « Albert », et le casse de la Société Générale. D'autant qu'au même moment, de ce côté-ci de l'Atlantique, l'enquête progresse à grands pas. La police a appréhendé deux suspects, Daniel Michelucci et Gérard Vigier qu'elle avait déjà contrôlés peu avant le fameux casse alors qu'ils transportaient barre à mines, burins et autre matériel de terrassement. Presque en même temps, les enquêteurs mettent la main sur Francis Pellegrin et Alain Bournat alors qu'ils tentent de revendre des lingots provenant du casse. Rapidement, tout ce petit monde se met à table et désigne le seul et unique cerveau du coup : Albert Spaggiari. Dès lors, les choses vont aller très vite. Spaggiari a quitté sa retraite américaine pour accompagner Jacques Médecin (alors maire de Nice) dans un voyage officiel au Japon. Lorsqu'il atterrit à l'aéroport de Nice, Albert ne sait pas qu'il a été vendu. Il sera arrêté sans heurts le 27 octobre 1976 à son retour de voyage. Il niera d'abord tout en bloc, mais la police a déjà perquisitionné chez lui, dans cette bergerie de l'arrière-pays niçois qu'il a conservée. Les forces de l'ordre y ont découvert un grand nombre d'armes à feu sous un tas de fumier dans un coin de la bergerie. Le témoignage accablant de ses complices ne fera que rendre la pression plus insupportable pour celui qui n'acceptera d'avouer qu'en présence d'un des plus importants policiers de France, Honoré Gévaudan, directeur-adjoint de la police judiciaire.

Albert Spaggiari est incarcéré à la prison de Nice en attendant son jugement. Cela fait déjà cinq mois qu'il est en prison. Il s'y ennuie, il tourne en rond. L'homme d'action est un fauve en cage. Lors d'une de ses visites au parloir, il se confie à son avocat, Jacques Peyrat, futur maire de Nice :

— Maître, je n'en peux plus, je vais m'évader.

— Ne faites pas ça, Spaggiari ! Vous vous ferez rattraper et ça sera bien pire.

— J'ai du monde prêt à m'aider à l'extérieur…

En effet, ses vieux copains d'Indochine et de l'OAS, Robert Desroches et Michel Brusot, sont là pour lui. Ils décident d'organiser son évasion en prenant le moins de risques possible. Ils envisagent plusieurs solutions et arrêtent leur choix sur la plus simple… et la plus culottée.

Ses complices parviennent à lui faire passer un croquis succinct et sans explication d'aucune sorte. Il représente un individu en train de sauter par une fenêtre, en s'aidant d'une gouttière. Il est facile de faire pénétrer un document en prison, on n'est en revanche jamais totalement certain qu'il arrivera à destination. Un des intermédiaires pourra trouver plus « intéressant » de le faire passer aux autorités pénitentiaires. Aussi, afin de ne pas hypothéquer leur plan, Desroches et Brusot prennent le risque que Spaggiari ne comprenne pas ce qu'ils cherchent à lui dire. Ou le comprenne mal. Et c'est ce qui va se produire…

Le 10 mars 1977, Albert Spaggiari est amené dans le bureau du juge d'instruction chargé de son affaire, le juge Richard Bouazis. Il est 15 h. Un rayon de soleil tiède baigne le bureau du magistrat. Spaggiari argumente, tergiverse, se lève de sa chaise. Il marche, il fait de grands gestes. Tout à coup, songeur, il s'arrête devant la fenêtre. Il a aperçu l'un de ses complices, qui attend, deux étages plus bas. Spaggiari ferme les yeux. Il semble profiter du rayon de soleil. Le croquis que ses amis lui ont fait passer lui revient en mémoire. C'était donc ça qu'ils avaient en tête… Lorsqu'il rouvre les yeux, Spaggiari ne sait pas encore exactement ce qu'il va faire. Une chose est sûre, il faut qu'il parvienne à se retrouver seul dans cette pièce avec le juge. Il est fébrile. Son cerveau carbure à toute vitesse. Puis il ouvre la bouche :

— Monsieur le juge, j'ai de très importantes révélations à vous faire.

— De quel ordre ?

— Importantes et confidentielles. Je ne tiens pas à ce qu'elles s'ébruitent. Pourrions-nous rester seuls un instant ?

Richard Bouazis, le juge d'instruction, jauge un instant son interlocuteur. Il considère Spaggiari comme un hâbleur. Qu'aurait-il de si important à révéler ? À quoi joue-t-il encore ? Ne va-t-il pas encore lui faire perdre son temps ? Le juge joue avec l'idée de refuser à Spaggiari ce qu'il demande. Mais après tout, à quoi bon le braquer. Il s'est montré plutôt coopératif jusqu'à présent.

— Très bien, c'est d'accord. Puis, s'adressant aux policiers présents dans la pièce : Messieurs, auriez-vous la gentillesse de sortir ?

Exit l'escorte de Spaggiari. Albert est à présent seul avec le magistrat. Ce dernier n'a mis que quelques secondes pour accéder à sa curieuse requête. Aussi, Spaggiari n'a pas eu le temps d'échafauder un plan. Qu'à cela ne tienne. Il va improviser.

— Monsieur le juge, pourriez-vous me donner du papier et un stylo ?

— Pardon ?

— Oui, avant de vous dire ce que j'ai à vous dire, il faut que vous compreniez bien comment les choses se sont déroulées. Je vais vous faire un plan.

Encore une fois, le juge d'instruction Richard Bouazis, patient, répond favorablement. Il sort deux feuilles blanches de son tiroir et tire un stylo du gobelet posé sur son bureau.

— Tenez, mais pressez-vous un peu…

— Oui, oui, ne vous inquiétez pas.

En quelques traits grossiers, Spaggiari dessine un vague plan d'accès au tunnel des coffres. Impatient de ce qui va suivre, mais joueur, il dessine un deuxième plan, puis demande une troisième feuille de papier. Le juge garde son calme et la lui fournit. Encore une fois, sans tellement d'application, Albert gribouille un nouveau plan. Lorsqu'il a terminé, il tend les trois feuilles au magistrat.

— J'aimerais que vous regardiez bien ces plans, Monsieur le juge, et que vous compreniez bien la topographie des lieux. C'est important pour ce qui va suivre.

Bouazis prend les documents. Il a le regard en point d'interrogation et les sourcils en accents circonflexes. Il étale les trois croquis côte à côte sur son bureau. Il est plus que circonspect. Comme précédemment, Spaggiari se lève et se dirige tranquillement vers la fenêtre. Il semble vouloir profiter encore un peu de ce soleil qui lui a tant manqué en prison.

Le juge d'instruction n'y fait pas réellement attention, occupé qu'il est à déchiffrer l'écriture en pattes de mouche du malfrat. Quand soudain…

D'un geste vif, Albert Spaggiari ouvre la fenêtre. Richard Bouazis lève la tête. Il va pour lui intimer l'ordre de la refermer. Mais il reste bouche bée devant ce qui se déroule. L'homme du casse de Nice saute sans la moindre hésitation. Le magistrat ne comprend pas. Que lui est-il passé par la tête ? Un suicide ? Le magistrat quitte son bureau pour prestement aller voir à la fenêtre. Il n'a pas le temps d'arriver qu'il entend le bruit d'un moteur, une moto, qui démarre en trombe. Le magistrat réalise enfin ce qui vient de se passer sous ses yeux. Il ne peut rien faire, si ce n'est hurler :

— Évasion ! Évasion ! Spaggiari !

Richard Bouazis ne parvient pas à dire autre chose. L'audace de Spaggiari lui a littéralement coupé le souffle.

Spaggiari a sauté, s'est accroché à la gouttière, a atterri sur le toit d'une voiture, puis s'est rétabli en effectuant un roulé boulé. À présent, huit mètres plus bas, il court, malgré la douleur que lui a causée sa chute. Il enfourche la moto de son complice. Le deux-roues part dans un crissement de pneus. La vitesse d'exécution est impeccable mais la précipitation leur fait, au passage, endommager fortement un véhicule. Une Renault 6. Une fois sa folle évasion réussie, Spaggiari, grand seigneur, va envoyer un chèque de 5 000 francs au propriétaire de la voiture.

Comme dans toute bonne évasion, un changement rapide de véhicule a été prévu. Les complices ne feront pas plus d'un kilomètre sur leur bolide. Arrivée place Masséna, la moto s'engouffre dans un parking sous-terrain. Là encore, les choses vont très vite. Spaggiari descend de la moto et, malgré sa douleur à la jambe, fonce dans le coffre de l'automobile planquée là depuis quelques heures. Une fois le coffre fermé, la voiture quitte le parking à une allure de sénateur et se dirige tranquillement jusqu'à la planque prévue, un appartement bourgeois dans le quartier du parc Vigier, près du port de Nice. Là, Spaggiari retrouve ses amis Desroches et Brusot. Il les félicite pour l'incroyable audace de cette évasion.

— Vous savez que je n'avais rien compris au croquis que vous m'avez fait passer ! Et puis j'ai vu la moto. Et je me suis dit : c'est risqué, mais ça vaut le coup de se jeter à l'eau.

Cette spectaculaire évasion ne va pas manquer de défrayer la chronique. Des journaux, de gauche notamment, ont affirmé que l'évasion d'Albert Spaggiari, pour spectaculaire qu'elle fut, n'aurait pas été possible sans complicités internes, voire sans appuis politiques. C'est ici, clairement, l'ancien militant OAS et maire de Nice de l'époque, Jacques Médecin, qui est visé. Ces accusations lui ont d'ailleurs sérieusement compliqué la tâche au second tour des élections municipales de 1977.

En 1995, une polémique alla jusqu'à accuser Christian Estrosi d'être le pilote de la moto. L'actuel maire de Nice était effectivement, à l'époque, pilote de grand prix motocycliste. La rumeur prit un tel tour que l'ancien ministre dut justifier de son emploi du temps. En l'occurrence, Christian Estrosi disputait un championnat à Daytona, de l'autre côté de l'Atlantique, au moment où Spaggiari s'évadait.

Albert Spaggiari va passer douze ans en cavale. Il se déguise, il voyage. Il voyage même énormément. Sous la fausse identité de Romain Clément, il passe beaucoup de temps en Amérique du Sud. Ses pays de prédilection, l'Argentine, le Brésil et le Chili, sont, dans cette deuxième moitié des années 1970, gouvernés par des juntes militaires. Spaggiari aime ça. Tellement, qu'on lui prête des liens privilégiés avec le régime d'Augusto Pinochet. Des documents récemment déclassifiés par la NSA tendraient à démontrer qu'il connaissait bien un certain Michael Townley, un agent de la DINA (les services secrets chiliens). Spaggiari finit par acheter une grande propriété en Argentine, mais ne cesse de bourlinguer. Il revient régulièrement en France, après avoir pris toutefois la précaution de faire modifier son visage grâce à la chirurgie esthétique. Mais malgré cela, Spaggiari s'ennuie… Aussi, lui vient une idée aussi folle qu'arrogante. Il va raconter SA version des faits. Après tout, s'il ne peut plus agir, il peut encore construire sa légende. C'est alors qu'il écrit *Les Égouts du paradis* en 1978 depuis sa planque en Argentine. Son livre sera d'ailleurs adapté à l'écran.

Spaggiari vivra les dernières années de sa vie en fanfaron, multipliant les pieds de nez aux autorités. Il se remarie religieusement à une admiratrice italienne qui l'aidera à se planquer près de Paris, dans une tour à Puteaux. Il joue beaucoup avec les médias. Il s'amuse follement à envoyer des photos de lui à la presse française. Qui se régale et qui en redemande. En 1983, il donne une longue interview, filmée à Madrid, où il raconte « le casse du siècle » avec force détails. Il ira jusqu'à participer, depuis Milan, à l'émission de Bernard Pivot « Apostrophes » au moment de la publication de son tout dernier livre, *Le Journal d'une truffe*.

L'ultime coup d'éclat d'Albert Spaggiari viendra après sa mort. Il décède en Italie, d'un cancer de la gorge, le 8 juin 1989. Il a 55 ans. Après douze années passées à se grimer et à fuir, il souhaite reposer auprès des siens, dans les Hautes-Alpes. Aussi, imitant en cela l'incomparable audace du cerveau du « casse du siècle », sa compagne décide-t-elle de ramener le corps en France. Pour ce faire, elle attelle simplement une caravane à son véhicule et y installe Albert Spaggiari. Comme si de rien n'était, sans éveiller le moindre soupçon de la part des douanes, elle traverse la frontière pour aller rendre la dépouille d'Albert à sa mère. Le roi de la cavale repose aujourd'hui chez lui, à Laragne-Montéglin.

TANY ZAMPA

LE PARRAIN DE LA CÔTE

Le Triangle d'Or du grand banditisme, au XXe siècle a trois points cardinaux : Marseille, la Corse et l'Afrique. C'est dans cette géographie étroite qu'un jeune enfant du nom de Gaetano Zampa est né, le 18 mars 1933. Son père, Mathieu Zampa, est un immigré napolitain qui a décidé de s'installer sous le soleil de Marseille dans les années 1920, afin de retrouver des amis de longue date, Paul Carbone et François Spirito. Ces deux-là sont les parrains de Marseille, et tiennent la capitale provençale sous le feu de leurs hommes de mains. Mathieu Zampa est l'un d'entre eux, et pas le moins remuant. Quand son premier fils naît, il sait déjà qu'il sera un grand du banditisme :

— Hé, Mathieu, le petit qui est né, tu l'as appelé comment ? lui lâche un de ses amis du bar de La Ruche, un établissement qu'il a sous sa protection.

— Gaetano. Et ce sera un vrai gars, je peux te le jurer.

— C'est beau ça, Gaetano...

— Tu sais ce qu'on dit en Sicile, mon garçon ? Les gamins qui naissent au mois de mars, ce sont des diables, des fous furieux qui n'ont peur de rien. « Tany », tu peux déjà voir dans ses yeux que rien ne lui fera peur...

Gaetano naît dans un milieu où l'argent est facile, et la violence quotidienne. Trimballé par son père avant la Seconde Guerre mondiale dans le milieu marseillais, il a comme parrain Paul Bonaventure Carbone, ce Corse qui fait régner la terreur avec son associé François Spirito. Carbone et Spirito se sont rencontrés en Égypte, où ils ont fondé un véritable empire de bordels et de bars à hôtesses. De quoi engendrer de la liquidité et revenir à Marseille les poches bien remplies et s'installer dans le milieu de la nuit, de la prostitution et de la drogue. Le père de Tany travaille pour eux jusqu'en 1939, rackettant les bars qui ne veulent pas payer leur « impôt » mafieux à ses chefs, organisant l'import de l'opium en France pour renvoyer l'héroïne raffinée aux États-Unis (Carbone et Spirito sont à l'origine du début de ce qu'on appela par la suite la « French Connection », la plus grande entreprise d'export de drogue jamais initiée en Europe) et faisant le coup-de-poing quand le besoin s'en ressent.

Adolescent, Tany découvre la guerre et l'occupation. Son père navigue quant à lui entre collaboration et résistance, comme tout le Milieu. D'abord proche des Allemands pour des raisons financières évidentes, il rejoint à la mort de Carbone en 1943 la bande des Guérini, les nouveaux parrains de Marseille, et arrive à négocier un virage délicat vers la résistance quelques mois avant la fin de la guerre. De quoi s'acheter une bonne conscience et ne pas avoir de soucis à la Libération. Tany fait ses premiers pas dans le Milieu à cette époque, d'abord coursier de larges enveloppes bourrées de billets ou de dopes, puis petit voyou à la grande gueule qui n'hésite jamais à rectifier ses adversaires avec la large lame qu'il porte constamment, serrée dans son poing ou dans la poche droite de son pantalon. Tany, c'est le dandy des jeunes truands, toujours impeccablement habillé, mais un dandy inquiétant, hyperactif, souvent à la limite du bégaiement quand il invective plus qu'il ne parle, tremblant constamment.

Fort ironiquement, il passe le plus clair de sa vie à côté des Baumettes, la mythique prison marseillaise où les truands ont leurs habitudes. L'après-midi, alors qu'il boit ses Pastis en compagnie de Gros Jo et La Gelée, ses deux compères après la Libération dans la bande des Guérini, il fixe souvent les tours de guets de l'établissement carcéral.

— Eh, Tany, tu t'imagines là-dedans toi ?

— M-m-moi ? N-n-non, ja-jamais. C'est pour les c-caves !

— Putain, Gros Jo, le Tany, il deviendrait fada là-dedans ! Tu imagines comment tu tournes en rond, peuchère ?

— Le père y est jamais allé, hein, Tany ? Putain de chance, quand même… Ces mecs, ils ont la mentale faut croire…

La « mentale », dans l'argot du Milieu, c'est le respect le plus absolu. Tany, comme son père Mathieu, a réussi à avoir la mentale du Milieu depuis ses débuts : il est violent, n'hésite jamais à aller au feu, et ne balance jamais ses potes ou ses supérieurs. Un vrai soldat, qui ne rechigne jamais, et ne semble avoir aucune limite quand il s'agit d'aller jusqu'au bout d'une affaire. Tany n'a peur de rien, sauf de la prison. Il sait qu'être enfermé entre quatre murs, c'est « le début de l'enfer », un truc dont on ne se relève jamais vraiment. Lui qui est si nerveux, tremble tout le temps, et ne sait pas vraiment se contrôler quand il a un coup de sang, il sait que l'isolement au froid lui changerait radicalement la vie. Suivant les conseils de son père, il décide de se rapprocher du pouvoir marseillais. Inféodé aux Guérini, qui ont mis la main sur toutes les affaires du milieu corsico-marseillais depuis la Libération, il se rapproche de Gaston Defferre, l'homme fort de la cité phocéenne. Deferre est un socialiste très proche du Milieu, et Zampa sait qu'en se rapprochant de cette figure locale et nationale, il a de fortes chances de nouer d'intéressantes relations pour le futur. À tout juste 20 ans, il devient le garde du corps personnel de Deferre, un poste clé dans sa carrière de malfrat.

Quelques semaines après sa nomination, on ne parle que de lui dans les bars de nuit de la Canebière :

— Eh, t'as vu le petit Z., le fils à Mathieu, ce qu'il a fait hier ?

— J'ai pas vu, j'ai pas vu, mais on me l'a raconté... C'est un fada, celui-là, pire que son paternel !

— Il paraît que la maison poulaga, elle savait pas quoi faire... Ils se sont couchés par terre ces pédés !

— Ah ouais, ça le Tany, il va aller loin. Mais je suis pas sûr que Deferre, il aime vraiment ça...

Le jour précédent, lors d'une manifestation de dockers, au mois de mars 1953, Tany Zampa avait fait son premier coup d'éclat. Afin de disperser la foule, il s'était emparé d'une mitraillette policière, et avait tiré des rafales de balles à blanc en direction des dockers, qui s'étaient dispersés dans la panique la plus totale. Le seul bruit qu'on avait entendu, c'était les éclats de rire sardoniques de Zampa devant les larges épaules des ouvriers qui dévalaient la Canebière en direction de la mer pour échapper à ses fausses balles... La légende « Tany » est née, et elle n'est pas prête de s'estomper.

Parallèlement à son activité de garde du corps du maire de Marseille, Tany en profite pour faire de nombreux allers-retours en Afrique, plus particulièrement au Sénégal. Son père est encore le propriétaire du plus grand bordel du pays, et on chuchote que le président Senghor est même un client habituel de ce petit commerce prospère. L'Afrique, c'est la terre de Providence pour les mafieux corsico-marseillais. On peut y faire des affaires juteuses, s'adonner à des activités de jeu plus ou moins légales ou animer des maisons closes en arrosant les autorités locales. Son père Mathieu y a fait de nombreux contacts qui servent au jeune Tany, encore truand en herbe. Il a désormais la réputation et la connaissance du Milieu. Reste à lui de se propulser tout en haut de la pyramide du milieu marseillais, au niveau des Guérini.

Paradoxalement, la voie d'honneur du gangster marseillais passe toujours par Paris. Tout comme Marcantoni ou les autres truands phocéens, Tany Zampa passe la moitié de son temps dans la capitale française à partir de 1955. Il fréquente le Bar des Trois Canards, un incontournable de la pègre de l'époque. Lui qui est né rue des Deux-Canards à Marseille, le clin d'œil est cocasse… D'autant que ce bar mythique rassemble le *who's who* des gangsters corses et marseillais de passage à Paris. Situé en plein milieu de Pigalle, il serait même doté d'une cave où on torturerait les ennemis des caïds. Légende ou réalité, le fait est que de nombreuses grosses affaires et coups juteux se préparent entre ces murs, ainsi que les accords entre grandes familles du crime, aussi bien dans le domaine de la prostitution que dans celui de la drogue ou des braquages. Tany est intronisé dans ce petit milieu parisien par ses amis du quartier du Panier, des Italiens immigrés à Marseille qui se sont installés depuis dans le coin de Pigalle. Cette fine équipe a décidé d'appliquer à Paris les mêmes méthodes que celles qu'elle pratiquait déjà dans la cité phocéenne. En bande, ils rackettent les grands hôtels parisiens, prennent des filles sous leur protection et les font travailler sur le trottoir, ou font main basse sur des cercles de jeu comme Le Grand Cercle, dans les beaux quartiers parisiens. S'il est au début un peu « vert » par rapport à la bande du Panier, Tany apprend vite… et bien. Au bout de quelques semaines en leur compagnie, il devient un leader naturel et s'impose par sa violence qui parait sans bornes. Il a pourtant de sacrés rivaux, comme le fameux Jo Attia (de son vrai nom Joseph Brahim Attia), Jean Toci, Jacky Imbert (dit Jacky le Mat) ou Jean Palisse.

Quand il retourne à Marseille, il retrouve son paternel et s'occupe des affaires locales. Lui, qui passe le plus clair de son temps à gagner quelques milliers de francs grâce à ses activités de proxénétisme et de racket, veut faire un grand coup. Celui qui permet de se mettre au vert quelque temps, d'asseoir ensuite tout son empire et de se faire respecter jusqu'aux niveaux les plus hauts de l'État… Un jour, un ami débarque au Bar des Calanques, un bar de nuit qui attire la pègre marseillaise de tout poil :

— Tany, je peux te voir ?

— Oui, tu veux quoi ?

— J'ai un coup, un gros coup. Un truc qui peut te rapporter des millions.

— Quel risque ?

— Aucun, si on fait ça bien et qu'on n'en parle pas autour de nous…

— Et il faut faire quoi ?

— Un braco, mais c'est comme dans du beurre. Je connais un type là-bas, j'ai tous les plans.

— OK, combien à gagner ?

— Deux millions, de nouveaux francs. Voire plus.

— Banco !

Zampa et ses acolytes braquent alors la Caisse des allocations familiales de Marseille le jour du réveillon de la Saint-Sylvestre 1960. Jamais ils ne se feront prendre, ni n'avoueront, sauf après que l'affaire a été classée.

Une fois cette affaire rondement menée en petit comité, Zampa est prêt à affronter les véritables parrains du milieu Marseillais, les Guérini. Après le relatif échec de Guérini dans les cercles de jeu parisiens, Tany tisse son réseau phocéen en s'accaparant de nombreuses boîtes de nuit, comme l'Annabel's et le Krypton, ses deux établissements nocturnes les plus importants à l'époque. Il passe par la case prison au milieu des années 1960, pour un absurde port d'arme qui lui vaut quelques mois au frais. Il supporte très mal cette incarcération, d'où il ressort encore plus motivé et agressif que jamais. Lui qui a passé des mois à lire Nietzsche ou le Larousse Médical dans sa cellule, semble mû par une volonté de puissance peu commune. Quelques semaines après sa sortie de la Santé, le 28 juin 1967, Antoine Guérini se fait abattre par deux motards casqués, sûrement le lieutenant de Zampa, Jacky le Mat, et un autre complice. Zampa a désormais la voie libre, et il ne laissera personne convoiter la précieuse place de parrain marseillais.

À l'époque, la French Connection bat son plein. On a beaucoup glosé sur l'implication ou non de Zampa dans ce trafic international d'héroïne avec les États-Unis (trafic où étaient impliquées les familles Francisci et Venturi), et si les sources policières sont quasi-catégoriques sur l'implication de Tany, le fils du malfaiteur affirme le contraire dans son livre *Tchao Parrain* : « Casses importants et juteux, proxénétisme à grande échelle (voire très grande), racket, assassinats commandités ou réalisés par ses soins, prises d'intérêts illégales (notamment dans les night-clubs), protection (payante) de certaines personnalités du show-biz (Alain Delon entre autres), gestion de machines à sous, combines dans les cercles de jeu, etc..., mais mon père a toujours refusé par principe de tremper de près ou de loin dans des affaires de drogue. D'ailleurs, il n'a jamais été impliqué de manière directe ou indirecte dans un trafic de stupéfiants. » Pourtant, selon les sources policières, Zampa impose sa présence dans le circuit de raffinement de l'héroïne, et tire de juteux profits de cette activité typiquement marseillaise. Parallèlement à sa prise de pouvoir, en compagnie de ses fidèles lieutenants comme Jacky le Mat, Zampa impose une nouvelle manière de diriger le Milieu. La diplomatie est rare, et les règlements de comptes se font de plus en plus expéditifs. Dans cette ambiance tendue qui règne à Marseille, les cadavres sont légions et il ne se passe quasiment pas une semaine sans que des assassinats commandités par Zampa ne soient perpétrés. Son Empire de la nuit grandit chaque mois, et Zampa arrive à imposer sa signature là où les Guérini avaient péché par manque de violence aveugle. Sous Zampa, Marseille marche à la botte.

Seul un autre jeune truand, ancien lieutenant des Guérini, puis contact en affaires de Jacky le Mat, semble résister. Plus jeune de 15 ans, Francis le Belge a le même parcours que Zampa, mais ne veut pas se laisser imposer la loi dictée par Tany. Le Belge a une dizaine d'hommes à ses côtés, mais se fait respecter grâce à son sang-froid et son manque total de compassion. Ses fidèles (Robert di Russo, Charles Filippi, Victor Funenia, Émile Chessa, Sebastiano Denartis, Émile et Jean Pardo, Daniel et Gérard Alesso) deviennent vite la cible de Zampa au début des années 1970. La mort de Mathieu Zampa, en 1972, sonne également l'ère des grands règlements de comptes. L'enterrement du père de Tany se fait en grande pompe à Marseille, devant un parterre de personnalités étonnant : Léopold Sédar Senghor, Gaston Defferre ou même Lucky Luciano y sont représentés… L'empire de Tany ne fait que croître de jour en jour, notamment depuis qu'il s'est associé avec Richard Baqué, Le Gitan (aussi surnommé Le Boucher), pour inonder de machines à sous la côte Basque et tout le sud-est de la France. Même si certains de ses plus précieux alliés tombent sous les griffes de la justice, le beau Tany semble invincible, comme il aime le confier à sa petite amie avec qui il s'est marié en 1966 en prison. Seuls, allongés dans le lit après avoir fait l'amour, ils sont bercés par le bruit lointain des bateaux du Vieux-Port et la brise du mistral qui souffle en ce mois de septembre 1972 :

— Tu sais, Tany, tu devrais t'arrêter, laisser la main. Tu es jeune, riche, plein d'avenir, on pourrait partir loin, quitter tout ça…

— C'est pas un problème de fric, chérie. Mais je n'ai pas envie qu'on dise que Tany Zampa s'est couché devant la flicaille et les salauds.

— Je sais mon amour, mais c'est dangereux, Marseille. Il y a Le Belge qui t'en veut depuis que Jacky s'est embrouillé avec lui. C'est un sale type, Francis, il n'a peur de rien.

— C'est Jacky qui a merdé, pas moi. Il n'avait qu'à pas lui barboter sa cargaison de schnouff. Moi j'y peux rien, ça m'énerve plutôt. Mais Le Belge, il a pas intérêt à venir jouer aux gros bras chez moi, parce qu'il va repartir les deux pieds devant.

— Mon amour… Je veux juste qu'on reste ensemble toute notre vie…

— La vie, ce n'est pas l'éternité. Je préfère vivre intensément dix ans qu'impuissant un siècle.

Tany sait pertinemment que Le Belge lui en veut depuis l'incident qui l'a opposé à Jacky le Mat. Il n'est pour rien dans l'histoire, mais il sait qu'avec des types comme Le Belge, mieux vaut prendre les devants plutôt que de se laisser tirer dessus par-derrière. Le 5 septembre 1972, il fait abattre au Canet, dans le sud de la France, trois hommes du Belge : Robert Di Russo, Daniel Lamberti et Jean-Claude Bonello. Le Belge réplique un mois plus tard en faisant abattre deux des hommes de mains de Zampa en Corse et à Marseille. Le mois suivant, Tany arrive à faire tuer trois autres alliés du Belge. Francis le Belge est furieux et prépare une riposte d'envergure :

— Cet enculé de Zampa, on va flinguer toutes les pédales qui bossent avec lui. On va aller au Tanagra retrouver ces fils de pute et les descendre. Ils vont comprendre ce que c'est d'arnaquer Le Belge. Ces connards de Siciliens de mes couilles, ils vont découvrir ce qu'est la Mafia, la vraie. Une balle entre les deux yeux et un coup de pied dans leurs couilles molles !

Le 31 mars 1973 a lieu une des fusillades les plus meurtrières de cette guerre du Milieu à laquelle Zampa et Le Belge se livrent. Les hommes du Belge débarquent dans un petit bar du quartier populaire de la Belle de Mai à Marseille, le Tanagra, et font feu à visage découvert sur trois hommes. Parmi eux, Ansan Bistoni, dit « l'Agha Khan », une des figures de la French Connection, mais aussi Joseph Lomini « Le Toréador », un ennemi juré du Belge, et Jean-Claude Napoletano. La patronne du bistrot y passe également. La violence est terrible et porte la patte du Belge. Zampa est en rage à l'annonce de ce massacre :

— Le Belge ne sait pas ce qu'il fait, il a signé son arrêt de mort. Il est dans ma ligne de mire, je n'ai plus qu'à appuyer sur la gâchette. Et c'est moi qui choisirai le moment !

Cette guerre sans merci va pourtant vite être en pause quand Francis le Belge se fait arrêter au mois de novembre 1973. Jeté en prison, Le Belge laisse alors toute latitude à Zampa de réaffirmer sa mainmise sur le Milieu marseillais. Dans les bars interlopes de Paris et Marseille, on chuchote pourtant que Zampa avait eu Le Belge dans sa ligne de mire à Paris quelques semaines plus tôt mais qu'il n'avait finalement pas appuyé sur la gâchette car celui-ci était avec sa mère…

Le Belge, en prison pour quatorze ans, Zampa continue à étendre l'hydre de son réseau. On parle de lui partout, il est l'ennemi numéro un, mais rien ne semble pouvoir le toucher. On lui attribue même des actes impossibles à prouver: trafic d'armes avec les groupes terroristes, ou encore assassinats politiques, comme celui de Pierre Goldman, activiste d'extrême gauche et frère du fameux chanteur compositeur Jean-Jacques Goldman. Mais, problème: Zampa est insaisissable, et sa petite affaire ne connaît pas la crise. Seul un de ses anciens amis, Jacky Imbert dit Le Mat, s'oppose à lui à propos d'une sombre histoire de racket du casino Ruhl et d'un escroc israélien. Zampa préfère se réfugier en Sicile quelque temps afin d'échapper à d'éventuelles balles perdues. Mais le mot d'ordre est clair: Jacky le Mat ne doit pas continuer à vivre. Les hommes de Zampa le traquent et arrivent à le coincer, à trois contre un, le 1er février 1977. Le Mat reçoit plus de vingt projectiles dans le corps, à bout portant. Amené aux urgences, il arrive à survivre. Désormais, Zampa a un adversaire de taille, un ancien allié qui lui en veut à mort: Jacky Imbert et Tany Zampa se lancent dans une série de meurtres et de règlements de compte sans merci pendant les années 1977-1978, série d'assassinats qui vont ensanglanter les rues de Marseille et les environs. Au total, près de quinze victimes sont à compter dans chaque camp, mais c'est Zampa qui ressort le plus affaibli de ces longs mois de tension. Parrain de Marseille, oui, mais plus aussi incontesté qu'auparavant.

Le coup de grâce vient quelques années plus tard, en 1981. C'est peut-être le « coup de trop » de Zampa, si tant est qu'il en ait été le commanditaire. Le juge Michel, spécialisé dans la lutte contre le grand banditisme, est assassiné au volant de sa voiture, quelques heures avant un procès d'envergure contre le Milieu marseillais, où Zampa était cité. C'en est trop pour les forces de l'ordre qui estiment, malgré les appuis nombreux de Zampa au plus haut niveau de la hiérarchie, qu'on ne peut s'attaquer impunément à un représentant légal de la France. Même si Zampa a toujours nié son implication dans ce coup de force, il est jeté en prison après une cavale de plusieurs mois, sous de fausses identités, pour un prétexte fallacieux de port d'arme et blanchiment d'argent. L'occasion est trop belle pour juger Tany Zampa, ce parrain phocéen depuis plus de vingt ans.

Mais en prison, Zampa n'a pas la superbe de ses contemporains, Le Belge, Le Mat ou Marcantoni. Comme lors de son premier séjour carcéral, Zampa « pète un plomb ». Affaibli, vieilli, sombrant lentement dans la dépression et la folie, il n'a même pas le soutien et le respect de ses codétenus qui l'appellent « Zampette » ou « La Marraine ». Zampa tente à de nombreuses reprises de se suicider en se tapant la tête sur les murs ou en ingurgitant de l'eau de Javel. Il finira pendu à son drap, devant les yeux ébahis d'un de ses anciens amis, cohabitant de cellule, ancien videur de sa boîte de nuit du Krypton. Pendant que son corps exsangue pend aux barreaux de sa cellule, Jacky le Mat et Francis le Belge préparent leurs plus beaux coups au-dehors, le visage balayé par le mistral provençal…

JACQUES MESRINE

L'ENNEMI PUBLIC NUMÉRO UN

— Messieurs, dames, bonjour, ne vous inquiétez pas, c'est un hold-up!

Les deux hommes qui viennent de pénétrer dans l'agence avec une curieuse cagoule sur la tête ont l'air enjoué. Leurs instructions sont cependant très fermes. Un coup de feu en l'air.

— Couchez-vous. Face contre terre et vite.

Tout le monde s'exécute rapidement. Pendant que l'un des deux gangsters tient la clientèle en joue, le deuxième se dirige prestement vers la caisse.

— Toi, le caissier, envoie la monnaie! Plus vite que ça!

L'homme derrière son comptoir ouvre sa caisse, sort les billets. Ses mains fébriles en laissent échapper quelques-uns. L'homme cagoulé tend un sac plastique par-dessus le comptoir.

— Du calme, tu mets tout dans le sac.

En quelques minutes, l'affaire est réglée.

— Bonne journée, messieurs, dames.

Les deux braqueurs quittent la banque en courant, s'engouffrent dans une voiture et démarrent sur les chapeaux de roue. Ils retirent leurs cagoules. Michel Ardouin et Jacques Mesrine viennent de réussir un nouveau hold-up improvisé. Pas de préparation, pas de repérage, du culot et seulement du culot. Tandis que Michel Ardouin conduit, Mesrine compte les billets qui se trouvent dans le sac.

— Y a pas bézef. Deux briques. On aura tout cramé ce soir.

Ardouin hausse les épaules.

— Pas grave, on s'en fera une autre demain.

La voiture roule dans les rues de Paris en respectant les limitations de vitesse. Soudain Mesrine s'écrie:

— Arrête-toi là, on va s'en refaire une petite avant de rentrer.

Ardouin regarde autour de lui, voit l'agence qu'a repérée son complice et se gare en bonne place. Juste en face de la banque. Même scène, même décontraction, même résultat. Trois minutes d'adrénaline et l'affaire est bouclée. Les deux compères ont ramassé suffisamment pour aujourd'hui. Ils rentrent tranquillement dans leur planque située à Boulogne-Billancourt.

— Tiens, Michel, on va s'arrêter chez Fauchon, histoire de faire le plein.

Quelques bouteilles de champagne, une de fine, un peu de foie gras. Nourritures terrestres bien méritées après une journée de travail.

C'est ainsi, en ce début de la décennie 1970, que vivent Jacques Mesrine et son complice Michel Ardouin dit Porte-Avions pour son habitude à porter toujours sur lui un arsenal impressionnant. L'homme que la France entière considère comme l'ennemi public numéro un a déjà un passé bien rempli.

Fils de commerçants aisés né à Clichy-La-Garenne, Mesrine n'était pourtant pas destiné à devenir un voyou. Ses parents avaient des projets pour lui et espéraient le voir un jour intégrer une grande école. Mais le tempérament frondeur du jeune homme en fait très vite un cas, rebelle à l'autorité. Et surtout, il aime l'action.

À 20 ans, Jacques Mesrine s'engage dans la guerre d'Algérie comme parachutiste commando. Ses années de guerre vont le marquer durablement. Lorsqu'il rentre en France, c'est un autre homme. Il a côtoyé la violence au quotidien. Il a même, semble-t-il, été souvent chargé d'effectuer ce que les militaires français appelaient « la corvée de bois »: l'exécution sommaire des prisonniers ayant subi la torture. Profondément bouleversé par ce qu'il a vu et fait en Algérie, Mesrine est devenu un inadapté. Un marginal. Très vite, il effectue des petits cambriolages avec des copains. C'est exaltant et ça rapporte.

Mais sa véritable entrée dans le crime a lieu le 2 janvier 1962, lorsqu'avec son ami d'enfance Jean-Pierre, il braque le Crédit agricole du Neubourg, à côté de Louviers où ses parents possèdent une maison de campagne. Le braquage foire et Mesrine et son ami se retrouvent derrière les barreaux. Dix-huit mois d'incarcération durant lesquels Jacques Mesrine va avoir tout le temps de réfléchir à son avenir.

On le sait, la prison n'est pas forcément le meilleur endroit pour permettre une réinsertion dans la société. Mesrine prend des contacts. Il est vif, intelligent, mégalomane, et a l'âme d'un chef. Il s'aperçoit, en côtoyant les malfrats qui partagent son quotidien, qu'il est capable de faire mieux qu'eux. Aussi, lorsqu'il ressort, Mesrine est-il prêt à recommencer.

Ses contacts avec le Milieu vont lui permettre d'effectuer quelques coups. Il va même jusqu'à opérer en Espagne. En décembre 1965, un certain Guido lui demande de dérober des documents dans le coffre de la maison du gouverneur militaire de Palma de Majorque. Il se fait prendre et écope de six mois de prison. Mesrine est encore loin de l'image qu'on aura de lui plus tard. Il fait ses premières armes. Aussitôt sorti de prison, il rentre en France et reprend les braquages. Il acquiert peu à peu les techniques. Il est même très doué. Cependant, collé de trop près par la police, il décide de s'enfuir au Canada avec sa maîtresse, Jeanne Schneider dite Janou.

Arrivé de l'autre côté de l'Atlantique, il est hors de question pour Jacques de se calmer. Le Canada est plein d'opportunités pour un homme comme lui. Il monte alors quelques braquages. Mais, comme tous les truands, Mesrine est à l'affût d'un gros coup. Facile et qui rapporte gros. Lui et Janou se font embaucher respectivement comme jardinier et aide-soignante chez un homme très riche, Georges Deslauriers. Le couple surveille, réfléchit à la meilleure façon de tirer partie de la fortune du vieil homme. Ils décident de l'enlever. Malheureusement pour Mesrine, Deslauriers parviendra à s'échapper. Et toutes les polices du Canada se mettront à la poursuite du couple. Très vite, Mesrine et Janou sont arrêtés. C'est alors que Jacques commence sa carrière de roi de l'évasion. À peine pris, les deux amants parviennent à s'évader de la prison de Percé, mais sont rattrapés dès le lendemain. Le couple est condamné pour l'enlèvement de Georges Deslauriers et pour un assassinat qu'ils n'ont pas commis et dont ils seront disculpés : dix ans pour Mesrine, cinq ans pour Jeanne Schneider. Impossible pour Jacques. Il lui faut s'enfuir au plus vite.

Le 21 août 1972, Mesrine s'évade de la prison de Saint-Vincent-de-Paul, en compagnie d'un homme froid et sans scrupule, Jean-Paul Mercier. Les deux hommes vont écumer le Canada pendant quelques mois, à l'affût du moindre coup. Mais l'Amérique du Nord n'est pas le terrain de Mesrine, il le sent bien. Il décide de reprendre le chemin de la France. À son retour, il est devenu un truand aguerri. Il entre en contact avec un certain Michel Ardouin qui devient son complice et avec lequel il effectue une quantité astronomique de braquages en tous genres. La police est sur les dents. Les deux hommes les narguent. Il faut absolument les stopper. Le 8 mars 1973, Mesrine est arrêté en pleine rue alors qu'il s'apprête à rejoindre l'appartement qu'il partage avec Ardouin et Joyce, sa jeune maîtresse rencontrée au Canada.

Ardouin n'est pas sur les lieux. Seuls Jacques et Joyce sont embarqués. Mais Jacques et Michel ont passé un accord. Si l'un d'entre eux se fait arrêter, l'autre le sortira de là. Ainsi, lorsqu'il comparaît pour ses multiples braquages au palais de justice de Compiègne, une belle surprise attend le public.

6 juin 1973.

— Mesrine, c'est l'heure, on t'emmène au palais.

Jacques se lève. Il a l'air mal.

— Je me sens pas bien. Je crois que j'ai chopé une saloperie, j'arrête pas d'aller aux gogues.

Le gardien jauge le Grand Jacques.

— T'expliqueras ça aux jurés.

Mesrine est embarqué dans le panier à salade. Il continue à se plaindre de maux de ventre. Lorsque son escorte le fait descendre du camion, Jacques a l'air de ne plus tenir.

— Faut que j'aille aux toilettes, faut vraiment que j'y aille les gars.

Les flics rigolent. Le grand truand aurait-il la pétoche ?

— Bon, allez, on t'emmène.

Mesrine s'enferme dans les toilettes. Il ahane, il semble au plus mal. C'est du moins ce que pensent, de l'extérieur, les policiers chargés de le surveiller. De l'autre côté de la porte, Mesrine monte sur la cuvette et récupère un calibre déposé là par Ardouin. Lorsqu'il sort, il paraît ragaillardi.

— On dirait que ça va mieux, lui lance un des flics.

Jacques sourit.

— Oui, je crois que ça va aller.

Lorsque Mesrine entre dans la salle d'audience, celle-ci est pleine à craquer. On est venu de loin pour assister au procès de cet individu hors norme qui déjà défraie la chronique. Jacques s'installe sagement sur le banc des accusés. Un murmure parcourt la salle. L'homme a décidément un charisme incroyable.

Entre alors le président de la Chambre. Le public se lève. Puis se rassoit. Mesrine en fait de même. Ses maux de ventre semblent être passés. Lorsque le président Guérin lance la phrase consacrée « Accusé, levez-vous », Mesrine bondit. Il brandit son arme et tire en l'air. Sautant prestement par-dessus la barrière qui le sépare du juge, il empoigne ce dernier et le menace.

— Ne bougez-pas, m'sieur dames, c'est une évasion.

Les flics sont pétrifiés. Impossible d'intervenir sans risquer de blesser Guérin. Mesrine entraîne son otage à l'extérieur du tribunal. Devant le bâtiment, une voiture l'attend, moteur en route. Avant de monter dans le véhicule, Jacques relâche le président Guérin qui en est quitte pour une bonne frayeur.

— Vas-y, Michel, fonce.

Ardouin démarre. Très vite, la voiture est prise en chasse. Les gendarmes se lancent dans une course-poursuite effrénée. Les coups de feu fusent de toutes parts. Jacques baisse sa vitre et tire à plusieurs reprises. Soudain il pousse un cri.

— Merde, Michel, je suis touché ! Rien de grave, c'est juste le bras, mais je déguste.

Ardouin, conduisant d'une main, défouraille à son tour. Excellent pilote, il parvient à semer les poursuivants. Il s'arrête.

— Qu'est-ce que tu fous Michel ?

Ardouin sourit :

— On change de bagnole.

Porte-Avions a tout prévu, même une voiture relais. Les deux hommes abandonnent le premier véhicule, s'engouffrent dans le deuxième. Jacques Mesrine est libre. Mais il ne le restera pas longtemps.

Le 28 septembre de la même année, il se fait à nouveau arrêter. Cette fois-ci, c'est le célèbre commissaire Broussard qui est en charge de l'affaire. Un complice de seconde zone, arrêté par la police, mène Broussard jusqu'à la planque de Mesrine, rue Vergniaud, dans le 13e arrondissement de Paris. Le dispositif policier est impressionnant. Broussard ne veut laisser aucune chance à Mesrine. De plus, il sait que l'homme est dangereux et n'hésitera pas à tirer si l'occasion se présente. Le bâtiment est cerné. Les équipes de Broussard, surarmées, prennent position devant l'appartement. Jacques ne se doute de rien. Il coule une journée paisible avec Joyce. Soudain, des coups redoublés retentissent à la porte.

— Police, ouvrez !

Jacques n'a aucune issue. Il est coincé. Il reste derrière la porte.

— T'es qui ?

— Commissaire Broussard. T'es fait Mesrine, rends-toi !

Jacques a bien l'intention de faire un peu durer le suspens.

— Prouve-le. Fais passer ta carte sous la porte.

Broussard s'exécute. Il sait que, pour cette fois-ci il a gagné.

— OK, Broussard, je vais ouvrir. Je sais que t'es un homme. Alors tu vas me donner ta parole de pas toucher à la petite.

— Parole, Mesrine.

Jacques ouvre la porte et laisse entrer Robert Broussard. Les deux hommes se serrent la main. Puis Jacques tend une coupe de champagne à son meilleur ennemi.

— C'est une arrestation qui a de la gueule, non ?

C'est durant son séjour en prison que Mesrine écrit sa très célèbre autobiographie *L'Instinct de mort*, qui paraît en février 1977. Le 19 mai 1977, il est condamné à vingt ans de prison pour attaques à main armée, recel et port d'armes, par le juge Petit.

Mesrine, ne faisant rien comme tout le monde, fait sensation au cours du procès. Il le veut politisé. Alors il dénonce la corruption qui gangrène selon lui la police et la justice françaises. Il lance une clé à ses juges.

— Regardez ce qu'on obtient pour 3000 francs. La clé de mes menottes.

Fanfaronnade. La clé est en réalité celle d'un petit cadenas que possède Mesrine dans sa cellule.

Jacques Mesrine est alors incarcéré au QHS (Quartier de haute sécurité) de la prison de la Santé. Là, en compagnie d'autres détenus, il mène un combat médiatique sans relâche pour la suppression de ces geôles inhumaines, d'un autre âge. La presse s'empare de l'affaire, qui devient rapidement un combat politique de premier plan.

Quels que soient ses combats, Jacques pense surtout et avant tout à s'évader de ces geôles réputées inviolables que sont les QHS. Il y parvient le 8 mai 1978, accompagné de François Besse et de Christian Rives. Grâce à des complicités au sein de la prison (qui introduiront des armes à leur attention), Mesrine et Besse neutralisent leurs gardiens. Ils escaladent le mur d'enceinte. Rives, passant le dernier, est abattu avant d'avoir pu franchir l'épaisse muraille qui le séparait de la liberté.

En mai 1978, Mesrine et Besse braquent le casino de Deauville. L'affaire est plutôt bien préparée. Mesrine, avec son culot habituel, se rend au commissariat. Il demande divers renseignements au brigadier de service et jauge le nombre de policiers présents. Il quitte ensuite les lieux tranquillement.

Il est presque minuit, ce 26 mai 1978, lorsque deux hommes se présentent à l'entrée du célèbre casino de Deauville. Le physionomiste les laisse entrer, croyant avoir affaire à des joueurs sans histoire. Mais le plus grand des deux hommes demande bientôt :

— Nous souhaiterions voir le directeur. Nous sommes du ministère de l'Intérieur.

Besse et Mesrine présentent leurs fausses cartes barrées du drapeau tricolore. Rapidement, le directeur des jeux est appelé et demande aux soi-disant fonctionnaires ce qu'ils désirent.

— La caisse. Et vite, lance Mesrine en montrant l'arme qu'il cache sous sa veste.

L'homme les conduit jusqu'à la caisse principale et leur remet l'argent.

— Maintenant tu viens avec nous.

Mesrine et Besse tiennent le pauvre homme en joue. Ils traversent tous trois le hall du casino. Comble de malchance pour les deux compères, une voiture de police s'arrête à ce moment-là devant l'établissement. Très vite, les fonctionnaires comprennent la situation. Ils sortent de leur véhicule. Mesrine tire le premier. S'ensuit une fusillade assourdissante. Une cinquantaine de balles sont tirées. Les truands parviennent néanmoins à rejoindre leur véhicule et à semer leurs poursuivants. Besse est touché. Mais très légèrement.

Deux jours plus tard, une gigantesque opération est déclenchée pour tenter de retrouver les deux fuyards. 300 gendarmes, ainsi qu'une section du GIGN assistée de policiers de la brigade antigang sont déployés pour les rechercher, mais en vain. Les deux hommes se sont évanouis dans la nature. Évanouis ? Pas vraiment en réalité. Mesrine avec son naturel mégalomane nargue les autorités. Il donne des interviews à la presse et se paie le luxe d'une séance photo.

La notoriété de Mesrine a poussé le ministre de la Justice à bout. Tous les services de police doivent coopérer afin de retrouver l'ennemi public numéro un. Une cellule spéciale anti-Mesrine est mise en place et force Lucien Aimé-Blanc, chef de l'OCRB, et Robert Broussard, chef de l'antigang, à travailler main dans la main. Le temps de la rivalité entre les services est terminé. Pourtant, cela ne suffit pas. Mesrine va encore faire parler de lui de manière éclatante.

21 juin 1979, commune de Beaumont-sur-Sarthe. Deux hommes se présentent au domicile d'Henri Lelièvre, un propriétaire foncier octogénaire, qui a amassé une véritable fortune au fil des années. L'homme est considéré comme étant l'un des plus riches de la région.

C'est Lelièvre en personne qui vient ouvrir. Les deux hommes, polis et bien mis, présentent leurs cartes de police.

— Monsieur Lelièvre ?

— Oui.

— Mon collègue et moi-même souhaiterions vous interroger sur ordre du procureur de la République.

— Et pour quelle raison ? demande le vieillard, méfiant.

— Il semble que l'on ait décelé des irrégularités parmi vos locations. Nous pensons que vous abritez peut-être des individus dangereux. Nous avons besoin de votre déposition.

— Très bien, messieurs, attendez-moi un instant, je vais chercher un manteau et prévenir mon fils de mon départ.

Henri Lelièvre rentre dans la maison, explique à son fils Henri (lui aussi) que la police souhaite l'interroger à propos de certains de ses locataires. Henri Lelièvre fils fait une moue dubitative. Son père n'aurait-il pas dû recevoir une convocation par la poste ?

— Tu es sûr qu'il s'agit bien de policiers, n'est-ce pas ?

— Oui, aucun doute, ils en ont l'allure, et ils ont produit leurs cartes.

Le fils Lelièvre laisse partir son père. Pris d'un curieux pressentiment, il va cependant à la fenêtre. Il observe les deux policiers. L'un des deux hommes est très grand. Pas loin de deux mètres. Il se plie littéralement pour entrer dans la Peugeot 504 rouge. L'autre est de bonne stature. Un bon mètre quatre-vingt, robuste, avec de larges épaules. Henri Lelièvre père monte à l'arrière. Réagissant à une formidable intuition, Lelièvre fils relève le numéro de la plaque minéralogique. Il n'aurait jamais dû laisser partir son père. Il appelle immédiatement la gendarmerie. Les Lelièvre sont des notables influents dans la région, Henri fils n'a aucune difficulté à obtenir ce qu'il demande.

— J'ai relevé le numéro d'immatriculation d'une Peugeot 504 rouge, censée appartenir aux services de police. Pourriez-vous vérifier cela pour moi ?

— Très certainement, monsieur Lelièvre. Je vous rappelle.

Quelques minutes plus tard, le téléphone sonne dans la maison des Lelièvre. Henri, anxieux, a attendu près du combiné. Il décroche.

— Monsieur Lelièvre. La voiture que vous nous avez signalée apparaît au fichier des véhicules volés.

L'angoisse était donc justifiée. Henri Lelièvre fils signale l'enlèvement de son père… Aussitôt, tous les services de police sont mis en alerte. SRPJ, OCRB, BRI, BRB. Tout le monde est mis à contribution.

La police prend immédiatement des mesures de précaution : gel de tous les comptes d'Henri Lelièvre père, mise sur écoute des divers domiciles de la famille. La description qui est faite par le fils Lelièvre aux policiers et aux gendarmes laisse peu de place au doute. Les ravisseurs sont Michel Schayewsky et Jacques Mesrine. Le mode opératoire leur ressemble également. Avoir le culot de se faire passer pour des policiers est tout à fait dans l'esprit de Mesrine, dans ses méthodes. Il aime les pieds de nez aux forces de l'ordre. Il en retire un plaisir tout particulier.

Alors que toutes les polices de France s'affairent, Schayewsky et Mesrine quittent la Sarthe par de petites routes détournées. En pleine campagne, ils se sont arrêtés et ont attaché le vieillard, sans qu'il comprenne ce qui était en train de lui arriver.

— Ne roule pas trop vite, Michel. Tiens, prends à droite, la petite route.

Les deux kidnappeurs vont à une allure de sénateur. Ils ont balisé le terrain, préparé leur itinéraire. Les départementales sont désertes. Les barrages de police, ils le savent, sont en cours de montage, mais sur les grands axes. Les autorités s'imaginent sans doute que les ravisseurs vont chercher à mettre rapidement de la distance entre eux et les forces de l'ordre. Évidemment, Mesrine qui a bien étudié son plan et qui connaît maintenant très bien les raisonnements policiers a prévu tout autre chose. Les hommes partent se terrer dans la région, à quelques encablures de Blois. Ils traversent le petit village de Villefrancœur. Ils atteignent leur planque, une vieille maison isolée, se garent derrière et sortent Henri Lelièvre de la voiture avec ménagement. Ils entrent par la porte de derrière. La maison est sombre. Un rai de lumière traverse les volets clos.

— Allez, mettez-vous là.

Mesrine conduit Henri Lelièvre dans une chambre, seulement meublée d'un lit.

Il ouvre la porte et laisse pénétrer le vieil homme, sans brusquerie aucune.

Mesrine et Schayewsky attendent. Ils savent que plus la tension sera grande du côté de la famille, plus ils ont de chance de voir leur coup réussir. Pas mauvais bougres, ils ne maltraitent cependant pas Henri Lelièvre. Mesrine sait de toute façon que le vieil homme est leur capital. Et un capital, ça se préserve. De plus, habitué des médias, Jacques sait que la presse va travailler pour lui. Les grands quotidiens vont faire leur une sur l'enlèvement, accentuer la pression et dramatiser l'événement. Après quelques jours de silence, Mesrine sait que lui et son complice pourront demander une belle somme. Et qu'elle leur sera accordée.

Après plusieurs journées d'attente, il est temps de passer à l'action. Mesrine rédige un courrier dactylographié à l'attention de la famille Lelièvre. Pour plus de sécurité, il demande à son otage d'écrire, lui aussi, un courrier à sa famille.

— Monsieur Lelièvre, nous allons prévenir votre famille et demander une rançon. Tout se passera bien. Par contre, il faut que vous écriviez un petit mot à la main. Qu'on sache que vous êtes en bonne santé.

Le vieil homme soupire. Mesrine l'installe à une table et lui fournit papier et stylo. Henri Lelièvre rédige un mot à l'attention de Michel, son fils cadet. Il lui donne les instructions nécessaires pour se procurer l'argent de la rançon. Mesrine relit le courrier. Il manque un petit quelque chose.

— Vous devriez ajouter un petit mot pour votre épouse. Qu'elle ne se fasse pas trop de souci.

Jouer la corde sensible. Attendrir l'épouse, responsabiliser le fils. Le cocktail est savamment dosé. Pas la peine d'en faire plus. Ça devrait fonctionner.

La somme demandée par Mesrine et Schayewsky est tout simplement colossale. 6 millions de francs. De quoi passer une vie au soleil et se ranger définitivement des voitures. Mesrine a passé le plus clair de ses dernières années en cavale. Il espère pouvoir en terminer avec tout ça. Partir avec Sylvia, sa nouvelle compagne, et se refaire une vie. Pourquoi pas ?

Le courrier parvient aux Lelièvre. Il est immédiatement remis à la police qui reconnaît les méthodes de Mesrine. Plus le moindre doute. À présent, il faut attendre que les ravisseurs se manifestent à nouveau, qu'ils donnent les instructions pour la remise de la rançon.

Le 30 juin, Mesrine fait parvenir un nouveau courrier à la famille. Il fait monter la pression d'un cran. Les Lelièvre ont jusqu'au 6 juillet pour réunir l'argent de la rançon. Faute de quoi, le patriarche sera exécuté. Mais la police recommande à Michel Lelièvre de négocier, d'essayer de gagner du temps. Mesrine aime la presse ? Qu'à cela ne tienne, on va faire paraître une annonce dans *France Soir* à l'attention des ravisseurs.

Mesrine s'agace :

— Schayewsky, ils nous mènent en bateau là. Il va falloir frapper un grand coup si on veut régler l'affaire au plus vite. Amène-moi Lelièvre. Je vais lui toucher deux mots.

Schayewsky s'exécute. Il va chercher l'otage.

— Monsieur Lelièvre, votre famille ne coopère pas. Je crois qu'il va falloir leur donner une leçon. Je vais vous demander d'écrire un autre courrier.

Lelièvre fait ce qu'on lui dit. Et Jacques envoie la lettre à *Libération*. Le quotidien suit les exploits de Mesrine depuis déjà pas mal de temps, ils se feront un plaisir de relayer l'information.

— Maintenant Lelièvre, je vais vous demander de mettre ces lunettes noires. On va faire une petite séance de photos.

Lelièvre ne dit rien. Il met les lunettes. Jacques lui ébouriffe les cheveux.

— Bon, c'est pas mal comme ça. Et puis avec votre costume tout froissé vous avez l'air d'un vrai malheureux.

Mesrine va chercher son appareil photo polaroïd et prend plusieurs clichés du vieil homme.

— On va envoyer ça à votre famille. M'étonnerait qu'ils restent insensibles.

Le 10 juillet, Michel Lelièvre reçoit les photos. Elles sont accompagnées d'un courrier augmentant le prix de la rançon et fixant un ultimatum irrévocable. Le 12 juillet, en cas de non-paiement de la somme demandée, Henri Lelièvre sera exécuté, sans autre forme de procès. Les premières instructions sont données. Aussi, le 12 juillet au matin, Michel Lelièvre quitte son domicile de la rue de la Fédération à Paris. Il embarque dans sa Mercedes et se rend au premier lieu de rendez-vous fixé par les ravisseurs. C'est un café en plein Paris. Il s'installe. Très rapidement le patron du café lance à voix haute :

— Est-ce qu'il y a un M. Lelièvre ? Téléphone pour vous.

Michel Lelièvre prend le combiné et écoute les instructions de Mesrine.

— Vous avez de quoi noter ? Vous allez vous rendre à l'adresse suivante. Vous y attendrez d'autres instructions.

Michel Lelièvre note. Il reprend sa voiture, et se rend au lieu convenu. Il est suivi de très près par un dispositif policier impressionnant quoique discret. Mesrine est au bout du chemin. La police ne peut pas le laisser échapper.

Michel Lelièvre est baladé de café parisien en café parisien. Avec, à chaque fois, de nouvelles instructions. Puis, un dernier coup de fil donne la direction à suivre, la vraie.

— Monsieur Lelièvre, vous allez quitter Paris. Vous prendrez la route de Soissons. Notez bien. Vous allez ensuite sortir en direction de Dammartin-en-Goële. Là, vous faites deux kilomètres et vous trouverez de nouvelles instructions au pied d'un panneau de limitation de vitesse.

Michel Lelièvre reprend la voiture et fait ce que lui ordonne Jacques Mesrine. Arrivé au panneau, il trouve effectivement de nouvelles indications. Il doit s'éloigner de la route principale, prendre un chemin et s'arrêter au bout de quelques centaines de mètres. Là, il lui faudra déposer la rançon au pied d'un arbre déraciné. La police suit toujours, mais il lui est de plus en plus difficile d'être discrète. Ce n'est pas pour rien que Mesrine a choisi la rase campagne pour effectuer la remise de l'argent. Michel Lelièvre arrête sa voiture, suivi de près par un véhicule banalisé appartenant à la police. Mesrine et Schayewsky sont terrés, tout près de là. Ils observent.

— Merde, il a les flics avec lui. Bon on laisse tomber. Mais on leur fait un petit numéro, histoire de marquer le coup.

Soudain, des coups de feu éclatent. Deux hommes en tenue militaire tirent sur le véhicule de police. Deux jeunes flics membres de l'OCRB sortent du véhicule et se précipitent pour assurer la protection de Michel Lelièvre. Ils ripostent abondamment pour couvrir le fils de l'otage. Au bout de quelques instants, les deux ravisseurs prennent le large. Ils courent jusqu'au talus situé derrière eux et montent dans une camionnette qu'ils font démarrer en trombe. La police a raté Mesrine. Et l'a probablement mis hors de lui. Mesrine est imprévisible, incontrôlable. Le risque de perdre l'otage est grand.

— Schayewsky, on tient le bon bout.

— Tu déconnes, Jacques ? On s'est fait canarder.

— Justement. Le fils Lelièvre doit avoir le trouillomètre à zéro. Tu peux être sûr d'un truc, la prochaine fois, ça se passera sans les flics.

Jacques Mesrine monte alors un plan rocambolesque. Il fait passer de nouvelles instructions à Michel Lelièvre en le joignant directement à son travail. Et le prévient :

— Attention, cette fois-ci c'est la dernière. Cette histoire a trop duré. Alors vous faites ce que je vous dis ou alors le vieux y passe.

Michel Lelièvre écoute. Le plan est audacieux. Il le suivra à la lettre. Discrètement, le fils cadet de l'otage joint son banquier. Il lui demande de réunir l'argent au plus vite, et surtout de garder le plus grand secret.

— Pas un mot à qui que ce soit. Et surtout pas à la police.

Le banquier acquiesce et fait le nécessaire. Une fois la somme réunie, Michel Lelièvre va tout faire pour échapper à la surveillance de la police. Avec l'aide d'un ami, il quitte son domicile de la rue de la Fédération, le 26 juillet au soir. Il est caché à l'arrière d'une voiture, dissimulé sous des couvertures. Les flics en faction n'y voient que du feu. Lorsque la Mercedes blanche de Lelièvre quitte la rue de la Fédération au matin du 27 juillet, elle est prise en filature par les hommes de l'OCRB. Mais quelque chose cloche. La voiture se promène dans Paris sans pour autant faire de haltes. Logiquement, comme la première fois, Michel

Lelièvre devrait s'arrêter pour recevoir des instructions. Lucien-Aimé Blanc, le commissaire en charge de l'affaire est perplexe.

— Envoyez une moto à hauteur de la Mercedes, j'ai comme l'impression qu'on se fait balader.

Et il ne croit pas si bien dire. Le motard, en passant à côté de l'automobile, s'aperçoit que ce n'est pas Michel Lelièvre qui est au volant. La voiture est arrêtée.

— Qui êtes-vous ? Que faites-vous dans ce véhicule ?

Le chauffeur répond sans détour :

— Mon nom est André Dubossage. Je suis un cousin des Lelièvre.

Le plan de Mesrine a fonctionné à merveille.

Pendant ce temps, Michel Lelièvre, qui a passé la nuit chez des amis, a pris un autre véhicule et il est bien décidé, cette fois-ci, à récupérer son père. Même méthode que la fois précédente. Mesrine lui fait faire des kilomètres pour rien. À chaque arrêt, il l'envoie un peu plus loin de Paris lui enjoignant de prendre les routes de campagne. C'est le plus sûr moyen de s'assurer que Michel Lelièvre n'est pas suivi. Dernière étape.

— Vous prenez la route de Chissay-en-Touraine, et vous vous arrêtez au lieu-dit Beaune. Éteignez votre moteur et restez dans la voiture.

Arrivé sur les lieux, Michel Lelièvre fait ce qu'on lui dit. Il s'arrête, coupe son moteur et attend. Soudain, surgit de nulle part, un homme à forte carrure, tenant un pistolet en main, sort de derrière les fourrés.

— Descendez Lelièvre. Et pas de blague, hein ?

L'homme descend doucement. Il est inquiet.

— Allez, donnez-moi les sacs et ne bougez pas.

Michel Lelièvre passe la rançon à Mesrine qui vérifie rapidement que les billets sont bien dans les sacs.

— OK, c'est bon. J'espère qu'il y a le compte…

Mais le fils Lelièvre veut voir son père à présent qu'il a payé.

— Ne vous inquiétez pas, il est en bonne santé. On l'a bien traité. On le libère demain. C'est lui qui prendra contact avec vous.

Pas moyen de savoir si Mesrine dit vrai. Mais il faudra bien lui faire confiance.

Le lendemain, vers 16 heures, Henri Lelièvre est relâché à Clichy-la-Garenne, la ville natale de Jacques Mesrine. Comme un nouveau pied de nez aux forces de l'ordre. Ce sera son dernier.

À la fin du mois d'octobre 1979, les hommes du commissaire divisionnaire Lucien Aimé-Blanc, chef de l'Office central pour la répression du banditisme repèrent l'appartement de Mesrine, rue Belliard, dans le 18e arrondissement de Paris. Curieusement, l'homme ne semble pas se cacher réellement. Cette attitude alimentera d'ailleurs de nombreux fantasmes. Certains pensent encore que Mesrine se pensait protégé, peut-être par une des officines parallèles de police qui pullulaient à cette époque. Certains ont évoqué le fameux Service d'action civique (le SAC). Mais rien ne permet de l'affirmer. Quoi qu'il en soit, lorsque Mesrine est localisé, c'est aux services de Robert Broussard de prendre en charge l'opération en vue d'une arrestation.

2 novembre 1979. Mesrine quitte son appartement en compagnie de Sylvia Jeanjacquot, sa dernière compagne, et de leur chien Fripouille. Le quartier a été soigneusement quadrillé. Broussard observe de loin le couple quitter l'immeuble et s'engouffrer dans la BMW du Grand. Le moment est venu. Brous-

sard lâche l'ordre : « Intervention, intervention ». Un camion bâché vient rapidement se placer en travers de la route, barrant le passage à Mesrine. La bâche se lève et quatre policiers mitraillent le véhicule ne laissant aucune chance au Grand Jacques. Il est 15 h 15, ce vendredi 2 novembre 1979. Jacques Mesrine vient d'être la victime d'une exécution sommaire.

Criblé de balles, Mesrine est sorti du véhicule. Sylvia, sa compagne, a été blessée à l'œil. Elle le perdra. Dans la BMW du Grand sont retrouvées des armes de poing et des grenades. Tout un attirail qu'il aurait sans doute utilisé si la police lui en avait laissé le temps.

— Quand nous nous rencontrerons à nouveau, ce sera à celui qui défouraillera le premier, avait dit Mesrine à Broussard.

C'est bien ce qui s'est produit.

FRANCIS VANVERBERGHE

LE MARLON BRANDO DU VIEUX-PORT

Le long de la Canebière, les rumeurs circulent vite. Ici, les malfrats sont des figures de légende. Ils appartiennent à l'histoire de la ville, comme l'OM, l'illustre club de foot local, ou comme la cathédrale Notre-Dame-de-la-Garde, qui veille sur la Méditerranée et sur le peuple phocéen du haut de son rocher. Les récits de leurs exploits sont une vraie saga dont bruissent les ruelles du Panier. Le Milieu alimente une véritable mythologie. Mais le fameux bagout méridional n'empêche pas que certains secrets demeurent bien gardés. À Marseille, il faut savoir l'ouvrir, ne pas baisser les yeux, parler haut. Et il faut aussi savoir la fermer.

Nous sommes le 31 mars 1973. Sur le Vieux-Port, le bar du Tanagra est une petite institution. On vient y discuter des derniers résultats de l'OM, de la marmaille politique qui valse dans les beaux bureaux de la mairie voisine, de la pluie et du beau temps – c'est-à-dire, ici à Marseille où comme chacun sait il ne pleut jamais, du beau temps seulement, et du mistral. On y vide les verres de pastaga avec une grande générosité. On sait aussi que l'endroit est l'un des rendez-vous préférés de certains membres de la pègre, qui prennent leur place, sans faire de vague, parmi les autres consommateurs. Tout le monde sait qui ils sont ; personne ne dit rien. Nul ne songerait à leur demander des comptes ou des détails sur leurs activités. Il y a six ans déjà, le 30 septembre 1967, un règlement de comptes a eu lieu ici, laissant trois morts sur le carreau. Depuis, le bar a changé de nom. L'affaire est oubliée. L'omerta a du bon, y compris pour le petit commerce.

Nul ne songe plus depuis longtemps à cela quand une voiture freine devant le Tanagra. Trois hommes en surgissent, armés de trois calibres différents : un pistolet-mitrailleur, un colt 45 et un fusil à pompe. Depuis le seuil, ils arrosent en rafale l'intérieur du bar. Ils ont le temps de tirer 48 balles (c'est ce que comptabiliseront les enquêteurs de la police) avant de remonter dans la voiture et de s'enfuir, pied au plancher. Tout a été très vite. L'attaque a été aussi soudaine qu'impitoyable. Elle laisse un bilan très lourd.

Du sang coule le long du comptoir. Quatre corps gisent entre les tables renversées, les éclats de verre et les flaques d'hémoglobine. L'un d'eux est bien connu des services de police. Il s'agit de Jo Lomini, un fidèle lieutenant du parrain Tany Zampa, la fine fleur du Milieu. Celui-ci apparaît tout de suite comme, très certainement, la véritable cible du commando. À ses côtés, un petit truand sans envergure, Jean-Claude Napoletano, qui se trouvait sans doute là par hasard. Un peu plus loin, étendu sur le carrelage, criblé de balles, se trouve le corps de la patronne du Tanagra, Carmen, l'ex-femme de Joe Ambrosini, abattu lors de la première fusillade au même endroit, six ans auparavant ; et auprès d'elle, son amant, un certain Ansan Bistoni, surnommé l'Agha Khan. Ce dernier n'est pas n'importe qui. C'est un ancien de la célèbre French Connection, qui a de la famille en Sicile et à Naples, proche des capos de la Camorra et de la Cosa Nostra. En outre, il reste très branché avec la plupart des parrains du coin. On croit savoir que depuis quelques semaines, il a opéré un rapprochement avec Lomini et Zampa. Deux blessés anonymes, un barman et un client, complètent le triste tableau.

L'objet du crime ne peut faire aucun doute : il s'inscrit sur fond de ce qu'on appelle alors la « bataille historique du Milieu », une guerre ouverte entre parrains. Cet assassinat sanguinaire est surtout le point d'orgue d'une rivalité sans merci entre les deux principaux clans qui se partagent les environs. Une lutte opposant deux anciens alliés qui désormais s'affrontent: d'un côté, Zampa, et en face son ancien protégé, Francis Vanverberghe, dit Le Belge.

Tout le monde comprend donc d'où est venu l'ordre de l'exécution : le commanditaire de ce crime ne peut être personne d'autre que Francis le Belge. Et pourtant, aucun indice, aucun témoin, aucune balance, ne permettent de l'affirmer preuves à l'appui. Le Belge niera toujours avoir le moindre lien avec cette affaire. Et l'omerta a parfaitement fonctionné: personne n'est jamais venu apporter la preuve de l'inverse.

Mais l'intime conviction de la police est celle de sa culpabilité. Voici ce que raconte l'ex-inspecteur divisionnaire René Decker à ce propos :

« Avec mes collègues Chami et Pons, ce 31 mars 1973, nous descendions la Cannebière pour nous rendre à l'hôtel de police lorsque, venue des Réformés, une voiture de couleur beige nous a dépassés en trombe. Il y avait plusieurs individus à bord et le conducteur m'a fait une sacrée queue-de-poisson avec franchissement de ligne blanche. À l'intérieur du véhicule que je conduisais se trouvaient, pour analyse, des scellés et des éléments techniques du labo de la villa Clotide alors je n'ai pas voulu entamer une course-poursuite. Un peu plus tard, j'ai retrouvé cette auto, une Mercedes, garée en double file sur le quai du Port. Quand nous avons su par le commissaire Morin, dans les minutes qui ont suivi, qu'un massacre venait d'être perpétré, à deux pas de l'Évêché, dans un bar, nous avons eu un frisson rétrospectif. Imaginez que nous ayons interpellé le conducteur pour conduite dangereuse, comme je voulais le faire malgré l'avis des collègues. Eh bien, nous y passions tous! Le Belge et ceux de sa bande auraient allumé avant de parler code de la route… »

Mais qui est l'homme qui se cache derrière ce surnom étrange, « Francis le Belge » ?

Francis Vanverberghe naît à Marseille le 3 mars 1946, à la Belle de Mai, un ancien quartier industriel et populaire où l'on vit presque comme dans un grand village, niché près de la gare Saint-Charles. Célèbre pour ses manufactures, on dit volontiers l'endroit mal famé. Le père de Francis, François Vanverberghe, est un ancien légionnaire reconverti dans la menuiserie. Il est originaire de Croix, dans les Flandres françaises, ce qui explique ce patronyme qui sonne bizarrement aux oreilles des Provençaux. C'est ce qui vaudra à son fils, dès l'école primaire, d'être appelé « Le Belge » par les autres gamins, lesquels ont bien du mal à prononcer son nom d'état civil. Sa mère, elle, est d'origine espagnole. Herminia Gomez est une pied-noire qui a grandi en Algérie.

Si son père n'appartient pas du tout au milieu de la délinquance, il a eu quand même, lui aussi, à ses heures, des déboires avec la justice. Son vice à lui, c'était le jeu. Un vice qui, comme chacun sait, peut devenir dévorant et mener à toutes les folies. Un jour, avant la Seconde Guerre mondiale, lors d'une partie acharnée, Vanverberghe qui a tout perdu, en vient à miser… sa fiancée, Herminia. Il perd.

Conscient, après coup, de l'aberration qu'il vient de commettre, il conjure le vainqueur de lui rendre son épouse ! Mais le joueur refuse : il a joué, il a perdu, et basta. François ne se maîtrisant plus, de fureur et de désespoir, frappe l'autre à coups de poing. Le futur menuisier ne canalise pas sa force. L'un des coups s'avère mortel. François Vanverberghe est condamné à un an de prison pour homicide involontaire.

C'est à sa libération que le couple reconstitué, déjà parent d'une petite fille, Jeannine, vient s'installer au 16, rue Auphan, à Marseille. C'est là que naissent, à quelques années d'intervalle, Francis, puis Joseph Séraphin, et enfin Simone. Ils grandissent dans l'atmosphère si particulière de ce quartier de la cité phocéenne.

Comme tous les minots de la Belle de Mai, Francis rêve d'être footballeur professionnel et de revêtir un jour le maillot de l'OM. Adolescent, on le remarque pour son dribble et son sens de l'anticipation. Le gamin est doué, intelligent. Les recruteurs des clubs formateurs de la région l'ont à l'œil. Son rêve est à portée de main. Malheureusement, à 16 ans, une sale blessure vient stopper net sa progression. Ses illusions s'envolent. Pour un garçon de cet âge une telle déception est brutale. Il en nourrit une vraie amertume. Et c'est sa vie entière qui bascule.

Francis se met à fréquenter les jeunes voyous de son quartier avec lesquels il forme une bande qui vit de petite délinquance, de petits trafics, de larcins. Le premier acte de son initiation à la criminalité passe par le « vol à la roulotte », cette effraction qui consiste à endommager un véhicule garé pour subtiliser tout ce qui se trouve à l'intérieur, autoradio, vêtements ou autres.

Francis s'approche d'une voiture stationnée le long du trottoir, dans son propre quartier de la Belle de Mai. Quand la vitre de la portière avant gauche de la voiture se brise sous le coup que le jeune garçon lui porte, les éclats de verre se répandent sur la chaussée. Sous ses semelles, les débris crissent. Francis plonge à l'intérieur. Ce qu'il y trouve ? L'histoire ne le dit pas. Mais une patrouille de police qui faisait sa ronde dans le quartier a repéré le jeune homme. Francis est interpellé. Fiché par la police. Et cette arrestation n'est que la première d'une longue série. C'est le point de départ d'un engrenage infernal.

Dès les mois qui suivent, Francis travaille comme déménageur, ce qui lui permet, outre de gagner sa vie, de nouer certains contacts dans l'univers des truands à la petite semaine. Surtout, il se radicalise sur la voie de la criminalité ordinaire.

Il a 17 ans; des aînés le repèrent et l'entraînent dans leurs combines. Avec leur bénédiction, il devient maquereau. Une fille tapine pour lui dans le quartier de l'Opéra, dans le 1er arrondissement de Marseille.

C'est aussi à cette époque qu'il rencontre Noëlle Borel, son premier amour. Le Belge est colérique, infidèle, mais leur relation tient le coup.

Francis sait profiter de son charme naturel, de sa prestance, son aisance verbale et sa belle gueule pour amadouer les filles et impressionner les hommes. Il est vite respecté et, dans la corporation des proxénètes, il gagne rapidement ses lettres de noblesse. Cela lui vaut – insigne honneur dans le monde des voyous – d'être épinglé au tableau de l'Évêché, le célèbre commissariat central de Marseille. Autrement dit, Le Belge fait ses armes dans la carrière. Peut-être un peu trop vite, un peu trop brillamment.

La police ne l'entend pas de cette oreille : il faut bien de temps en temps faire régner un peu d'ordre, même au sein de ce monde interlope, opaque et difficilement contrôlable qu'est celui de la délinquance. Nous sommes en 1965. Francis tombe pour la première fois pour « proxénétisme aggravé ». Direction la prison des Baumettes, où il passe 15 mois.

À sa sortie, il est accueilli au quartier comme une vedette locale. Il devient le chef d'une bande comptant une petite dizaine de membres, parmi lesquels son plus proche lieutenant, Antoine

Cossu, dit « Tony l'Anguille », qui est également son beau-frère. Les noms de ses autres comparses ? Robert Di Russo, Charles Filippi, Victor Funenia, Émile Chessa, Sebastiano Denartis, Émile et Jean Pardo, Daniel et Gérard Alesso... une joyeuse troupe prête à tout pour se faire respecter. Mais le monde des petites frappes ne suffit pas à l'ambition du Belge. Le gamin veut plus.

Pourtant, son ascension dans la carrière va connaître un nouveau contretemps.

Le 26 octobre 1966, alors qu'il est tranquillement en train de siroter un Pastis au comptoir du bar de la Gaieté, en plein cœur de la Belle de Mai, Antoine Cossu est aperçu par deux hommes du Groupe de répression du banditisme. Il est alors sous le coup de cinq mandats d'arrêt – rien que ça. Les deux policiers l'interpellent et cherchent à lui passer les menottes. Tony l'Anguille se débat. Entre son clan et la loi, Le Belge a choisi depuis longtemps. Il vient à la rescousse de son lieutenant, bientôt suivi de tous les hommes du quartier qui croient à une altercation et entendent défendre leur territoire.

Les coups fusent. Le bar de la Gaieté est dévasté.

Tony essaie de fuir. L'un des policiers sort son revolver et le braque. Il le somme d'arrêter. Il tire. La balle termine sa course dans le dos de L'Anguille. La fureur des jeunes de la Belle de Mai est décuplée par la blessure infligée à Tony. Les deux agents se replient et vont chercher du renfort à l'Évêché. Quelques minutes plus tard, Le Belge et ses acolytes sont retrouvés et arrêtés.

Le 15 juin 1967, le verdict tombe. Francis hérite de nouveau d'un an de prison pour coups et blessures.

Pendant sa peine, son père meurt et Noëlle donne naissance à une fille, Sylvie. Parce qu'il avait toujours dit ne pas vouloir d'enfant, il ne reconnaîtra pas la petite qui portera donc le nom de sa mère. Il continuera, cependant, de subvenir à ses besoins. L'univers du Belge se reconfigure. Il devient « adulte ».

26 février 1968 : Vanverberghe n'a que 22 ans. Sa précocité est remarquable : il fait déjà son entrée au Fichier spécial du grand banditisme. Sa fiche est assortie de la mention : « individu dangereux vivant du vol et du proxénétisme ». On peut d'ores et déjà le considérer comme un caïd. Il recrute de nouvelles têtes (et de nouveaux gros bras), des marginaux qui lui sont parfaitement dévoués : Michel Hadjilouloudes, Albert Franconi, Nonce Ashiero, Noël Filippi.

Le « contretemps » de l'incarcération s'avère finalement un raccourci. Car le fait d'arme du Belge a été remarqué en haut lieu. La manière dont il s'est opposé, sans peur, sans scrupule, aux flics pour protéger l'un des siens, montre qu'on peut compter sur lui.

C'est un type réglo et un dur. Dans la logique du Milieu, ces qualités inspirent confiance. À sa sortie, il reprend ses activités et la tête de sa petite bande.

Un jour, il est approché par un porte-flingues aux ordres du plus célèbre des parrains du Milieu marseillais : Antoine Guérini.

— Petit, le patron veut te voir.

Pour Francis, cette intronisation est comme une promotion ; mieux : comme un adoubement. C'est le signe qu'il fait maintenant partie des hommes qui comptent dans le Milieu.

Les Guérini l'introduisent alors auprès de deux autres figures légendaires de la criminalité : Le Belge s'associe dans un premier temps avec Jacky Imbert, dit « Le Mat ». Ce dernier est un ancien jockey et assureur, qui s'est notamment fait un nom en dirigeant le Bus Palladium, une boîte de nuit parisienne bien connue; puis, c'est avec l'illustre Gaétan « Tany » Zampa que Francis s'acoquine.

Zampa et Le Mat, ensemble, prennent en quelque sorte Le Belge sous leur aile. Leur propre domaine d'action ne se limite pas, en effet, à la région marseillaise. Pour le déniaiser, ils emmènent Francis à Lyon, puis surtout à Paris, où les deux ont des affaires qui tournent pour eux. Et notamment du côté du quartier chaud de la capitale : du côté de Pigalle.

Leur quartier général est un lieu saint du banditisme et de la prostitution : c'est le fameux bar Les Trois Canards, un rade qui serait, selon certaines sources, la couverture d'un véritable bunker dissimulant au sous-sol une salle de torture pour y cuisiner les indics et les mauvais payeurs. Il arrive que certains désaccords se règlent à la tronçonneuse... Les mouchoirs imbibés de sang et autres instruments de dissuasion peu engageants y voisinent avec des grands crus classés de Bordeaux et de Bourgogne...

C'est dans ce cocon d'un genre particulier que Vanverberghe étend sa connaissance du métier et sa sphère d'influence. Il apprend quels sont les avocats sur lesquels on peut compter en cas de problème, où se réfugier, où se faire voir, et où surtout ne PAS se faire voir. Il noue des contacts avec la faune parisienne et avec son accent titi pointu, ainsi qu'avec des trafiquants étrangers. Son énergie, sa témérité et son QI au-dessus de la moyenne font merveille. Il apprend vite. Bientôt, il traite d'égal à égal avec ses deux mentors.

Nous sommes en 1972. À Marseille, les Guérini et le royaume qu'ils avaient savamment construits depuis la Libération sont tombés : Mémé, l'ami du maire Gaston Defferre, croupit en prison, laissant la ville en proie aux convoitises anarchiques de bandes rivales plus ou moins informes. Antoine quant à lui a été descendu pendant l'année 1967. La cité phocéenne est un champ de bataille à ciel ouvert. C'est le moment d'y remettre de l'ordre – c'est-à-dire d'y prendre le pouvoir.

Les trois associés le savent et ils investissent ensemble les lieux pour se partager le gâteau. Mais la concorde qui régnait entre eux, devant l'ampleur de ce nouveau marché à conquérir, éclate bien vite. Les ambitions du Belge sont incompatibles avec les réflexes de Zampa. Ce dernier entend bien que son autorité et son droit d'aînesse soient respectés.

L'amitié se mue en une rivalité nouvelle. Et, très vite, impitoyable. Si Le Belge et Le Mat restent liés, Zampa devient vite l'homme à abattre. Il est puissant, roublard, charismatique. Il connaît toutes les ficelles, tous les intermédiaires. C'est un ennemi redoutable. Surtout, il n'est pas à une embrouille près. Sur un deal d'héroïne, il escroque Le Belge de 600 000 francs.

— Si je ne vois pas la couleur de l'argent, il verra la couleur du sang, se jure Francis le Belge.

C'est le début de la bataille « historique ». L'affrontement sera sans merci. La suprématie sur la région est en jeu. La seule question qui court désormais dans les rues de Marseille est : Pour qui sonne le glas ?

Dans l'escalade de la violence, Tany Zampa est le premier à frapper. Il fait refroidir pas moins de six hommes du Belge. C'est beaucoup. Beaucoup trop. La guerre a atteint un point de non-retour.

La réplique du Belge ? On la connaît. C'est le fameux massacre du Tanagra.

Marseille est à feu et à sang. Malgré les passe-droits et les complicités tacites dont ils ont pu bénéficier, on ne peut plus désormais laisser les parrains régler ainsi leurs comptes au grand jour. Il en va de la sécurité publique. À la mairie, on commence à murmurer qu'il serait bien que les pouvoirs assurent la sécurité des citoyens. La légende du Milieu n'a tout de même pas tous les droits. Les forces de l'ordre se doivent d'intervenir et de mettre fin à ces crimes en cascade, dont l'opinion commence à s'émouvoir.

Le nombre des cadavres est proportionnel à la réaction de la police. C'est une règle d'or. Dans leur lutte aveugle, Zampa et Le Belge l'ont peut-être un peu perdu de vue… mal leur en a pris. Le coup de filet est implacable.

C'est à Paris que Le Belge se fait pincer. Il y est repéré en compagnie d'une jeune actrice : le beau gosse a toujours ses admiratrices. Transféré aux Baumettes, il doit en sortir en 1975… mais il est pris en charge le jour même de sa libération par des policiers qui le ramènent en cellule, inculpé pour un autre chef d'accusation.

Cette fois, c'est d'une affaire de trafic d'héroïne qu'il s'agit. Un intermédiaire américain à la langue bien pendue joue les repentis, et balance à tour de bras ses anciens partenaires ; accusé par ce dernier, Francis en prend pour douze ans. Cette fois, c'est la traversée du désert. La justice a rattrapé le beau gosse arrogant, et c'est un sévère coup d'arrêt dans l'ascension du minot devenu caïd.

On dit souvent qu'un malheur ne vient jamais seul ; pourtant, pour Le Belge, le sien est accompagné d'un réconfort de poids. Il ne sera pas dit qu'il a abandonné le terrain à son terrible rival Zampa. Car ce dernier est tombé lui aussi. Dans le quartier de haute surveillance, il croupit dans une cellule presque voisine de la sienne. Les deux truands vedettes se trouvent à quelques pas l'un de l'autre, mais séparés par des murs infranchissables. Peut-être se croisent-ils, en s'ignorant superbement, quand l'un entre au parloir, quand l'autre en sort. Peut-être, en soudoyant les matons, échangent-ils quelques mots, des menaces, des insultes, ou au contraire des signes de connivence, de complicité. « Bravo petit, tu t'es bien battu », du côté de Zampa. « On s'est quand même bien marrés », de celui du Belge.

Le Belge sort de prison en 1984. Zampa, lui, n'en sortira pas. Il y finira ses jours dans des circonstances étranges, soi-disant suicidé avec… une corde à sauter. Le parrain emporte ses mystères, et avant tout celui de sa mort, dont l'on conviendra qu'elle paraît bien improbable pour un homme de sa trempe.

Francis le Belge respire l'air libre en regardant la mer Méditerranée depuis la Corniche. Ses poumons sont gonflés par le souffle du mistral, et par de nouvelles ambitions. C'est un homme que la prison a changé. Il a beaucoup lu, et notamment… de la philosophie. Il a un rapport à la vie plus serein, plus assuré, plus calme aussi. Il a enduré la rétention, laissé retomber l'espèce de long rush d'adrénaline dans lequel il avait vécu les années qui ont précédé son arrestation. Non que la prison lui ait « servi de leçon », comme on dit parfois un peu bêtement. Certainement pas. Il ne regrette rien, et il a des projets pour l'avenir. Mais le jeune chien fou a fait place à un adulte affirmé, en quête de respectabilité, et pourvu de contacts auprès du show-biz et de la « haute ». Il aspire à fréquenter le grand monde, lassé de la seule promiscuité des voyous. La mode, le football, des lieux de prestige, c'est là maintenant qu'il souhaite évoluer. Et cet univers lui est ouvert.

Vanverberghe se rapproche du pays d'où lui vient son patronyme : il s'installe dans le nord de la France, interdit de séjour qu'il est dans la région PACA, mais aussi à Lyon et à Paris. Bienvenue chez les Ch'tis, monsieur Francis ! C'est depuis là-haut qu'il reprend la gestion des affaires et mène ses expéditions vers ses lieux d'activités. Ses hommes de confiance quadrillent les zones qui sont entre ses mains : pour un peu, le business tournerait presque sans lui ! À sa sortie de prison, il a retrouvé son cher associé et initiateur, Jacky le Mat. Ils ne sont jamais perdus de vue ; une fidélité rare les unit, dans ce milieu où les caïds se tirent la bourre et où les associations se défont aussi vite qu'elles se sont tissées, où les anciens partenaires deviennent souvent les plus redoutables adversaires. Entre eux, c'est du solide. Certains témoins de leur affection n'hésiteront pas à dire que l'aîné des deux était comme un second père pour Francis.

C'est que Le Mat a lui aussi un très, très mauvais souvenir de la guerre contre Zampa : sur l'ordre de ce dernier, il a été criblé de balles et laissé pour mort par un commando. Malgré ses blessures, il a survécu. C'est presque un miracle. Mais il a perdu l'usage d'un bras. Et il n'a pas fini d'assouvir sa vengeance, quitte à régler ses comptes avec un cadavre. À cracher sur des tombes. Et à ne pas oublier non plus de faire un sort aux lieutenants du parrain défunt.

Zampa n'est donc plus dans le paysage ; les compères s'allient pour se partager le gâteau : au Mat, Marseille, dont il n'a jamais lâché le contrôle ; au Belge, les Bouches-du-Rhône, où les boîtes de nuit, les bars, les cercles laissés en jachère après la disparition de Zampa ne demandent qu'à ce qu'un nouveau parrain leur mette la main dessus. Main basse, et main leste : ce pourrait être la devise de Francis le Belge, qui ne laisse presque rien échapper et s'annexe méthodiquement tous les commerces qu'il peut rafler.

Il s'est entouré d'une équipe de choc, constituée autour de Tony l'Anguille. Des types durs, violents, sûrs, discrets. Qui savent convaincre un boutiquier récalcitrant. Qui savent graisser les pattes à qui il faut. Qui savent aussi, et surtout, retrouver les anciens fidèles de Zampa, et leur faire payer les événements passés.

Avec Le Mat et Le Belge pour commanditaires, c'est alors une vraie chasse à l'homme qui se met en place. Les deux hommes s'en donnent à cœur joie. Entre 1985 et 1987, on dénombre une trentaine d'individus proches du clan Zampa liquidés. La région de Marseille redevient ce bain de sang, presque comme au moment de la bataille « historique ». Pourtant, la réaction de la police est cette fois fort différente : à l'Évêché, on s'accommode sans mal de voir le sinistre clan Zampa réduit à peau de chagrin. Bien sûr, il faut sauver les apparences et l'on affiche dans tous les commissariats, au tableau des individus recherchés, les visages de Jacques Imbert et de Francis Vanverberghe. Pour la forme, surtout. Car dans les faits, la traque n'est pas d'actualité. Et pourtant…

Pourtant, Le Belge tombe de nouveau. Il se pensait sans doute un peu tranquille, mais il n'a décidément pas de chance avec les repentis. C'est un peu le problème de ce monde-là, on ne sait jamais vraiment qui est susceptible de se mettre à table et quand. Ce qui est certain c'est que dans ce genre d'exercice, ceux qui parlent en savent toujours trop… Or, cette fois, c'est un certain Francis Scapula, un membre de la French Connection, qui est en train de balancer depuis Brooklyn, aux autorités, la moitié de la pègre américaine, et qui mouille au passage Francis dans des histoires de trafic d'héroïne. Il l'accuse avec des éloges, d'ailleurs, vantant son mérite, son travail consciencieux. Un vrai plaisir de travailler avec un gars comme ce Belge.

Nous sommes alors en 1988. À l'aéroport de Bruxelles, Francis le Belge, déjà bronzé, lunettes de soleil sur le nez et costume léger sous son imperméable beige, se prépare à passer le contrôle. Il fait volontiers un peu de charme à l'hôtesse qui enregistre ses bagages. Il voyage en première classe. Direction, le paradis pour riches (et fiscal) de Saint-Martin. On ne sait pas exactement ce qui lui vaut ce départ vers les Caraïbes. Vacances ? Volonté de se faire oublier ? Départ en cavale de celui qui sent le vent tourner ? Toujours est-il que quand les flics l'interceptent et lui demandent de les suivre, Vanverberghe fait mine de ne pas comprendre. Il est furieux. Quoi, encore ?

Cette réaction joue contre lui. Habitué à garder ses nerfs, cette fois il pète les plombs, insulte les policiers, clame que ça ne se passera pas comme ça. Pour un caïd de son genre, ce sursaut épidermique a de quoi étonner. Et pour cause. Il passera quatre ans en détention préventive. Tout ça pour être finalement relaxé, faute de preuves contre lui. Il est libéré en 1992, acquitté en 1996.

Mais l'affaire n'en reste pas là. Francis réclame des indemnités pour détention abusive, et les obtient. Il touche 85 000 francs. Il les offre à l'Abbé Pierre – mais ce dernier, bien sûr, les refuse. Peu importe, l'important était que ce geste soit remarqué, médiatisé. Le Belge se rêverait-il en philanthrope, en Robin des Bois moderne ? La vignette est trop belle. Opération com' tout à fait réussie pour le bandit honorable.

Francis commence à fatiguer. Il a envie d'un peu de calme. C'est bien beau d'accumuler le fric, mais encore faut-il en profiter un peu avant de sucrer les fraises. D'autant qu'il a une bonne raison de se ranger quelque peu : Lydie, sa femme.

On peut être un dur à cuire de la plus pure espèce et conserver au fond de soi, sous le gilet pare-balles et le portefeuille, un petit cœur fleur bleue. Le Belge se découvre romantique.

Lydie, il l'a rencontrée jadis au First, une boîte de nuit du 8e arrondissement de Paris pour millionnaires amateurs de belles plantes. La petite métisse d'Aubervilliers ne faisait pas partie du harem maison : elle s'occupait du vestiaire. Pour Francis, c'est le coup de foudre. Il s'ensuit une longue liaison, qui peu à peu devient une forme de vie commune – en tout cas quand Le Belge n'est pas en taule.

Enfin, Francis l'épouse. Lydie sera la fidèle des fidèles, celle des petits colis et des parloirs éplorés, celle qui contacte les avocats, gère le quotidien, assure le suivi des affaires du taulard, attend à la porte des quelques maisons d'arrêt où son homme a fait un séjour. Tout simplement, entre eux, c'est du sérieux. C'est une vraie histoire d'amour, en dépit du bruit et de la fureur que leur impose le style de vie du Belge.

Avec Lydie, Le Belge s'installe dans un grand appartement de la rue Lord-Byron, à deux pas du PMU de la rue d'Artois où, chaque après-midi, il va racheter leurs billets aux heureux gagnants du jour. Une manière comme une autre de blanchir l'argent pas très propre que lui rapportent ses participations à diverses combines, et notamment à celle des 150 machines à sous clandestines, réparties sur tout le territoire français, dont il est l'heureux bénéficiaire.

Car, si Le Belge éprouve quelque lassitude, il n'en a pas pour autant perdu la main. Beaucoup de ses plus proches amis sont tombés au cours de la guerre pour la possession et l'utilisation de ces boîtes métalliques qui ramassent le fric facile. Mais sur la foi de sa seule réputation, lui peut se permettre de continuer de les exploiter, et de placer ses hommes de confiance pour encaisser les dividendes. La passion du jeu lui remplit les poches, sans oublier ses nombreuses participations dans des établissements élégants, où la bouteille de champagne coûte 2 500 francs – et la fille 10 000.

Lydie lui a même fait prendre des parts dans le First, la boîte où ils se sont rencontrés et qu'ils continuent de fréquenter ensemble, comme un retour sur les lieux de naissance de leur histoire. Cet investissement, dont la valeur est pourtant surtout sentimentale, les conduira tous les deux en prison, en mars 2000, pour « prostitution aggravée ». Mais ils n'y font qu'un bref séjour. En sortant, ils retrouvent leur cocon de la rue Lord-Byron. Francis Vanverberghe reprend le cours de ses affaires, qui tournent à leur rythme, et qu'il gère comme un chef d'entreprise bien installé.

Pour le minot de la Belle de Mai qui s'est élevé à la force du poing, au culot et au courage, cette nouvelle vie semble bien paisible. Elle a des teintes de retraite dorée. De notabilité bien gagnée. Le Belge est désormais une institution, un vénérable « parrain » du Milieu. Il lui arrive même souvent de se déplacer seul, sans arme ni garde du corps. Il descend les Champs-Élysées, il se promène, prend l'air. Il n'a rien à craindre. Croit-il. Mais il ne se rend pas compte que les temps ont changé.

Derrière les truands « historiques », qui se veulent encore attachés à des règles de conduite, telles que le respect de la parole donnée, la solidarité du clan, l'aide aux familles des alliés tués pour la cause, se pointent des jeunes venus des cités ou des camps de manouches de la banlieue nord. Ceux-là n'ont pas forcément les scrupules de leurs aînés. Surtout, ils n'ont pas les mêmes codes, et la compréhension est difficile entre les deux écoles. La bataille pour la relève est engagée. Après quelques contacts sanglants avec les anciens qui tiennent encore fermement certains secteurs des grandes villes, les débutants s'organisent. Et ils ne font aucun complexe.

Dans la région parisienne, les Champs-Élysées sont depuis des années le lieu de rendez-vous des apprentis truands. Ils les ont d'abord envahis chaque samedi soir pour se faire mousser, se provoquer entre eux, et éventuellement effrayer un peu le bourgeois. Puis ils ont instauré leurs rackets dans les bars « américains » à hôtesses des rues adjacentes, et également investi des cabarets à touristes. Ces jeunes ont pour point commun d'être très largement armés : ils bénéficient des retombées du trafic d'armes dans les banlieues.

Leur arsenal est impressionnant. Aux 11.43, outil de base de tout truand qui se respecte, ils ont ajouté le fusil d'assaut à 27 coups et la grenade défensive. Ils ont aussi des munitions à la pelle. Ils veulent tous ressembler à Tony Montana dans *Scarface*, et un flingue leur donne à la fois une légitimité pour asseoir leur monopole entre bandes des quartiers, et un instrument de persuasion pour faire régner leur loi en centre-ville. Beaucoup de ces nouveaux caïds fricotent avec des vedettes du show-biz à qui ils servent de compagnons de soirée, de managers et de gardes du corps.

Francis le Belge n'était pas préparé à l'irruption sur la scène de la criminalité organisée de cette génération turbulente. Même l'assassinat, par des apprentis porte-flingues, de Claude Genova, l'un de ses amis, ne l'avait pas averti. Il s'est persuadé que ses acolytes expérimentés sauront vite canaliser la poussée de sève des gamins impétueux, et garantir sa sécurité. Le Cobra et Philippe le SS, ses lieutenants, lui répètent sans cesse de ne pas s'inquiéter. Avec l'âge, Le Belge a fini par se croire intouchable, hors du jeu ; à se persuader que le monde de la pègre le respectait et l'épargnerait : qui, après tout, oserait s'attaquer frontalement à celui qui a eu raison du clan Zampa ?

Il passe alors des soirées entières en compagnie de Jack le Mat, à boire entre vétérans d'une autre guerre, à refaire le monde et à se remémorer les grandes heures de leur épopée glorieuse. Jack, d'ailleurs, a en charge l'administration d'un certain nombre des night-clubs que détient Le Belge. Dans l'ombre, pourtant, et sans se soucier de leurs complaisances d'anciens combattants, le destin des jeunes loups s'accélère. Les meurtres se succèdent à une cadence infernale. Farid Saada, l'un des rares gangsters nouvelle mode parvenu à réunir une bande à peu près disciplinée, est déchiqueté par des balles de 11.43 et des chevrotines. En guise de réponse, Antonio Lagues, un tenace *old school*, subit le même sort.

Au fur et à mesure des rapports des indics, un nom s'impose avec insistance pour la police : celui de Boualem Talata. Cet homme qui serait un ami du comédien Djamel Debbouze convoiterait la place du Belge dans le commerce des machines à sous. Le pactole est conséquent, et Talata le sait bien. Il va employer les grands moyens : on dit alors qu'il a décidé d'user de tous les stratagèmes possibles pour subtiliser au Marseillais vieillissant son juteux trafic.

Le 25 septembre 2000, deux motards slaloment entre les voitures qui roulent au pas dans la rue d'Artois, à quelques mètres seulement des Champs-Élysées. Leur Honda Enduro, une grosse cylindrée, rugit à chaque accélération comme si elle enrageait de ne pouvoir faire étalage de toute sa puissance. Le conducteur et son passager ont des blousons de cuir et la visière de leur casque est teintée. Il fait beau. Il y a beaucoup de chemisettes et de corsages échancrés sur les trottoirs : l'été joue les prolongations.

15 h 10. La moto se range sagement le long du trottoir. En regardant les deux hommes qui la chevauchent, un passant qui a vu trop de films policiers se dit qu'ils ont l'air de tueurs en plein travail. Puis il rigole et s'éloigne. Les deux hommes mettent pied à terre. Ils ne prononcent pas une parole. L'un d'eux fait simplement à l'intention de l'autre un geste qui signifie : « C'est par là. »

15 h 12. Toujours casqués, les motards s'arrêtent 20 mètres plus loin devant l'Artois Club's, un PMU ultrachic de ce quartier du même métal. Le passager entre et se dirige sans hésiter vers l'escalier qui mène au sous-sol où les habitués, confortablement installés devant des boissons fraîches, suivent sur un écran télé une course qui se déroule à l'hippodrome de Saint-Cloud.

15 h 15. Fascinée par le spectacle, l'assistance ne remarque pas le motard casqué qui se dirige droit vers une table, tire un pistolet de sa poche et vise un homme qui vient de se retourner soudain vers lui. Malgré la moquette qui étouffe les bruits de pas, il a deviné la présence de l'inconnu. Il tente de se cacher le visage. Trop tard. Sept coups de feu claquent. L'amateur de courses s'effondre tandis que ses voisins - dont l'un est blessé - se jettent à terre. Le motard regarde le mourant agité de soubresauts, se place bien au-dessus de lui, et lui explose posément la tête de deux autres balles.

15 h 17. L'autre motard, resté en sentinelle près de la porte d'entrée, se rue vers la Honda. Son compagnon saute peu après derrière lui. Il a toujours son arme à la main et en menace le

petit groupe de gens qui vient de sortir du PMU. Il ne tire pas. La moto fait demi-tour et disparaît très vite dans une petite rue proche. Le passant avait raison : il avait bien vu des tueurs. Des vrais. Et pas n'importe lesquels : leur contrat, ce jour-là, c'était de supprimer l'une des légendes de la pègre, Francis Vanverberghe, dit Francis le Belge, 54 ans, sorti vivant de mille pièges infiniment plus dangereux et tombé bêtement par ce bel après-midi de septembre, parce qu'il se croyait peut-être invincible.

Un mois après l'exécution du Belge, Talata a droit au même funeste traitement. L'enquête conclut que la mort de Francis Vanverberghe n'a aucun lien avec celle de l'homme qui était pourtant l'ennemi déclaré du « parrain ». Rideau.

LE GANG DES LYONNAIS

DIX ANS D'AUDACE

Le Gang Des Lyonnais

Au cours des décennies 60 et 70, Lyon est devenu la capitale du grand banditisme en France. Une véritable guerre de domination entre Lyonnais et Grenoblois fait rage. Des grands parrains se partagent les activités criminelles et leurs revenus. Bref, la région est dominée d'une main de fer par quelques caïds de très grande carrure. Tout aurait pu être pour le mieux dans le meilleur des mondes criminels possibles. Cependant, un groupe de jeunes voyous, venus des quartiers populaires de l'agglomération lyonnaise, va venir semer le trouble dans ce fragile équilibre. Déterminés à se payer leur place au soleil, quelques jeunes gens, petites frappes jugées sans envergures, montent l'une des bandes les plus efficaces de la fin du siècle. Ces « petits cons » commencent très vite à faire parler d'eux et à poser des problèmes aux grands du Milieu. En quelques années, ils grimpent les échelons de la grande truanderie. Il faut dire qu'ils vont perpétrer l'un des casses les plus spectaculaires de ce dernier tiers du XXe siècle et ainsi se faire un nom qui brillera longtemps au firmament des braqueurs : le gang des Lyonnais.

Le gang des Lyonnais est constitué à l'initiative de Pierre Pourrat, dit Le Docteur, dit Le Vieux, dit Pierrot la Chourave ou encore Le Directeur, et de Johanny Chavel, dit Le Gros Jeannot.

Le Docteur, né en 1927, abandonné nourrisson par sa mère, a écumé les rangs de l'Assistance publique, avant d'être accueilli par des familles de paysans, pour lesquels il travaille. À 11 ans, affamé, il vole un peu de nourriture chez un fermier qui l'attrape et lui détruit un rein à coups de pioche. Il passe quelque temps en maison de correction. Pourrat entre dans le Milieu par l'intermédiaire de Pierre Rémond, dit Nonœil, l'un des plus gros braqueurs de Lyon, qui finira exécuté en 1969.

Le Gros Jeannot, de dix ans son cadet, est né à Villefranche-sur-Saône. Il a fait la guerre d'Algérie, et revient avec le grade d'adjudant-chef. Un fois rendu à la vie civile, il devient représentant de commerce ; il vend des bijoux et des chaussures de grands couturiers. Mais le frisson des assauts guerriers lui manque. Gros Jeannot est un homme d'action. Aussi, dès le milieu des années 1960, il participe à de nombreux braquages. Il est finalement arrêté pour avoir percé des coffres-forts. Fiché au grand banditisme, Johanny Chavel sort de la prison Saint-Paul en 1969. Son séjour derrière les barreaux l'a aguerri. Il est maintenant prêt à tout pour réussir dans le Milieu. Très vite, il entre dans l'équipe de Claude Guerry, dit Petit Claude, avec lequel il forme le gang de la vallée de la Saône, un groupe renommé de braqueurs de banques et de bureaux de poste de la région caladoise. Chavel quitte Guerry après quelques coups seulement. Il est persuadé que l'indiscrétion de Petit Claude le fera tomber un de ces jours. Guerry sera abattu devant son bar pendant la vague d'exécution qui suit l'assassinat, par Chavel et ses hommes, du parrain lyonnais Jean Augé.

Lorsqu'ils se rencontrent, Pourrat et Chavel sont tous les deux à la recherche d'une équipe efficace avec laquelle monter des coups. Les deux hommes sont complémentaires, prudents. Ils réussissent quelques jolis coups en duo, mais s'aperçoivent que, pour atteindre leurs ambitions réelles, ils ont besoin d'hommes supplémentaires. Des hommes fiables.

— J'avais un codétenu en taule, un manouche. Suis sûr que c'est le genre de gars qu'il nous faut, lance Chavel à Pourrat.

— OK, mais on le trouve où ton manouche ?

Chavel sourit :

— Il est en cabane, à Saint-Paul. Mais il sort bientôt. J'irai le chercher.

C'est ainsi que les deux hommes s'adjoignent les services d'Edmond Vidal, dit Monmon Zieux-Bleus. Aussi, lorsque Monmon sort de prison en 1970, voit-il rappliquer son ancien camarade de cellule. Chavel se débrouille pour le retrouver le jour de sa sortie.

— Gros Jeannot ? Qu'est-ce que tu fous là ?

Chavel glisse un sourire entendu au jeune manouche et lui répond :

— T'inquiète, viens, je paie mon coup, j'ai un truc à te proposer…

Vidal écoute son ami lui raconter ce qu'il a en tête.

— Je suis en affaires avec un gars. On a fait deux, trois coups, mais on voudrait taper plus fort. On a besoin d'un chauffeur. Ça t'intéresse ?

L'homme au regard bleu éclate de rire :

— Putain Jeannot, à peine je sors de cabane que tu m'offres du boulot. Bien sûr que ça m'intéresse.

Edmond Vidal devient alors le chauffeur de ce qui deviendra le gang des Lyonnais. Les premiers braquages se déroulent sans accrocs. Chavel et Pourrat ont un numéro classique mais bien rôdé, et avec Monmon au cerceau, les flics n'ont qu'à courir… Le hic, c'est que Monmon a le sang chaud.

— Poireauter le cul dans la tire pendant que vous faites tout le boulot, ça me rend dingue, confie-t-il à Chavel.

— Ok, Monmon, je vais voir ce que je peux faire.

Chavel cherche alors un nouveau chauffeur. Des connaissances lui indiquent un type qui ferait très certainement l'affaire : Nicolas Caclamanos, dit Nick le Grec, une pointure. Il est fiché au grand banditisme depuis 1965. Il a participé au fameux casse de la bijouterie de Milan, en 1964, au cours duquel les braqueurs ont empoché plus d'un milliard de francs en bijoux. Il a l'avantage d'être un proche de Jean Augé, l'un des parrains de la région lyonnaise. Ce genre de relation peut toujours être utile. Après un passage obligé par la case prison, il s'achète un bar, Le Chalet, dans lequel se retrouvent certains grands noms du Milieu. Son sang-froid pendant les opérations est légendaire et lui vaudra, dès les premiers coups, l'admiration de Chavel et de Pourrat. De casse en casse, l'équipe s'étoffe peu à peu. En 1973, c'est Jean-Pierre Gandebœuf qui rejoint le gang des Lyonnais. Dit Christo La Guigne, Gandebœuf est bagarreur, il a collaboré avec Monmon avant d'être condamné à sept ans de prison pour tentative d'homicide au cours d'une altercation dans un bar. Plus tard, le groupe s'agrandit encore, jusqu'à comporter une quinzaine de membres, parmi lesquels Pierre Zakarian, dit Pipo, un fidèle ami de Monmon, Michel Silmetzoglu, dit Michel le Grec, le rigolo de la bande, proche du grand frère de Monmon, et Jean-Pierre Mercarian, un ami d'enfance d'Edmond Vidal.

L'ambition de Johanny Chavel est simple. Depuis sa sortie de prison, il ne désire qu'une chose : un très gros coup, qui le fera entrer dans la légende. Son but : organiser le casse parfait, millimétré, sans bavures. Mais pour ça, il faut se faire la main. Il faut que son équipe soit au point. Alors, en bon militaire qu'il a été, il sait que rien ne vaut l'exercice grandeur nature. Les bons soldats doivent avoir connu les grandes manœuvres avant d'aller au feu.

Le 23 décembre 1970, à Chambéry, cinq hommes vêtus de blouses bleues semblent affairés autour d'une plaque d'égout. Que font-ils devant le bureau de poste ? Nul ne le sait. Encore des employés municipaux, venus à cinq pour faire le travail de deux, doivent penser les mauvaises langues qui passent à leur côté. Drôle d'endroit tout de même. Ils n'ont pas l'air d'avoir d'outils. Leurs sacoches, quoique pleines, sont fermées... Ils semblent discuter de la meilleure manière de faire on ne sait quoi. L'un d'eux parle plus fort que les autres. Le contremaître sans doute. Tout à leurs bavardages, les hommes semblent ne pas prêter attention à l'arrivée du fourgon blindé venu récupérer l'argent de la poste. Les convoyeurs passent à côté de ce petit groupe d'inoffensifs ouvriers et pénètrent dans le bureau de poste. Lorsqu'ils en ressortent, quelques minutes plus tard, les cinq types sont toujours là. Ils rigolent, ont l'air détendus. Les convoyeurs arrivent à la hauteur du petit groupe d'ouvriers. Soudain, le plus massif d'entre eux lance : « Bougez-pas, et filez-nous les sacs. » Les pauvres transporteurs de fonds n'ont rien vu venir. Ils se trouvent face à cinq hommes armés jusqu'aux dents et menaçants. Pas le temps de réagir, ils n'ont qu'à s'exécuter. Pas un coup de feu n'est échangé. Les faux ouvriers viennent de se faire une paie de ministre. Ils quittent les lieux sur les chapeaux de roue à bord d'une camionnette. Ils viennent d'arrondir leur fin de mois de la somme rondelette de 2 200 000 francs. Le petit groupe abandonne le véhicule rapidement et quitte la région en train, en direction de Lyon.

Le gang des Lyonnais affûte sa technique. Les jolis coups, réussis sans bavure, aiguisent leur appétit. Sans doute le temps est-il venu de commencer à chasser le gros gibier.

Chavel a une nouvelle cible. Une grosse. Un coup qui pourrait se révéler extrêmement juteux s'il en croit ses informations : l'Hôtel des Postes de Strasbourg. Mais, pour qu'elle soit réussie, l'opération doit être minutieusement préparée. Au détail près. Rien ne peut être laissé au hasard. Tout risque inutile doit être proscrit. Aussi, les préparatifs vont-ils durer plus d'une année. Avec l'argent amassé au cours des derniers mois, les hommes peuvent se concentrer sur un seul et unique coup. Première chose à faire, trouver une planque à Strasbourg. Un lieu de rassemblement où préparer tranquillement l'affaire. Nick le Grec dit à Chavel :

— Augé est en dette avec moi. J'ai pris du gnouf pour une affaire de putes. Et je sais qu'il a une piaule à Strasbourg. Il devrait nous la passer le temps qu'on monte le coup.

Chavel accepte que Nick aille voir le parrain lyonnais pour lui demander de l'aide. Nick entre en contact avec Augé qui réfléchit.

— Et moi, j'y gagne quoi ?

Nick s'agace :

— Écoute, Jean, tu peux bien faire ça pour un copain, non ? Si le coup réussit, on te renverra l'ascenseur.

Jean Augé finit par accéder à la requête de Nicolas Caclamanos.

Toute la bande n'est jamais ensemble, au même moment, à Strasbourg. Chavel a été très précis là-dessus :

— Faut qu'on se relaie. Pas qu'on voit toujours les mêmes têtes rôder autour de l'Hôtel des Postes. On va tourner, en binôme. Une semaine pour chaque. Et les mecs, faut pas chômer. Je veux tout savoir.

Les repérages sont minutieux, dignes de certaines opérations policières ou militaires.

— Michel, t'as relevé les heures d'arrivées des convoyeurs ?

Michel le Grec acquiesce.

— Bon, maintenant, est-ce que t'es foutu de me dire si c'est toujours les mêmes ou pas ?

Réponse négative du Grec.

— Ben t'as intérêt à me vérifier ça. Et une fois que tu les auras repérés, je veux que tu nous fasses un topo complet sur leur identité. Qui ils sont, où ils habitent, s'ils ont des femmes, des gosses, des belles-mères ou des clébards. Vous les filez, vous regardez où ils vont, ce qu'ils font. Je veux tout savoir compris ?

Au fur et à mesure de la préparation, les informations s'accumulent, s'affinent.

— C'est quel jour qu'ils embarquent le plus de sacs ? Quel jour de la semaine ? Quel jour du mois ? Si on veut taper fort, faut y aller le jour où il y a le plus d'oseille.

Tout est observé à la loupe. Nick se charge de baliser les itinéraires de repli. Il fait des simulations, sillonne la ville en voiture afin de trouver les meilleurs chemins. Il leur en faut plusieurs. En cas de pépin, ils ne peuvent pas se permettre de se retrouver coincés par un barrage ou n'importe quel autre obstacle imprévu.

Toutes les variables extérieures maîtrisées, il faut à présent s'intéresser au bâtiment.

— Tiens, je le connais pas celui-là, se dit l'un des postiers en voyant un collègue déambuler dans les couloirs.

Et pour cause. Edmond Vidal dit Monmon Zieux-Bleus n'a jamais fait partie de la noble administration des Postes. Pas plus que les deux Grecs, Michel et Nick. Pourtant, eux aussi vont être vus en uniforme de postier, visitant les moindres recoins du bâtiment. Ils fouinent, l'air de rien, toujours parfaitement détendus, comme de bons fonctionnaires s'acquittant de leur tâche. Leurs visites leur permettent d'établir un plan précis des lieux.

— Gros, j'ai trouvé ce qu'on cherchait, s'écrie Pourrat. Il y a une porte qui donne sur l'extérieur, à l'arrière du bâtiment.

Chavel jubile. La chance est mère des grands braqueurs...

— Mais elle est condamnée. Si on arrive à l'ouvrir, aucun problème pour l'utiliser au moment du casse. Faudrait qu'on réussisse à la fracturer d'une façon ou d'une autre.

Gros Jeannot ne réfléchit pas longtemps.

— Je crois que j'ai une idée. Pas compliquée, et on va bien se marrer.

Vers la fin du mois de juin 1971, trois hommes en bleu de travail se présentent à la direction de la Poste. Le plus gros des trois hommes explique à l'employée :

— On nous a demandé de vérifier les serrures du bâtiment. Paraît qu'elles sont vieilles et pas très sûres.

La jeune femme confirme :

— Oui, c'est rien de le dire. De toute façon, tout part en sucette dans cette baraque.

Le plus naturellement du monde, Chavel, Monmon et Pourrat entament leur travail de vérification. Il faut les voir, l'air sérieux et professionnel, regarder chacune des portes, vérifier chacune des serrures. Parvenus enfin à la porte qui les intéresse réellement, les trois hommes se mettent en action. Ils retirent la serrure et la changent, mettant à sa place un verrou dont ils ont la clé, et dont ils ont préalablement limé le numéro de série. Personne n'a rien vu. Les trois hommes repartent. Gros Jeannot lance au passage un clin d'œil coquin à la jeune femme qui les a accueillis. Tout est fin prêt pour le casse.

L'opération aura lieu le 30 juin 1971. C'est en effet le dernier jour du mois que les transferts sont les plus importants. Pourquoi se priver ?

Ce jour-là, à 9 heures du matin, cinq hommes descendent d'une camionnette, garée à l'arrière de l'Hôtel des Postes. Il s'agit de Monmon, Pourrat, Chavel, Roland L. et Paul D. Les cinq hommes sont habillés de blouses grises. Ils franchissent la porte dont ils avaient préalablement changé la serrure. Enfin, ils prennent position dans le bâtiment, sur le chemin qu'empruntent habituellement les convoyeurs pour se rendre à la salle des coffres.

Chavel, Roland et Paul se cachent. Ils ne doivent pas être vus. Monmon et Pourrat, quant à eux, dressent une échelle sous une ampoule. Pourrat monte sur l'échelle, et dévisse l'ampoule. Une demi-pénombre s'installe dans le couloir. Les hommes regardent leurs montres. D'après les relevés d'horaire très précis révélés par des mois d'observation, les convoyeurs ne devraient pas tarder à arriver. Le moment est venu. L'action peut commencer. Les truands camouflent leurs visages derrière des foulards ou des cagoules. Ils sont prêts. Cinq minutes plus tard, le fourgon blindé en provenance de la Banque de France se gare devant l'Hôtel des Postes. Cinq convoyeurs armés en sortent avec huit sacs dans les mains. Ils sont escortés de deux policiers qui les attendent à l'intérieur du véhicule. Une voiture de police avec quatre fonctionnaires à son bord escorte également le fourgon. À cette époque, les agents de police ne sont pas autorisés à pénétrer dans un bâtiment de la Poste. Les Lyonnais le savent : les seules personnes capables de les menacer réellement n'ont pas le droit d'entrer. Le sort est parfois ironique. Sur le chemin menant à la salle des coffres, les cinq convoyeurs passent devant les deux ouvriers, ils n'y prêtent aucune attention particulière. Puis, passant devant un renfoncement de la paroi du couloir, ils sont surpris par les trois hommes cachés, qui leur tombent dessus armés de mitraillettes et de pistolets automatiques.

— Allez, c'est fini les pélos, on lâche les sacs tout de suite et on les donne à maman !

Les convoyeurs n'ont pas le temps de se défendre ou de prévenir les policiers en couverture. Ils n'ont d'autre choix que de s'exécuter immédiatement. L'œil noir des sulfateuses est un argument plus que suffisant. Les employés qui ont entendu les cris des braqueurs n'osent s'approcher.

— Allez, les sacs, bordel !

Les convoyeurs posent les sacs à terre, lèvent les bras. Alors que Chavel tient tout ce petit monde en joue, ses quatre acolytes s'emparent des sacs. Deux chacun. Huit beaux sacs rebondis et pleins de bon argent. Les Lyonnais repartent à grandes enjambées en direction de la porte arrière. À l'extérieur, Nick le Grec les attend à bord d'une estafette. Il a le pied sur l'embrayage, prêt à partir. Chavel est le dernier à monter dans le véhicule. Il a pris le temps de fermer la porte à clé et de glisser un emballage de bonbons dans la serrure pour retarder les inconscients qui auraient la mauvaise idée de les suivre. Nick le Grec démarre en trombe. Les policiers stationnés de l'autre côté du bâtiment ne sont pas encore informés du braquage. Lorsque la nouvelle leur parvient, les Lyonnais ont déjà mis pas mal de distance entre eux et leurs éventuels poursuivants. Les cinq hommes abandonnent l'estafette quelques kilomètres après la sortie de la ville.

— On va balancer le bahut à la flotte, suggère Chavel.

— Dans le Rhin ? Mais ça va être superdur, regarde, le sol est gorgé de flotte.

— Fais ce qu'on te dit, Nick.

Les hommes poussent, et poussent encore, mais l'estafette s'embourbe. Pas moyen de la faire bouger.

— Bon, on a assez perdu de temps. On se taille.

Les hommes se scindent en deux groupes, prenant chacun une voiture relais. Deux gros breaks. L'un part vers Valenciennes, l'autre vers Béthune. La fuite également a été minutieusement préparée. Pas question de regagner Lyon dans la foulée. Les deux véhicules, à distance raisonnable, entrent en Allemagne. Puis, faisant de nombreux détours par les petites routes, gagnent les Vosges. Chavel et ses comparses atteignent Lyon le 1er juillet vers 10 heures du matin. Vingt-cinq heures à peine après le casse. Lorsqu'ils se retrouvent pour se partager le butin, la surprise est de taille. Certes, Chavel les avait prévenus, ça allait être un très gros coup. Mais lorsqu'ils ont fini de compter les billets, ils ont conscience de l'énormité de ce qu'ils viennent de faire. 11 680 000 francs, probablement l'un des plus gros casses de l'histoire !

Les policiers sont perdus, ils n'ont aucune piste et ne savent pas par où commencer leur enquête. Leurs barrages routiers, s'ils ont bloqué la circulation dans toute la ville pendant la journée du 30 juin, n'ont pas permis d'arrêter les bandits. Les rondes des hélicoptères au-dessus des frontières non plus. Dans le bâtiment, les enquêteurs trouvent un foulard jaune perdu par un des braqueurs en fuite. Trois camionnettes volées depuis plusieurs semaines sont retrouvées aux alentours de la Poste, mais les policiers n'y dégottent aucun indice autre que des éléments permettant de relier les vols entre eux. Ces estafettes de secours avaient été placées là par les Lyonnais au cas où ils auraient besoin de changer de véhicules ou de se diviser pour s'échapper.

Le lendemain, l'affaire fait la une des quotidiens du pays. C'est le « hold-up du siècle ». Sous la pression de l'opinion publique et des journalistes, les enquêteurs reçoivent l'ordre de trouver les auteurs du braquage, et des moyens impressionnants sont mis à leur disposition. Vu le déroulement de l'attaque, ils pensent tout d'abord à des complicités à l'intérieur de l'établissement. En quelques semaines, plus de 1 500 postiers sont interrogés. Une prime de 100 000 francs est même promise à quiconque apportera la moindre information sur les braqueurs. Des postiers décrivent les trois hommes qui se sont fait passer pour des serruriers quelques jours avant le braquage. Les policiers peuvent établir des portraits-robots. Certains témoins précisent que des malfaiteurs avaient un fort accent marseillais, mais cette information ne mènera nulle part : les Lyonnais ont en fait imité l'accent du Sud pour brouiller les pistes.

L'organisation de l'opération amène néanmoins les policiers à trouver des similitudes avec le braquage de Chambéry commis un an et demi plus tôt et d'autres casses plus récents réalisés dans l'est de la France, notamment à Lagnieu, Roanne, Vienne et Bourg-en-Bresse. L'utilisation de camionnettes généralement volées de longue date, les blouses et les foulards, la préparation minutieuse, l'action de style commando, l'efficacité et le sang-froid des braqueurs, la violence mesurée destinée davantage à impressionner, tout pousse les policiers à croire qu'il s'agit d'une seule et même équipe.

Au début du mois d'août 1971, l'équipe prépare le casse d'une banque à Bourg-en-Bresse. Selon leurs habitudes, ils ont garé depuis quelques jours une camionnette volée à proximité d'une banque. Malheureusement, ils s'aperçoivent que celle-ci a été repérée par une compagnie de CRS qui semble attendre ses « propriétaires ». La camionnette contient tout le matériel nécessaire à un casse (armes et vêtements) mais les Lyonnais savent pertinemment qu'ils ne peuvent rien récupérer.

— Chavel je vais appeler les flics pour la camionnette.

Gros Jeannot rigole :

— Tu vas porter plainte pour vol ?

Vidal répond le plus sérieusement du monde :

— Elle est truffée de matériel, l'estafette. Imagine que des gamins un peu turbulents l'ouvrent et tombent sur toute la quincaillerie. Et puis de toute façon, l'opé' est foutue, ça fait plusieurs jours que les flics surveillent la camionnette.

Chavel hausse les épaules.

— Ouais, t'as sûrement raison. Mais sois prudent. Te fais pas repasser sous prétexte que t'as voulu jouer Mère Teresa !

Monmon décide alors d'appeler la police, comme une provocation. Pendant son appel, il prend même le temps d'expliquer aux policiers que l'équipe peut se permettre de ne pas réaliser ce casse :

— On a assez d'argent pour quelque temps.

Le 11 août, à Dole, les Lyonnais attaquent un bureau de poste selon le même *modus operandi* qu'à Strasbourg. Les enquêteurs, avec à leur tête le juge Renaud, empilent petit à petit les informations sur les différents casses attribués au gang des Lyonnais, une équipe composée d'hommes venant principalement de Décines. Ils ont quelques noms, mais doutent sérieusement que ces petits malfrats soient capables d'organiser des opérations d'une telle envergure…

Les Lyonnais se laissent quelques mois de repos après cette année et demi de travail acharné. Ils ne reprennent leurs activités que le 5 février 1972. Mais ce jour-là, l'opération ne se déroule pas comme prévu. Il est 19 h 30. Pipo, Monmon, le Gros Jeannot et Michel le Grec sont sur le parking du magasin Carrefour de Vénissieux. Nick le Grec est dans une camionnette, face à l'entrée du magasin, attendant la sortie des trois convoyeurs.

Le premier des trois hommes monte dans le fourgon, alors que le deuxième s'en approche. Nick le Grec donne alors le signal en allumant ses feux de croisement. Mais il s'est trop précipité. Lorsque Chavel s'approche du deuxième convoyeur et sort son fusil à pompe de sa veste, le troisième qui arrive juste derrière lui, tire cinq balles de 9 mm. L'une d'elles atteint Gros Jeannot à la jambe. Monmon réplique en tirant dans le pare-brise du fourgon tandis que Pipo s'occupe du convoyeur près du fourgon et le déleste de deux sacs. Monmon et Michel le Grec récupèrent Chavel, à terre, et le montent dans la voiture. Nick quitte le parking à toute allure. L'opération n'a duré que trois minutes et a rapporté 1 700 000 francs. Mais cette fois-ci, Chavel est entre la vie et la mort.

Choqué par le déroulement de l'opération, délirant sous le coup de la douleur, Chavel est persuadé qu'il va mourir.

— Les mecs, vous me cloquez à la campagne hein ? Vous faites un trou bien profond, faut pas qu'on me retrouve. Faut pas qu'on puisse remonter jusqu'à vous.

Mais Monmon le rassure :

— Reste avec nous. On va te soigner, Gros ! T'en fais pas.

L'équipe se replie à Villeurbanne, dans un petit appartement de la rue Tête-d'Or. Là, Monmon fait jouer ses relations et joint un médecin, qui vient aussitôt. Il opère Chavel pendant toute la nuit. Gros Jeannot est sauvé.

— Fais tomber trois cents sacs au toubib, lâche faiblement Chavel à Monmon. Il les a bien gagnés.

Mais dans le Milieu, les Lyonnais font des envieux. Gagner autant d'argent en si peu de coups fait jaser, même les professionnels du crime. Quelques mois plus tard, en novembre 1972, un indic' donne à la police les noms d'Edmond Vidal, de

Johanny Chavel et d'un dénommé « Patrick », comme étant les chefs de l'équipe qui a réalisé le casse de l'Hôtel des Postes de Strasbourg. Un peu plus tard, en mai 1973, un détenu explique aux policiers que « Patrick » n'est autre que Pierre Pourrat, le cerveau du gang des Lyonnais. À Décines, les hommes qui gravitent autour de Patrick, les frères Vidal, Gandebœuf, Silmetzoglu, Pipo Zakarian et Georges Manoukian, sont pris en filature vingt-quatre heures sur vingt-quatre. Pour la police, la différence entre leur statut de chômeurs et leur niveau de vie est très suspecte. Pipo et Monmon fréquentent les boîtes de nuit et les grands restaurants de la région, et flambent au casino de Charbonnière. Ils investissent dans l'immobilier, en achetant un très confortable chalet dans la station de ski de Chamonix. Sous couvert de tranquilles vacances d'hiver avec leurs femmes et leurs enfants, les Lyonnais partent souvent en pleine nuit à l'autre bout de la France pour revenir dans la journée du lendemain reprendre leurs activités sportives et sauver les apparences. Chavel, quant à lui, s'est offert le château de Fléchères, dans l'Ain, où il organise une somptueuse réception en juillet 1973. Policiers et truands s'y côtoient, le temps de partager un repas composé par le chef cuisinier Paul Bocuse.

La réussite du gang des Lyonnais attise les jalousies, et nombreux sont les hommes du Milieu qui veulent profiter de cette manne financière. Et en premier lieu Jean Augé, dit Petit Jeannot, le parrain du crime à Lyon. Ancien d'Algérie, Augé est aussi connu sous le surnom moins sympathique de Jeannot la Cuillère, pour la dextérité avec laquelle il utilisait cet accessoire pour torturer et énucléer ses victimes. Il en veut à ces jeunes voyous de ne pas l'avoir remercié pour son concours lors du braquage de la Poste de Strasbourg, et souhaite les punir à sa façon. Mais il sous-estime les capacités du gang des Lyonnais. En 1973, Louis Nemoz, dit Pépé, bras droit du Petit Jeannot, négocie avec Nick le Grec un prêt pour son patron. Augé voudrait acheter de la drogue, il a une commande, il remboursera vite. Monmon et Chavel, sans trop réfléchir, font confiance à Augé et sont d'accord pour sortir le jour même 2 500 000 francs, remboursables sous huit jours, « pas plus ». Huit semaines plus tard, les Lyonnais n'ont toujours pas revu la couleur de leur argent. Ils ont assez attendu. Chavel et Monmon vont trouver Augé, et lui demandent de payer sa dette immédiatement. Le Petit Jeannot s'explique maladroitement :

— Vous comprenez, fistons, la drogue a pris l'eau pendant la livraison. De l'héroïne qui a pris la flotte, c'est invendable ! Je vais trouver l'argent rapidement, ne vous inquiétez pas.

— On te laisse huit jours, mais déconne pas avec nous.

Quelques jours plus tard, Monmon et Chavel apprennent que le Petit Jeannot vient juste de s'offrir un bar, Le Jihn's, rue Grolée, dans le 2e arrondissement de Lyon. C'en est trop pour Chavel. Le 15 juin, une camionnette est garée dans le parking du Sporting Club. À son bord Monmon, au volant, Pipo Zakarian, et Chavel. Quand il aperçoit Jean Augé portant une tenue de sport, une raquette de tennis dans la main, Zakarian ouvre la portière, pointe son 11.43 en direction du parrain, et tire. Augé s'effondre. Chavel s'éjecte de l'estafette et court vers l'homme agonisant. Il l'exécute de deux balles tirées à bout portant, en pleine tête. Monmon démarre, et embarque son chef. Parrain ou pas, on ne vole pas impunément les plus grands voleurs de la décennie.

Dans les mois qui suivent cette tragique soirée, l'esprit de groupe des Lyonnais s'effrite. Chavel est en proie à de violentes crises de paranoïa. Il affirme à Michel le Grec, le seul à qui il voue une entière confiance, que ses associés veulent le trahir.

— Ils vont tous nous faire tomber, je te dis. Y en a pas un pour rattraper l'autre ! Alors c'est eux ou nous.

Il est persuadé qu'il doit les éliminer les uns après les autres, souvent pour des raisons farfelues : Pipo Zakarian ne serait pas assez discret, Pierre Pourrat attendrait une bonne occasion pour le balancer aux flics, Nick le Grec aurait trop de relations dans le Milieu pour rester fidèle au gang. Monmon passe beaucoup de temps avec Chavel, à tenter de le raisonner, mais il est trop tard, Le Gros Jeannot n'écoute plus personne. En octobre 1973, Michel le Grec vient trouver en toute hâte Monmon :

— Edmond, c'est devenu délicat avec Jeannot. Il passe son temps à dire que Patrick veut le descendre. Il m'a demandé de trouver son adresse pour le buter le premier, je sais pas quoi faire.

— Y a qu'une chose à faire, Nick, tu le sais bien.

Les membres du gang savent qu'ils n'ont plus le choix. S'ils veulent vivre libres encore quelque temps, ils doivent éliminer sans plus tarder cet illuminé de Chavel. Leur chef, celui qui les a fait passer du rang de petites frappes à celui de bandits réputés. L'homme qui en moins de trois ans a fait d'eux ce qu'ils sont devenus, ce même homme pourrait très bien les faire tous tomber en une seule journée. Ils montent alors un plan pour le supprimer, et c'est Michel le Grec et Monmon, ceux en qui il avait le plus confiance, qui se chargent de l'exécuter, le 18 octobre 1973.

Selon son souhait émis après le braquage du Carrefour de Vénissieux, Chavel est enterré à la campagne. Sa voiture n'est retrouvée que trois mois plus tard, sur un parking de l'aéroport d'Orly. Les policiers ne savent pas s'il a quitté le territoire français ou s'il a été liquidé par ses associés. Après la disparition de Chavel, Monmon voit monter l'influence de Nick le Grec dans le groupe. Le style va changer.

Parmi les enquêteurs, deux stratégies s'affrontent. La première est de tendre un piège aux Lyonnais, en les prenant en flagrant délit. La deuxième est de monter petit à petit des charges contre les membres présumés du gang et de les faire tomber un par un. Mais l'association de malfaiteurs est très difficile à prouver. Ils optent d'abord pour le flagrant délit, en concentrant leurs forces dans les établissements où les transferts de fonds se font de la même manière qu'à Strasbourg. Le commissaire Pierre Richard dispose de plusieurs centaines d'hommes pour ces opérations et des moyens de surveillance les plus sophistiqués de l'époque. Ils planquent pendant plusieurs semaines, à l'affût du moindre trouble, mais les Lyonnais n'attaquent jamais là où on les attend. Après ces multiples échecs, les inspecteurs décident de mettre en application le plan Puma, qui consiste à bloquer toutes les entrées vers Lyon, de mettre en état d'alerte 18 départements, dans lesquels les Lyonnais sont les plus susceptibles de frapper et de surveiller constamment le QG de l'équipe, le chalet de Chamonix. Mais le résultat est vain, les braqueurs les plus recherchés de France parviennent à sortir de la nasse, et braquent des banques à l'autre bout de la France, en Normandie notamment. Même si les policiers ont pu observer la présence de certains membres du groupe devant des bureaux de poste afin de repérer les lieux, les enquêteurs décident de mettre de côté la stratégie du flagrant délit. Les policiers savent que les Lyonnais veulent faire un gros coup, mais ils n'ont pas assez d'éléments pour savoir où.

Mais sous l'influence de Nick le Grec, le gang est passé à autre chose.

D'abord s'attaquer aux ennemis. Et en premier lieu, le juge François Renaud. Surnommé Le Shérif, le juge Renaud mène une action sans relâche contre les Lyonnais, avec des méthodes frontales et pour le moins atypiques. Il tente de les côtoyer de près, comme lors de la célébration de la Vierge Marie à Sainte-Marie-de-la-Mer où il s'invite dans un camp de gens du voyage. Là, il croise Michel le Grec, et le provoque en parlant d'un peu trop près à sa femme. Renaud est dangereux, et Nick pense qu'il faut s'en débarrasser.

Le jeudi 3 juillet 1975, vers 3 heures du matin, après avoir passé la soirée chez des amis, le juge François Renaud regagne son domicile sur les pentes de Fourvière, montée de l'Observance, dans les hauteurs de Lyon. Il gare sa voiture, et avec son amie qui l'accompagne, ils font les quelques pas qui les séparent de son domicile. Alors qu'il s'approche de l'entrée de sa maison, le juge Renaud entend descendre la vitre d'une voiture en stationnement, et voit la silhouette de trois hommes cagoulés. Il comprend immédiatement le sort qui l'attend s'il ne réagit pas. Il court, entraînant son amie avec lui et tente de se mettre à l'abri. Mais un coup de feu retentit. Le juge est touché dans le dos. Il se traîne désespérément derrière une voiture, mais un homme sort du véhicule, s'approche, et lui tire deux balles dans la nuque. C'est la première fois qu'un juge en exercice est assassiné en France. Ses assassins n'ont jamais été retrouvés et l'affaire est classée une première fois en 1992. Mais l'ombre des Lyonnais, et de Nick le Grec, rôde encore autour de cette exécution sommaire.

Par la suite, Nick le Grec décide de passer à des affaires plus lucratives. En décembre 1975, le jeune Christophe Mérieux, âgé de 9 ans, est enlevé alors qu'il rentre à pied de l'école. Il est le fils du principal actionnaire de l'Institut Mérieux, descendant du propriétaire des camions Berliet. Contacté par les ravisseurs, le père du jeune Christophe accepte de verser une rançon de 20 millions de francs pour faire libérer son fils. Quatre jours plus tard, le petit Christophe lui est rendu. Quand les policiers réécoutent les bandes d'enregistrements des appels téléphoniques entre les ravisseurs et M. Mérieux, l'un d'entre eux reconnaît formellement le timbre de voix de Louis Guillaud, une petite frappe proche de Nick le Grec. Surveillé de près par la police, il est arrêté alors qu'il s'apprête à changer l'argent de la rançon contre des lingots d'or. Louis Guillaud est surnommé La Carpe. Il fait honneur à son surnom et ne dit rien. Il est condamné à vingt ans de réclusion criminelle.

Les policiers décident alors d'arrêter une partie de l'équipe, comme une tentative désespérée pour obtenir des aveux et mettre enfin la main sur des preuves, ou des indices. Ils rassemblent assez d'éléments pour conduire tout le monde en cours d'assises.

Le procès des Lyonnais s'ouvre à l'été 1977 au palais de justice de Lyon et s'annonce des plus intéressants. 16 accusés sont appelés à la barre, mais les membres les plus importants du gang sont en cavale. Pourrat a réussi à s'évader de prison en 1975, et Nick le Grec s'est échappé vers l'Espagne, *via* l'Algérie. Deux cents témoins vont se succéder pendant trois semaines. N'ayant blessé aucune personne au cours de leur trentaine de braquages, les membres du gang des Lyonnais n'encourent pas la peine de mort. Mais l'assassinat du juge Renaud fait douter de la prétendue « éthique » des braqueurs.

Pour les juges, Monmon Vidal est le leader du groupe. Il possède 15 appartements dans la région lyonnaise et disposerait d'une douzaine de grosses cylindrées disséminées dans des camps de nomades, où il a de nombreuses relations. Peu avant son arrestation, il se disait dans le cercle très fermé des affaires lyonnaises que Vidal avait fait une offre d'achat très intéressante au propriétaire du casino de Charbonnières, qu'il fréquentait en tant que joueur.

Au cours du procès, on apprend que les prévenus se sont, pour la plupart, rencontrés sur les bancs de l'école primaire, à Vaulx-en-Velin, la principale banlieue de Lyon. Ils avaient tous eu une enfance douloureuse. Monmon, l'aîné d'une famille de nomades vivant dans une caravane à côté d'une décharge sauvage, a quitté très tôt l'école afin d'aider sa mère à nourrir ses nombreux frères et sœurs. À l'exception des frères Gandebœuf, d'origine auvergnate, tous les accusés sont d'origine étrangère et ont été élevés dans une grande misère. Ayant grandi ensemble, ils ont appris à se faire confiance, et à se protéger mutuellement. Rien ne pouvait filtrer en dehors du groupe.

Après dix heures de délibérations, le verdict tombe et se révèle bien plus clément que le réquisitoire du procureur général, qui demandait pour chacun des accusés, jugés très dangereux, la réclusion criminelle à perpétuité. Edmond Vidal est condamné à une peine de dix ans de réclusion criminelle, tandis que Christo Gandebœuf, son bras droit, écope d'une peine plus lourde, quinze ans. Les autres membres ont été condamnés à des peines allant de cinq à dix ans de prison. Nick le Grec est mort à Lyon en 1989.

LE GANG DES POSTICHES

LES BRAQUEURS À MOUSTACHE

De 1981 à 1986, cette bande de gangsters franciliens dévalise des banques françaises avec une facilité déconcertante. Déguisés et grimés, les braqueurs adoptent une méthode rapide et efficace qui leur permet d'enchaîner des sessions de casses très lucratives avant de prendre le large. Leurs exploits défraient la chronique et ébranlent les pouvoirs publics, qui tenteront tout pour leur mettre le grappin dessus. Avec plus d'une trentaine de casses à leur actif, les Postiches ont signé une des plus pages les plus importantes de l'histoire du crime français.

27 février 1975. Trois hommes se tiennent devant la Société centrale de banque, située sur l'avenue de la République, à Paris. Ils sont stressés. L'adrénaline coule dans leurs veines comme un alcool euphorisant. Ils se regardent, sans mot dire. Sur un signe de tête, l'un d'entre eux donne le signal. C'est le moment de rentrer en action. Ils respirent profondément puis enfilent leurs cagoules. Ils sortent leurs armes. Puis pénètrent dans la banque :

— C'est un hold-up ! Les mains en l'air tout le monde ! lance le meneur.

Aux côtés du chef du groupe, Mohamed Badaoui et Alain Lacabanne. C'est quasiment leur premier braquage.

— Allez, allez, on sort de derrière les comptoirs, on ne touche à rien !

Les employés semblent tous se soumettre immédiatement aux ordres des braqueurs. Cependant, l'un d'entre eux, un caissier nommé Vincent Llopis, échappe pendant quelques secondes à l'attention des truands. Il parvient discrètement à appuyer sur le bouton de l'alarme. Par ce geste, le quinquagénaire signe son arrêt de mort. Il est abattu d'une balle dans le torse avant d'avoir pu replier son bras. C'est la panique dans la banque. Les clients et les employés, pris en otages, sont terrorisés. Ils voient déjà le braquage tourner au bain de sang. Les braqueurs n'avaient pas prévu cette issue tragique.

Il faut les faire descendre dans la salle des coffres, tout de suite, ordonne l'un des hommes à ses complices. Allez, allez, dépêchez-vous, messieurs, dames. Faudrait pas s'endormir !

— Messieurs, s'il vous plaît. Oui, vous messieurs. Descendez le corps du malheureux avec les autres, dit l'un des braqueurs en désignant le corps du caissier, gisant dans une mare de sang. Les otages s'exécutent. Pendant ce temps-là, Lacabanne vide les tiroirs de la banque. Les braqueurs sont pressés de partir, ils savent qu'ils n'ont pas beaucoup de temps avant l'arrivée des flics. Ce qu'ils ne savent pas, c'est qu'à l'extérieur de la banque, un agent de la circulation et deux inspecteurs de police ont entendu le coup de feu, et ont appelé les renforts.

Toujours masqués, les trois truands sortent de la banque et se dirigent vers leur voiture, une Austin Mini orange garée devant la banque, lorsque des coups de feu éclatent. Lacabanne est touché, il s'effondre sur le trottoir. Les deux autres comprennent qu'ils sont faits. Ils n'ont pas le temps de réfléchir, pas d'échappatoire possible. Ils courent se réfugier dans la banque, au grand dam des otages, qui pensaient leur calvaire terminé. Les deux hommes attrapent deux employés, et les mènent jusqu'à la sortie. Protégés par ces boucliers humains, ils peuvent observer le dispositif policier. Du costaud. La banque est cernée. Des dizaines de flics sont postés devant la banque. Ils ne peuvent pas s'enfuir.

— On va rester ensemble un petit moment je crois. Alors pour que tout se passe bien vous allez écouter ce qu'on vous dit. Vous, le directeur, vous allez enlever votre pantalon et vous allonger par terre. Les caissiers là, dégondez les portes et mettez-les devant les vitres. Mettez les bureaux aussi.

Les deux braqueurs se préparent à un siège. Dans le bureau du directeur où ils ont pris position, le téléphone sonne sans cesse. Les policiers essaient de joindre les preneurs d'otages. Commencent alors d'interminables négociations. La police cherche à gagner du temps et à raisonner les deux truands. Mais leurs revendications sont fermes :

— On veut 100 millions, des fusils à canons sciés et une voiture, une BMW. On veut un hélicoptère aussi, pour aller à Orly. Faites vite, sinon les otages y passent.

La demande est inacceptable. La police ne peut céder à ce genre de requête.

— Hors de question qu'on vous donne cet argent. Vous êtes cernés les gars ! répond le commissaire du 3e arrondissement. Relâchez les otages et rendez-vous gentiment, faites pas les cons.

Mais les braqueurs tiennent bon. Ils n'ont pas l'intention de se laisser prendre.

— Tu nous laisses sortir avec les otages, sinon on les bute.

La discussion ne mène à rien, policiers et braqueurs restent sur leurs positions. Après deux heures de négociations les policiers accèdent aux exigences des deux truands. Ils auront l'argent et la voiture. Une condition cependant, il leur faudra libérer les otages. Nouveau refus des deux hommes. Lorsque le téléphone sonne à nouveau, c'est la presse qui, au bout du fil, cherche à entrer en contact avec les braqueurs. Les deux hommes répondent aux questions des journalistes. Fanfaronnade ? Pas si sûr. Leurs revendications sont diffusées en direct à la radio. Et ils font, l'air de rien, passer un message d'une importance capitale :

— On a été vendus ! Les flics nous attendaient devant la banque dès notre arrivée !

Comme prévu, l'information arrive jusqu'à leurs amis. Savoir utiliser les médias est le signe des grands truands. Aussitôt l'information divulguée sur les ondes, les endroits fréquentés par le groupe sont nettoyés. Et les amis ourdissent immédiatement un plan pour les sortir de ce mauvais pas.

En attendant des nouvelles de l'extérieur, installé dans la salle des coffres, l'un des hommes tire une balle dans un coffre privé, pour voir, par ennui. Il s'ouvre telle une vulgaire boîte de conserve. À l'intérieur, des lingots d'or.

— Hé, viens voir.

Hilares, les deux complices se jurent une chose : s'ils sortent, ils réfléchiront sérieusement à ces petits coffres qui s'ouvrent aussi facilement que des paquets-cadeaux. Ils contiennent peut-être plus d'argent que le coffre de la banque.

Six heures après le début de la prise d'otages, deux policiers s'approchent de l'entrée de la banque. Ils sont désarmés. Chacun porte un sac qu'il dépose devant la porte. Dans les sacs, 2 millions de francs en tout. Peu après, c'est une Alfa Roméo qui est amenée puis garée devant l'entrée du bâtiment. Les deux braqueurs observent le ballet avec attention. Il ne va pas falloir se planter. L'opération de sortie va être serrée, mais jouable pensent-ils. Il faut tenter le coup de toute façon, ils n'ont pas le choix. Les deux hommes choisissent chacun un otage. Une arme dans une main, tenant fermement leur otage dans l'autre, ils sortent lentement de la banque sous l'œil des flics. Des armes sont braquées sur eux. La tension est à son comble. Tous savent qu'au moindre faux mouvement, au moindre cliquetis suspect, un carnage peut survenir. Et personne n'a besoin de ça. Ni la police, ni les braqueurs.

Les deux hommes récupèrent les sacs au passage et atteignent l'Alfa Roméo. Avec toutes les précautions du monde, ils entrent dans la voiture et s'enfuient à toute vitesse. Les policiers ne tirent pas. Ils regardent partir la voiture vers la place de la République. Aussitôt, la police se lance à leur poursuite. Mais perd leur trace au bout de quelques minutes seulement.

Les deux hommes s'en sont sortis. C'est presque un miracle tant on sait que les prises d'otage se terminent généralement très mal pour leurs auteurs. Ils décident de se faire oublier hors de France. Ils quittent l'Hexagone avec leurs petites amies. Ils espèrent ne plus être inquiétés. Cependant, la police, humiliée, a fait son travail. Une enquête minutieuse révèle de nombreux indices qui permettent d'identifier les auteurs du braquage. Trois ans après les faits, les deux hommes sont jugés par la cour d'assises de Paris. Ils sont condamnés par contumace. Le jour du verdict, Bellaïche est à l'étranger.

Bellaïche et ses « frères » sont des enfants de Belleville, le quartier des Juifs et des Arabes, de l'agitation politique, des petites frappes qui traînent dans les bars de la rue du Faubourg du Temple. Ils draguent les filles Aux Folies, en se déhanchant sur les tubes de Johnny Halliday. À 17 ans à peine, André Bellaïche, Mohammed Badaoui, Robert Marguery, Jean-Claude Myszka et Bruno Berliner, sont à la tête d'une petite entreprise florissante. Ils cambriolent, détournent des camions, trafiquent les premières cartes de crédit mises en circulation en France et revendent tout à leurs voisins. Les jeunes loulous fournissent des équipements ménagers « tombés du camion » à des prix défiants toute concurrence. Dans leur quartier, ils sont connus et appréciés : qui pourrait leur reprocher de permettre à ces familles populaires de connaître le confort moderne ? Ils passent tous quelque temps en maison de correction, puis en prison, mais sont toujours à l'affût du bon coup. Jusqu'au braquage raté de République, et la cavale.

Le 28 octobre 1980, à Paris, un motard arrête un automobiliste qui vient de griller un feu rouge. L'homme qui conduit la voiture n'est autre que Mohammed Badaoui.

— Vos papiers, monsieur.

Badaoui regarde le policier. Il bredouille :

— Un instant, s'il vous plaît.

Il fouille dans sa poche, sort une arme et hurle :

— Casse-toi, connard !

Malheureusement pour lui, un autre policier voit toute la scène, dégaine, et l'abat avant qu'il ne tire sur le motard. C'est la fin de la cavale du « frère » de Bellaïche.

En septembre 1981, tout le monde est à Paris, libre ou en cavale. Marguery, Berliner et un troisième homme non identifié se retrouvent pour discuter affaires.

— J'ai plus un rond, faut qu'on se trouve un coup rapidement, dit Berliner à ses associés.

Ils sont tous d'accord. La cavale leur a coûté très cher.

— Il faut qu'on tape dans les coffres des clients. En deux coups de burin ils sont ouverts. Je suis sûr qu'il y a un paquet de fric à se faire !

Avec l'élection de François Mitterand à la présidence de la République, la paranoïa des bourgeois fortunés est à son comble. Les capitaux fuient le pays, c'est le sauve-qui-peut général. Craignant la nationalisation des banques ou des contrôles fiscaux, les riches choisissent de déposer leurs économies dans des coffres privés.

— Il doit y avoir plus d'argent dans ces coffres que dans la banque !

Tout de suite le plan prend forme. Berliner voit très bien comment les opérations doivent se dérouler.

— Faut taper dans la journée, quand il n'y pas trop de clients. Pas le mercredi pour éviter les enfants. On oublie les cagoules, c'est tricard. Faut qu'on passe inaperçu.

— Tu penses à quoi ? lui demande l'un des hommes.

— On s'habille classe, avec des perruques et des fausses moustaches. Comme ça, on a le temps de prendre tranquillement position avant d'opérer. Quand c'est le moment, on se sépare en deux groupes. Un en haut avec les clients et les banquiers, un autre en bas.

Trois jours plus tard, la BNP de la rue du Docteur-Blanche est investie par trois hommes portant des perruques.

— Elle est passée, la Brink's ? s'enquiert l'un d'entre eux auprès du directeur.

— Pas encore, dans une demi-heure.

En vingt-cinq minutes, ils ont le temps de perforer huit coffres. Deux heures plus tard, à moins d'un kilomètre du premier casse, ils remettent ça. Le lendemain ils frappent encore. Le plan fonctionne à merveille. Il leur faudra de l'entraînement pour fracturer les coffres plus rapidement, mais ils sont sûrs de leur coup. Ils ont besoin d'un quatrième homme pour les aider dans cette tâche. Patrick Geay rejoint alors le gang des Postiches. Pour sa première participation, à la banque Vernes, rue Fontaine, ils ouvrent 136 coffres et repartent avec un butin avoisinant les 10 millions de francs.

Les affaires sont bonnes pour les Postiches. Mais ils ont besoin de bras supplémentaires pour travailler plus vite. Ils embauchent Serge Hernout, Michel Chellaoui, Jean-Pierre Lepape.

Les Postiches se donnent quelques règles simples mais indispensables s'ils veulent profiter de leur butin. Ils s'imposent un rythme de travail effréné, avec une discipline quasi militaire. Ils décident de travailler en rafales : généralement des sessions de deux semaines pendant lesquelles ils enchaînent les casses et concentrent tous les risques. Quand ils sont en action, ils ne vivent pas chez eux. Ils se regroupent en meute dans des chambres d'hôtels de plus en plus luxueux. Ils ne se droguent pas, ne boivent pas et ne voient pas leurs compagnes. Ils ne leur téléphonent même pas. Quand ils sont en dehors de leur planque, ils ne parlent pas de leurs casses.

— Ça serait vraiment trop con de tomber à cause d'une balance, a l'habitude de dire Marguery.

Le chef du groupe impose à sa troupe de ranger les armes dans un attaché-case et les munitions dans les chaussettes. Depuis le casse de République et la mort de Badaoui, le chef n'a peur que d'une chose : qu'un casse vire au bain de sang.

— Pas de mort pendant les coups, j'en fais une affaire d'honneur !

Pour éviter le drame, il n'y a qu'une solution : ne pas croiser les flics.

Lors des braquages, les Postiches surveillent avec une grande attention les directeurs de banque, qui connaissent tous les protocoles de sécurité et sont capables à tout moment de déclencher le système d'alarme, quand ce n'cst pas une riposte suicidaire. Une fois, Marguery en a obligé un à se déshabiller et à s'allonger au milieu du hall d'entrée devant tous ses employés. Le type était trop stressé pour être fiable, il ne le sentait pas.

Les Postiches n'aiment vraiment pas voir les otages gigoter sans permission, ils pourraient attirer les regards. Alors ils répètent toujours les mêmes phrases: « Faut rester tranquille, monsieur. Il vaudrait mieux pas pour vous qu'on nous repère dehors. Ça ira plus vite si vous ne bougez pas. » Car pendant les casses, personne à l'extérieur de la banque ne peut se rendre compte de ce qui est en train de se passer à l'intérieur. Plutôt que de s'enfermer, les braqueurs laissent entrer les clients, qu'ils accueillent une fois le sas franchi. Certains membres du groupe sont moins diplomates que d'autres. Lorsque c'est son tour d'être « en haut », Berliner se montre très agressif avec les otages, qu'ils soient employés ou clients. Il n'aime pas être en première ligne, ça le stresse. Alors lorsqu'un employé ne suit pas les recommandations, il n'hésite pas à balancer des coups de crosse, ce qui agace Geay au plus haut point.

— Arrête de frapper les otages, Bruno ! Tu fais peur aux employés, c'est pas productif ça. S'ils paniquent ils peuvent faire n'importe quoi. Ne t'occupe plus des directeurs, on a besoin d'eux pour les clés et les codes.

L'organisation se peaufine au fur et à mesure des vols.

La préparation des coups est très étudiée. Avant les braquages, les membres du gang passent plusieurs fois devant les banques, s'assurant qu'il n'est pas possible de voir ce qui se passe à l'intérieur. Ils repèrent aussi les axes par lesquels ils pourront s'enfuir en cas de besoin.

Mais ce n'est pas la minutie de leurs préparatifs, pas plus que la perfection de leurs coups qui vont faire des Postiches de vraies légendes. C'est cette idée géniale de se grimer qui fait leur particularité et qui attire la sympathie du public. Ils prennent l'habitude de se maquiller avant les casses. Pendant les opérations, il leur arrive de changer de vêtements ou de perruques pour déstabiliser les otages. Ils ne portent jamais deux fois de suite les mêmes déguisements. Ainsi, chacun incarne à tour de rôle les différents personnages qu'ils ont créés : le diplomate russe, avec sa chapka et son long manteau vert, le dandy, lunettes de soleil sur le nez et blouson bien taillé, ou encore le curé et le rabbin. Ils sont bardés d'accessoires, chapeaux, lunettes, loups ou encore des masques d'homme politique. Ils apprécient tout particulièrement celui de François Mitterand, comme un hommage à l'homme qui, sans le vouloir, a rempli les coffres privés.

La bande élargie prend très vite ses marques. Chacun occupe son poste avec professionnalisme, celui qui accueille les clients qui entrent pendant le casse, comme celui qui fracture les coffres les uns après les autres.

En 1982, la bande est toujours plus organisée. Elle enchaîne les hold-up avec succès. Il leur arrive de réaliser plusieurs casses dans la journée. La productivité n'est pas un vain mot pour ces truands d'un genre nouveau. Comme ce jour où ils évitent de peu une descente de police dans une première banque mais n'hésitent pas à aller tranquillement en dévaliser une deuxième quelques kilomètres plus loin. Dans les salles des coffres, pendant le passage des Postiches, règne une ambiance d'usine en pleine activité. Les va-et-vient sont incessants entre les coffres et la banque, chacun remontant les sacs qui se remplissent en quelques minutes. Les marteaux et les burins font un bruit assourdissant. On se croirait dans un atelier de sculpture. Il faut dire que les coffres, une fois fracturés, font de jolies œuvres d'art que n'aurait pas reniées le sculpteur César en personne. Le groupe a tellement de succès, que les hommes en viennent à se lancer des défis. Geay et Marguery ont instauré un concours au caractère particulier : le gagnant est celui qui parviendra à ouvrir le plus de coffres en une opération. C'est Geay qui l'aurait emporté en en perçant 200. Il serait sorti de la banque à bout de force, les bras en compote.

Après leur passage, les Postiches laissent une salle des coffres dévastée, sens dessus dessous. Les caissons sont fracturés, le sol est recouvert de tout ce qu'ils en ont sorti et abandonné : l'argenterie, les bons au porteur, les tableaux ou les documents compromettants. Les gangsters ne s'embarrassent pas avec ces richesses-là, rien de pire pour se faire coincer, « des embrouilles inutiles, ça laisse trop de traces », dit souvent Geay aux nouveaux venus. Les policiers sont chargés de répertorier tous ces objets. C'est un travail très fastidieux. Certains fonctionnaires peu scrupuleux en profitent pour se récompenser en nature…

Leur méthode pour le moins originale leur attire la sympathie et la fascination des médias et du grand public, qui les voient comme des justiciers qui s'attaquent aux riches sans flouer les pauvres.

— Ils prennent l'argent des riches, non ? Moi je n'ai pas de coffre à la banque, vous savez, alors leurs histoires ne me dérangent pas trop, dit une vieille dame filmée par les caméras de télévision devant une banque dévalisée.

Ce sont les riches que pillent les Postiches, ceux qui sont assez fortunés pour posséder un coffre-fort en banque. Quant aux otages qui ont le « malheur » de les rencontrer pendant les casses, ils rapportent avant tout le calme et la cordialité des braqueurs.

Dans la presse, les banquiers critiquent avec vigueur l'inefficacité des caissons vendus par la société Fichet-Bauche. Depuis le début des années 1970, elle ne propose plus que du matériel en alliage d'aluminium, des coffres beaucoup moins résistants que ceux fabriqués en acier au début du XXe siècle. Les nouveaux modèles n'ont qu'un centimètre d'épaisseur ! Quand les victimes des casses apprennent que les caissons ne tiennent pas plus de 15 secondes sous les coups de burin des Postiches, elles hurlent leur colère.

Ces informations donnent des idées à de nouveaux gangs de braqueurs français. Une forme de plagiat s'installe. La méthode Postiches fait des émules et devient courante. Le nombre de braquages réalisés en plein jour dans toutes les grandes villes de l'hexagone augmente chaque semaine. Les modes opératoires sont tellement proches que même la police a du mal à savoir avec certitude s'ils sont l'œuvre des authentiques Postiches ou le fait de nouveaux groupes de braqueurs qui, encouragés par l'insolente réussite du gang de Belleville, imitent une technique largement éprouvée. Les journaux vont jusqu'à faire état de groupes de policiers attaquant les banques pendant leurs heures de service.

Entre chaque rafale de casses, les Postiches refourguent les bijoux et les lingots d'or. « Chacun sa part, chacun ses receleurs », c'est la règle. Comme ça, si un des gars se fait prendre, il ne fera pas tomber les autres. Une fois les pièces écoulées, les Postiches prennent du bon temps avec leurs familles. Ensemble ils parcourent le monde : Thaïlande, Indonésie, Pérou, Sri Lanka, Canaries, Jamaïque, Sénégal, Turquie, États-Unis. Ils flambent dans les plus beaux endroits de la planète, descendent dans des hôtels luxueux, et s'achètent des maisons dans des îles paradisiaques. Mais ces cavales dorées coûtent cher et ils doivent fréquemment se remettre au travail.

1984. Le gang enchaîne les casses avec une facilité déconcertante. Le 1er mars, en à peine une heure, douze Postiches pillent 120 000 francs dans 81 coffres du Crédit agricole de la rue d'Alésia. Cinq jours plus tard, le 6 mars 1984, c'est le jour du carnaval. Les huit Postiches déguisés qui descendent de voiture devant la Société Générale, rue de Passy, passent presque inaperçus. Ils entrent dans la banque, et annoncent, comme à leur habitude : « Contrôle fiscal ». Les clients et les employés se raidissent, ils savent que c'est un hold-up, un nouveau coup des Postiches. Ils ressortent une petite demi-heure plus tard, avec plus de 400 000 francs dans leurs grands sacs de toile.

Pour certaines grosses banques, les Postiches font appel à des casseurs, des employés intérimaires chargés de les aider à finir le travail au plus vite. Ces casseurs sont informés des détails des opérations au dernier moment, ils n'ont pas besoin d'en savoir trop, ils ne font que buriner les coffres les uns après les autres et vider leur contenu dans des sacs postaux. Ils sont payés sur place avant de quitter les lieux et ne voient jamais les membres du noyau dur à visage découvert. La flexibilité du travail existe aussi dans le crime organisé !

Parfois, le groupe se paie une partie de cache-cache avec une police, de plus en plus sur les nerfs. Comme ce 9 mars 1984. Ce jour-là, vers 15 h 30, un homme élégant entre au Crédit commercial de France, rue Villars dans le 7e arrondissement de Paris. Il attend que le client devant lui soit servi, puis s'approche du guichet.

— Bonjour, monsieur. Je voudrais ouvrir un compte épargne.

Le caissier cherche les documents à remplir, placés dans une armoire derrière lui. Lorsqu'il se retourne, trois hommes le braquent.

— Contrôle fiscal ! crie celui qui porte la panoplie du vieux monsieur, vêtements des années 50 et cheveux blancs. C'est un hold-up ! Toi, fais-moi plaisir, ouvre le sas.

Trois complices entrent dans la banque. Les six hommes prennent possession des lieux, évacuent les bureaux, et rassemblent tout le monde dans le hall d'entrée. Berliner, derrière ses fausses moustaches, ordonne à un employé de l'amener à la salle des coffres.

— N'oublie pas la clé et le cadastre.

Marguery et Geay le suivent, poussant devant eux tous les hommes présents dans la banque. Pendant ce temps-là, un des braqueurs allume un scanner portatif, qui lui permet de capter les radios de la police.

— Tout va bien pour l'instant. Allez-y.

Les coffres sautent les uns après les autres, et les sacs pleins sont entassés devant les guichets, prêts à être emportés. Soudain, l'homme au scanner déboule en furie dans la salle :

— Faut décamper tout de suite, les gars, ils arrivent !

Le temps d'attraper le matériel et les sacs, l'équipe est sortie. Les Postiches se rendent alors à quelques kilomètres de là, dans une banque du 19e arrondissement pour tranquillement dérober 160 000 francs, alors que les flics découvrent, en retard d'une belle longueur, les quelques coffres éventrés de la première banque. C'est leur cinquième casse de la semaine.

Sous les ordres de Gaston Defferre, alors ministre de l'Intérieur, la police nationale est impuissante face à la rapidité et à l'organisation du gang. Depuis 1981, le gang a frappé dix-huit fois, ouvrant près de 1 300 coffres contenant un trésor de plusieurs dizaines de millions en or, bijoux et billets de banque. Les enquêteurs n'ont aucun élément pouvant leur permettre de remonter jusqu'au gang. Les hypothèses sont multiples et les hommes chargés de l'enquête prennent des pistes incertaines :

un groupuscule politique ? Des mafieux corses ? Un gang de Parisiens ? Les Postiches pourraient être n'importe qui.

Le lendemain de la fuite *in extremis*, la bande flirte d'encore plus près avec la chute. Alors qu'ils pénètrent dans le sas du Crédit Lyonnais de Chennevières sur Marne, trois hommes grimés sont repérés par les employés, qui ferment le volet métallique des guichets. Les braqueurs battent alors en retraite, mais la porte du sas reste fermée.

— Putain on est coincés ! Tire !

Pris de panique, ils canardent la vitre, mais celle-ci ne cède pas. Ils réussissent finalement à s'extirper par un petit soupirail. Les quelques secondes pendant lesquelles ils sont restés bloqués leur ont paru durer des heures. Ils ont eu très chaud. Les Postiches décident de se mettre au vert quelque temps. Ils se rangent pendant plus d'un an, dans les pays où ils ont déjà de somptueux points de chute. Pendant ce temps-là, les policiers examinent la vidéo du sas du Crédit Lyonnais de Chennevières sur Marne. Ils parviennent à identifier Michel Chellaoui, grâce auquel ils remontent jusqu'à Berliner, Lepape, et Marguery. Les Postiches sont démasqués.

Ils refont parler d'eux le 15 novembre 1985, mais pas pour un nouveau braquage. Ce matin-là, une femme de ménage d'un hôtel parisien trouve une arme sous le matelas d'une chambre occupée par un monsieur dénommé Patrick Chauny. Prévenus, les policiers montent un plan pour cueillir en douceur celui qu'ils soupçonnent être Michel Chellaoui. Trois policiers doivent prendre position dans la chambre et attendre l'arrivée de leur client. Mais alors qu'ils viennent à peine de fermer la porte derrière eux, ils entendent une clé gratter la serrure. Chellaoui est avec Marguery.

— Police ! Les mains en l'air !

Chellaoui sort son arme et tire sur le premier policier qui est légèrement blessé. Les deux autres lui tombent dessus. Ils l'amènent dans la salle de bains et le passent à tabac. Marguery est rattrapé dans le couloir. Mais alors que les policiers sont en train de vérifier ses papiers, il arrive miraculeusement à se faire la belle, les mains menottées. Dans la chambre, les inspecteurs trouvent une mallette contenant quatre armes à feu, deux grenades, et un gros trousseau de clés. Les policiers viennent de tomber sur la planque des Postiches.

L'arrestation de Chellaoui bouleverse les plans du gang. Les Postiches s'apprêtaient à repartir au charbon. Ils sont obligés de repousser leur rentrée de deux semaines. Le 5 décembre 1985, c'est leur grand retour sur la scène du crime, mais dès le premier casse, ils sentent que quelque chose a changé. Les coups n'ont plus la même saveur. Les caractères se relâchent, certains sont trop anxieux, d'autres pas assez concentrés. L'organisation est un peu moins bonne qu'auparavant, ils opèrent avec routine, et la répétition des gestes habituels n'invite plus à la prudence. Mais les coffres s'ouvrent toujours aussi facilement : les Postiches accumulent assez d'argent pour s'offrir de grandes vacances à la montagne.

Le matin du 9 janvier 1986, le groupe entame une nouvelle série de braquages. Ils passent d'abord par la Société Générale du boulevard Gouvion-Saint-Cyr à Paris et repartent avec un joli pactole : 160 000 francs en liquide, et 17 lingots d'or. Après une pause-déjeuner, ils décident de s'attaquer au Crédit Lyonnais situé rue du Docteur-Blanche.

— C'est une banque tranquille, les employés sont très gentils, lance Marguery.

— Comment tu sais ça, toi ? lui demande Myzska.

— C'est ma banque !

Dans un parking souterrain, les truands reprennent leurs rôles de composition : le diplomate russe, le vieux monsieur, le rabbin, le professeur des écoles. À 14 heures, Myzska pénètre dans la banque. Il porte une chapka sur la tête, rien d'étonnant en plein hiver. Tranquillement, il sort son arme et menace un caissier.

— Personne ne bouge !

L'opération commence bien. Les employés et les clients sont maîtrisés. Bref, la routine. Cependant, sur certaines opérations il arrive que la *baraka* devienne *scoumoune* et que les imprévus s'accumulent jusqu'à devenir un vrai calvaire. Pas de feu pour allumer le chalumeau, Berliner a oublié les allumettes ! En haut, Marguery s'occupe des clients. Cinq minutes après le début du braquage, des coups de Klaxon retentissent à l'extérieur, devant la banque. Marguery, vêtu d'un loden bleu, regarde par la vitre. Il ne constate rien de spécial. Quelques secondes plus tard, les mêmes coups de Klaxon se font entendre. Le braqueur se tourne vers les otages.

— C'est quoi ce bordel, messieurs, dames ?

Les clients baissent tous la tête, sauf une trentenaire, habillée en tailleur, qui lève doucement le bras.

— Mademoiselle ! Je vous écoute.

— C'est à cause de ma voiture, je crois. Je l'ai garée en double file.

Marguery répète, incrédule :

— « Je l'ai garée en double file » ?

Il prend l'initiative.

— Donnez-moi vos clés ! Allez, dépêchez-vous.

Marguery appelle Myszka :

— Hey, le Russe, va t'occuper de la voiture de la demoiselle !

Le grand blond planque son arme sous son long manteau, les clés à la main, et se dépêche de sortir avant qu'un agent de la circulation ne vienne fouiner dans le coin. Il démarre le véhicule et trouve une place deux rues plus loin. Les Postiches auraient pu tomber à cause d'une voiture mal garée.

À la réception, les appels des agents de sécurité sont incessants. Ils s'inquiètent des bruits que leurs détecteurs de vibrations enregistrent en temps réel. Braquée par Geay, l'adjointe du directeur joue parfaitement la comédie.

— Non, monsieur, nous n'avons rien de spécial à signaler. Tout va bien.

Les agents insistent. Geay est anxieux, d'en haut il entend les barres de fer frapper les coffres et les rires des deux hommes qui remplissent les sacs.

— Arrêtez de gueuler, putain ! On va se faire repérer avec vos conneries !

Le téléphone sonne à nouveau. Cette fois-ci, c'est lui qui décroche :

— Bonjour, monsieur, on entend des bruits étranges dans vos coffres.

Il bredouille une réponse, et raccroche.

— Faut se tirer les gars, on est repérés !

Mais les hommes en charge de l'ouverture des précieuses boîtes en métal ne veulent pas décamper tout de suite.

— Attends deux secondes, c'est plein d'or ici. On en fait encore quelques-uns et on se taille.

Mais il est déjà trop tard pour les Postiches ; les détecteurs de vibrations sont formels : le Crédit Lyonnais de la rue Docteur-Blanche est en train d'être braqué. La police judicaire est sur le coup, elle écoute en direct les voix captées par les micros de la salle des coffres. On déclenche le « Plan Ballon », un piège spécialement monté contre les Postiches qui prévoit de les filer dès leur sortie de la banque afin de les coincer quand ils seront moins sur leurs gardes. Le quartier est bouclé. Des policiers en civil se mettent en place devant l'agence, ils observent l'entrée des clients, personne ne sort de la banque…

Soudain, un homme grimé quitte l'établissement. Il porte de gros sacs dans les mains et les charge dans une voiture garée non loin de là.

— On ne bouge pas pour l'instant, ordonne une voix sur la fréquence cryptée de la PJ.

Les dizaines de policiers répartis dans le quartier sont persuadés que la fin des Postiches est proche. Quelques minutes plus tard, des hommes sortent les uns après les autres, chargés de sacs pleins. Au total, ils chargent plus de 700 000 francs dans les voitures. Le gang quitte les lieux. La filature est lancée. Enfin, les deux braqueurs qui restaient dans la banque sortent dans la rue, et se dirigent calmement vers leur voiture. Alors qu'ils s'apprêtent à partir, un véhicule de police arrive à leur hauteur. Ce que redoutaient par-dessus tout les membres du groupe est en train de se produire. Il va y avoir du grabuge. Les flics et les bandits se jaugent un instant du regard, et tout s'accélère. Les policiers décident d'intervenir. Ils sont les premiers à tirer.

— Police ! Vous êtes faits les gars, rendez-vous !

Un postiche sort une mitraillette, braque le policier en face de lui. Il appuie sur la détente. Son arme s'enraye. Le deuxième attrape une grenade. La police tire. Il est touché à la jambe. Les flics se ruent sur lui. Ils le maîtrisent avant qu'il ait eu le temps de dégoupiller. Dans les autres voitures, les Postiches sont alertés par les coups de feu. Les copains sont dans la panade. Il est hors de question de les laisser derrière.

— Fais demi-tour ! On va les chercher !

Les Postiches rappliquent et braquent les policiers. La fusillade commence. Berliner est touché, il s'écroule sur le trottoir. La pagaille est totale. Dans la confusion, les Postiches reprennent le dessus. Un policier reçoit une balle dans le torse. Les truands prennent deux gradés en otage, libèrent leur ami malmené et montent dans une voiture banalisée. Grâce à leurs précieux otages, les braqueurs traversent les barrages de police sans difficulté et parviennent à prendre la fuite. Arrivés à Neuilly, ils décident de changer de voiture. Ils sont trop repérables à présent. Lors du changement de véhicule, l'un des commissaires tente de s'échapper. Il reçoit une balle dans le dos. L'affaire tourne vraiment mal. Les Postiches décident alors d'abandonner leurs otages. Ils volent une ambulance, et partent à toute allure en direction de Montreuil. Le gang s'en sort une nouvelle fois, mais cette fois-ci le bilan de l'opération est très lourd : deux morts. Un de chaque côté. Berliner est tombé. S'il n'y avait pas eu ces morts, l'histoire des Postiches aurait été romantique. Des Robin des Bois des temps modernes. Malheureusement, la fin du gang est une tragédie. C'est leur dernier coup, il s'est terminé par un bain de sang. Dans les voitures abandonnées devant la banque, les policiers récupèrent le butin. C'est le seul point positif de cette opération policière.

Après ces événements, les policiers parviennent à identifier quatre membres des Postiches : Chellaoui, Geay, Myszka et Marguery, qui est tombé entre les mains des flics. Dans l'appartement de Berliner, ils trouvent un véritable trésor. Ils tombent aussi sur une adresse à Belleville, certainement une planque du groupe. Les enquêteurs entrent grâce aux clés trouvées dans la chambre d'hôtel. Ils y découvrent des billets de banque, des bijoux et des perruques. Ils relèvent les empreintes de trois membres du gang : Marguery, Geay, et Bellaïche, en cavale depuis plus de dix ans. Dénoncé, Hernout est arrêté en pleine rue quinze jours après le casse. Il se suicide en prison.

Pendant ce temps-là, une partie des membres libres du gang se cache à Rome tandis que d'autres se planquent à Yerres, dans la banlieue parisienne. Ils nettoient les lieux où ils sont passés ces derniers mois et distribuent leur butin à des gens de confiance afin de le mettre à l'abri. Ils trouvent même l'endroit parfait pour dissimuler un trésor. Qui viendrait chercher un trésor dans des cimetières ? Une fois le ménage terminé, tout le monde se rejoint à Rome.

Pendant un contrôle de routine, André Bellaïche se fait arrêter par les carabiniers italiens. Il a de faux papiers et des documents louches. Il est condamné à un an de prison ferme. Il envoie une lettre à Myszka, lui demandant de venir le chercher.

Les amis d'André Bellaïche pensent détourner un hélicoptère des secours médicaux italiens. Le 23 novembre 1986, Myszka et Geay se rendent sur l'aire de décollage de l'hôpital San Camillo de Rome. Là, à côté de l'hélicoptère, un enfant s'amuse.

— Salut, gamin. Dis-moi, tu sais à qui il est cet hélicoptère ?

— Il est à mon papa.

— Et il est où ton papa ?

— Là, c'est le monsieur qui vous regarde.

Lorsque le pilote, inquiet pour son enfant, arrive à leur hauteur, Myszka se saisit de l'enfant. Son complice braque le père et le fait monter dans l'hélico. Myszka ligote l'enfant.

— Allume ton engin et tout ira bien pour ton gamin. Va à la prison maintenant.

Ils atterrissent quelques minutes plus tard au milieu du stade de foot de l'établissement carcéral et attendent l'arrivée de Bellaïche, accompagné d'un codétenu, Gian Luigi Esposito. Ils grimpent rapidement dans l'hélicoptère qui décolle sous les rafales de balles tirées depuis les miradors. Ils s'envolent, mais ils ne savent pas où aller. Myszka et Geay n'ont pas prévu de porte de sortie. Ils décident en toute hâte d'atterrir sur un terrain de sport, en plein match de football ! Ils parviennent à rejoindre une planque dans Rome et s'y réfugient pendant quelques jours. Puis, au volant d'une voiture volée, ils passent la frontière et se rendent à Yerres, en banlieue parisienne.

Mais les policiers italiens ont en leur possession un élément très important qui leur permet de localiser les fugitifs : l'adresse de leur planque à Yerres : 28, rue des Pins.

Les policiers français entament alors une planque devant le pavillon où se terrent les Postiches. Ils passent à l'action le matin du 13 décembre 1986. Après avoir envoyé des grenades lacrymogènes, ils arrêtent, sans tirer de coups de feu, Bellaïche, Esposito, Geay et Myszka. Dans la cache des malfaiteurs, les policiers trouvent une véritable caverne d'Ali Baba. Des dizaines de diamants dessertis, de l'or, des platines, des montres à goussets, des montures de bijoux écartelés, des pièces d'or pour plus d'un million de francs, plus de 350 000 francs en liquide, des passeports vierges et des armes. De quoi tenir un siège et organiser une cavale de haut vol. C'est une belle prise pour la police. Les Postiches sont finis.

André Bellaïche n'est pas reconnu coupable des braquages. Il écope d'une peine de huit ans pour recel et association de malfaiteurs. Ses complices reçoivent une peine de douze ans de prison pour vol aggravé en réunion.

MICHEL CRUTEL

ROI DES BRAQUEURS

Michel Crutel

Algésiras, Espagne, 21 mai 1999. Cette ville, qui se dresse à quelques encablures du Maroc, séparée du continent africain par le détroit de Gibraltar, est la plaque tournante du trafic de cannabis en Europe. Une fourgonnette, volée en France il y a quelques semaines, s'approche à toute allure d'un entrepôt situé un peu en dehors de la ville. Plusieurs hommes à son bord, fortement armés. Que cherchent-ils ? Sans doute à s'approprier les centaines de kilos de shit dont l'entrepôt est bourré. « Ras la gueule », diraient les truands. Le stock de résine de cannabis est cependant surveillé. Un homme en arme en garde l'entrée. Il se nomme André Ruiz. Les propriétaires du stock protègent le précieux or couleur chocolat comme la prunelle de leurs yeux. Ce jour-là, il veille sur 293 kilos de haschisch ! Une véritable fortune. Lorsqu'il voit le véhicule foncer droit sur lui, Ruiz comprend en une fraction de seconde ce qui est en train de se passer. Il n'hésite pas un seul instant. Il arme et fait feu sur la camionnette. Plusieurs rafales. Les assaillants n'ont pas le temps de riposter. Sans doute ne s'attendaient-ils pas à un accueil aussi violent. Pendant quelques secondes, ça a été la guerre. Le pare-brise de la fourgonnette vole en éclats. Le chauffeur ne réfléchit pas, il fait demi-tour et quitte le lieu aussi vite qu'il est venu. Le véhicule fonce à présent à travers les rues de la petite ville sans charme, défigurée par les horribles constructions qui hérissent la côte méditerranéenne de l'Andalousie. Direction l'hôpital. La fourgonnette se gare dans un crissement de pneus devant le service des urgences. Un homme en sort, tenant un blessé dans ses bras. Il court, portant le blessé jusqu'à l'intérieur de l'hôpital. Il semble inerte. Il est couvert de sang. « *Rapido, rapido !* », lance l'homme. Bien vite, des infirmiers s'affairent autour du blessé. Ils le placent sur une civière et s'apprêtent à l'emmener en salle d'opération. Pendant ce temps, les hommes qui se trouvaient à bord de la fourgonnette ont quitté les lieux. Ils sont partis abandonner le véhicule un peu plus loin. Une fois garés, ils s'enfuient sans demander leur reste, laissant à bord un important matériel de bricolage acheté au magasin Leroy-Merlin de Málaga, ville située à quelques kilomètres. Lorsqu'arrive un médecin au chevet du blessé, il ne peut qu'en constater le décès. L'homme était sans doute déjà mort avant de parvenir aux urgences. « Christian David » disent ses papiers. Mais ils sont faux. L'homme qui gît, là, ensanglanté, sur une civière d'hôpital n'est autre que le roi des braqueurs : Michel Crutel, dit Mimi, dit Michel le Militaire. Michel Crutel, 44 ans, était recherché notamment pour le meurtre d'au moins cinq de ses lieutenants et la disparition de sa fiancée après un accident de moto en France. Considéré comme un délinquant dangereux, il était tenu pour un spécialiste des attaques commandos.

Il s'écoule alors 19 jours avant que la mort par balle de Crutel ne soit rendue publique et donc annoncée à la presse. La raison en est simple. Les policiers espagnols ont gardé le cadavre au frais. Leur but ? Permettre à leurs homologues français de lever le voile sur le mystère Crutel. La police scientifique française effectue des prélèvements ADN sur le corps du truand présumé. Les analyses faites dans les laboratoires, les recoupements avec des éléments dont la police dispose, tout ça ne donne rien. Les flics gardent au fond d'eux une intime conviction : Michel Crutel était bien l'auteur des plus gros braquages des ces vingt dernières années. Mais, malheureusement, rien ne permet d'étayer ce sentiment. Pas de preuve tangible. Rien que des suppositions, des intuitions, du flair de flic. Michel Crutel restera donc un échec personnel pour la brigade de répression du banditisme. Même mort, il leur échappe une nouvelle fois.

Michel Hector Crutel est né le 24 avril 1955 à Drancy (Seine-Saint-Denis). Un gars du fameux 9-3, département qui fait référence en matière de criminalité. De lui, on sait peu de chose. Très peu même. Sa première compagne, Catherine Hauteur, dactylo à Drancy, le décrit comme un homme gentil et timide. Les termes ne semblent pas très appropriés pour cet homme que la police a longtemps considéré comme un nouveau « Pierrot le Fou ». Sa fiche de police n'est guère consistante : un mètre soixante-dix-neuf, corpulence athlétique, cheveux châtains, yeux bleus. Il faut dire qu'elle date cette fiche. Sa première arrestation a eu lieu en 1977. Il prend alors quatre mois de prison pour vol de voiture. En 1978 c'est quinze mois de prison, dont huit avec sursis, également pour vol de voiture, que lui inflige le tribunal de Bobigny. En 1980, Michel est passé à la vitesse supérieure. Il est de nouveau arrêté et condamné à quatre ans. Cette fois-ci, c'est pour trafic d'armes. Le gamin de Drancy commence à donner sa pleine mesure…

Michel Crutel fait son temps à la centrale de Poissy. Dans les années 80, Poissy est une institution, une véritable université du crime. Là, Crutel rencontre son futur associé, le Nantais Stéphane Ley, de six ans son aîné. Mais il se fait également d'autres relations. Les plus grands noms du crime se trouvent à ce moment-là à Poissy. Ainsi, il côtoie aussi les anciens du gang des Lyonnais, Momon Vidal et Christo Gandebœuf. Il va également faire la connaissance d'un des personnages les plus importants du crime organisé en cette fin de XXe siècle : Francis Vanverberghe, dit Francis le Belge.

Les hommes qu'il côtoie en prison ne l'impressionnent finalement pas tant que ça. Michel Crutel a le sentiment d'avoir affaire à des vestiges du passé. Le Belge s'intéresse aux putes, à la drogue et aux machines à sous. Pour Crutel, il paraît issu d'un de ces films de gangsters des années 1960 ou 1970. Et en ce qui concerne les Lyonnais, il voit bien que ces hommes n'ont pas su suivre le fil de leur époque. Attaquer des banques et des bureaux de poste n'a plus aucun intérêt. Les systèmes de sécurité se sont multipliés, affinés, les procédures se sont renforcées. Bref, ce n'est plus là que l'on peut trouver de l'argent. Non, le marché d'avenir, c'est l'attaque des fourgons blindés. Crutel sort de prison avec cette certitude. Et il serait difficile de lui donner tort.

Aussitôt sorti de Poissy, Crutel et son nouvel ami Stéphane Ley se mettent en quête d'une équipe. Ils vont mettre à profit les relations qu'ils se sont faites en prison, et appliquer leur théorie sur les fourgons blindés. L'idée est simple. Trouver des têtes brûlées susceptibles de participer à de véritables opérations commando. La méthode Crutel sera d'ailleurs étudiée à l'École de Guerre dans le cadre de l'instruction sur le combat en milieu urbain.

L'affaire de Colombes en décembre 1985 est un véritable modèle du genre. Rapide, efficace, étudiée au détail près, et réalisée de main de maître.

Un dimanche soir, Yvon Berthoux, cadre à la Brink's, la célèbre société de transport de fonds est tranquillement installé chez lui. Il dîne en compagnie de son épouse et de son fils. Soudain, on sonne à la porte. Après un vague « qui ça peut bien être à cette heure-ci ? », Berthoux se lève et va ouvrir. À peine la porte entrebâillée, une dizaine d'hommes cagoulés et fortement armés foncent sur lui, l'obligeant à reculer.

— Tu te calmes, il ne t'arrivera rien si tu fais ce qu'on te dit.

Berthoux est terrifié. Lorsqu'on exerce son métier, les risques de voir débarquer des braqueurs sur son lieu de travail existent. Et il ne les a jamais négligés. En revanche, comment imaginer un instant que des hommes viendraient chez lui, menacer sa famille ?

— Tu vas gentiment nous accompagner jusqu'au siège régional. Sans faire d'histoires. Berthoux acquiesce :

— D'accord mais ne touchez pas à ma femme et à mon fils.

L'un des malfaiteurs lui répond sur le ton de l'ironie :

— T'inquiète pas, on va laisser des gars pour veiller sur ta petite famille pendant qu'on travaille. Comme ça, tu peux être sûr qu'il leur arrivera rien.

Berthoux et les truands descendent les escaliers et s'engouffrent dans des voitures. Ils connaissent par cœur le chemin jusqu'à Colombes. Ils l'ont déjà passablement balisé. Ils savent également qu'une fois sur place ils auront affaire à quatre vigiles armés. Mais ils ont leur plan. Berthoux pris en otage et menacé, les vigiles n'ont qu'à se soumettre. Ils abandonnent leurs armes et sont rapidement maîtrisés.

— Tu nous conduis au système de sécurité, lance l'un des hommes à son otage. Vite, on est pressés.

Une fois le système désactivé, les hommes se dirigent vers la salle des coffres. Avec un complice involontaire comme Berthoux, les coffres ne sont pas compliqués à ouvrir. Le butin est tout simplement mirifique. Les hommes se relaient pour charger les sacs de billets. Ils remplissent leurs deux véhicules.

— Toi, maintenant, tu rentres chez toi gentiment. On tient encore ta famille compris ?

Les hommes s'enfuient laissant Berthoux abasourdi. Bilan de l'opération, 72 millions de francs. Une somme astronomique.

Peu de temps après, à Sartrouville dans les Yvelines, une patrouille de police repère deux véhicules suspects. Après vérifications radio, il s'avère qu'il s'agit de véhicules volés. Ils correspondent à la description qu'a faite Berthoux des automobiles que les truands ont utilisées pour le hold-up de Colombes. La patrouille, avant d'aller voir plus près, demande un appui.

— Véhicules suspects, demande renfort pour effectuer les vérifications.

Rapidement, une nouvelle patrouille de police rejoint la première. C'est alors que deux hommes s'approchent des voitures. Ils s'apprêtent visiblement à les emprunter. À la radio, le chef de patrouille prévient le commissariat :

— Deux suspects semblent sur le point de monter dans les véhicules. Demande autorisation d'effectuer une interpellation.

Autorisation accordée :

— Soyez prudents, les suspects peuvent être dangereux.

Les flics sautent de leur voiture et, arme au poing, interpellent les deux hommes.

— Police, ne bougez pas.

Michel Crutel et Stéphane Ley n'ont rien vu venir.

— On se casse Stéphane.

Les braqueurs se mettent alors à courir à toutes jambes.

— Faites pas les cons. Arrêtez-vous ou je tire.

Mais les sommations de la police n'effraient pas nos deux truands. Ils continuent leur course, sans se retourner. Les policiers se lancent à leur poursuite. Le véhicule appelé en renfort est arrivé sur place et prend les hommes en chasse. Il arrive rapidement à la hauteur des fuyards. La course de Crutel et Ley se termine au bout de quelques centaines de mètres seulement. Les deux hommes sont interpellés. Après vérification, les flics jubilent. Ils viennent d'arrêter Crutel et Ley. Mais cela ne sert pas à grand-chose. En effet, la police n'a que des présomptions. Aucun élément tangible. Et l'interrogatoire ne donnera rien. On peut même aller jusqu'à dire qu'il aura quelque chose d'humiliant pour les forces de l'ordre. Crutel ne lâche rien. Il sait que rien de concret ne peut être retenu contre lui. L'affaire de Colombes était millimétrée. Il n'a laissé aucune trace, aucun indice. Alors, même si la police est persuadée que c'est bien lui le cerveau du braquage, il a beau jeu de faire le mariole. Ou du moins de jouer les innocents.

— J'ai 30 ans, je suis célibataire, sans enfant, je n'ai pas d'emploi et je ne peux pas vous donner mon adresse pour ne pas nuire à la personne qui m'héberge.

— Quand avez-vous travaillé pour la dernière fois ?

— En 1975, j'étais agent des PTT.

— D'où proviennent les 10000 francs qu'on a retrouvés sur vous ?

— Ce sont mes économies.

— Quelles économies ? Vous n'avez pas travaillé depuis dix ans.

— Je pose du papier peint au noir…

Bref, Crutel mène les poulets en bateau. Et il n'y a rien qu'ils puissent faire contre ça. Aucune preuve, rien de sérieux ne permet à la BRB de coffrer Michel le Militaire, ainsi surnommé parce qu'il a fait un bref passage dans l'infanterie. L'homme est trop organisé, trop sérieux, trop soucieux du détail. On connaît pourtant son extrême violence, sa dangerosité. Mais sans preuve, pas d'affaire. Les flics redoublent de vigilance. Il leur faut coincer ce type qui les nargue. La surveillance s'accroît autour de Crutel.

Une chose est sûre, c'est que tout ne relève pas du fantasme policier. Crutel a trop d'argent. Il mène grand train. Une vraie vie de patachon. Difficile de croire que c'est sa nouvelle profession déclarée de courtier en automobiles qui lui permet de mener une existence aussi luxueuse. Entre deux coups, à en croire les flics, Crutel prend de nombreuses vacances à Saint-Tropez ou dans des relais-châteaux de Basse-Normandie. Et puis il faut bien admettre que ses relations ne sont pas toujours très fréquentables. Les amis de Crutel ont tous eu plus ou moins maille à partir avec la justice. Aussi, Le Militaire est observé de très près. On sait qu'il prépare des coups, ses contacts répétés avec des hommes du Mitant ne sont pas fortuits. Mais il est impossible de savoir à l'avance ce qu'il concocte tant l'homme est secret. Cependant, en février 1988, les flics parviennent enfin à mettre la main sur lui. L'affaire est restée dans les annales comme le « coup du cycliste paresseux ». Un vélo, équipé d'un rétroviseur géant, est en faction devant un porche de la rue Cadet à Paris. Le cycliste, assis sagement sur la selle de son vélo, semble attendre quelque chose. En fait, il surveille un immeuble. Mais il regarde dans son rétroviseur, sans jamais avoir à se retourner dans la direction du bâtiment. L'immeuble abrite le siège de la Compagnie d'Escompte : un marchand d'or. L'homme a deux complices avec lui. Ces derniers filent un employé de la Compagnie. Ils espèrent le prendre en otage et parvenir ainsi à se frayer un chemin jusqu'aux coffres de la société qui l'emploie. Mais la police n'est pas loin. La surveillance de Crutel et de son entourage n'a pas été vaine. Les hommes de la BRI interviennent et parviennent à arrêter toute la bande qui s'apprêtait à dérober une belle quantité d'or. C'est une dizaine de personnes au total qui est arrêtée et mise sous les verrous. Bien entendu, Michel Crutel et Stéphane Ley sont du nombre. Les flics sont convaincus que ces deux-là sont les chefs, les cerveaux de cette entreprise astucieuse. En remontant jusqu'à leur planque, La BRI saisit alors tout un arsenal. Des armes, des scanners pour écouter la police, postiches, cagoules, gilets pare-balles, chalumeaux, lances thermiques. Bref, un attirail cher et spécifique que seule une bande de grande envergure peut espérer posséder. Le coup de filet est donc une belle réussite. Les flics s'autocongratulent, fiers de leurs prises. Mais ils vont commettre une erreur. Une bavure. Et ils n'avaient pas besoin de ça. Michel Crutel et Stéphane Ley vont être victimes d'un interrogatoire musclé. Indigne de la police française. Les violences perpétrées à l'encontre des deux malfrats sont si importantes que trois des policiers impliqués dans l'interrogatoire se voient infliger une condamnation à dix-huit mois de prison avec sursis. Le jugement est sans appel. Les faits caractérisés sont « sadisme et violences illégitimes ». Crutel est néanmoins condamné de son côté à sept ans de réclusion et cinq ans d'interdiction de séjour. Il purge sa peine à la centrale de Clairvaux. Il n'est libéré qu'en 1994. Pour fuir le harcèlement policier qui ne cesse pas après sa libération, Crutel quitte la France pour l'Espagne. Mais la police veille au grain et continue de surveiller Le Militaire. Peut-on parler alors d'acharnement policier ? C'est ce que l'avocat de Crutel essaie de faire croire. Il ne cesse de se plaindre auprès des autorités du « traitement de faveur » dont bénéficie son client. Cependant, depuis son départ outre-Pyrénées, de nouveaux braquages défraient la chronique. Bizarrement, ils ont tous lieu non loin de la frontière espagnole. Une coïncidence, sans aucun doute…

Le 14 août 1996, des hommes cagoulés attendent dans une voiture sur le tarmac de l'aéroport de Perpignan. Ils sont très lourdement armés. Une autre voiture, non loin de là, abrite deux autres hommes, équipés de la même façon que les premiers. Comment les véhicules ont-ils réussi à se positionner à cet endroit sans que personne ne s'en aperçoive ? Cela reste un véritable mystère. Quoi qu'il en soit, les truands sont là et bien là, qui patientent calmement. L'un des hommes allume une cigarette. Il tire quelques bouffées et l'écrase. La tension commence à monter.

— Il faut pas se trouer sur ce coup-là. Parce qu'on risque de pas nous faire de cadeaux.

Il est 18 heures. Plus longtemps à attendre. Tout est en place pour un des braquages les plus audacieux jamais réalisés.

À 18 h 20, l'Airbus A320 qui assure la liaison Paris-Perpignan quitte son hangar et se dirige vers son aire de stationnement. Le pilote met le moteur en route et roule sur le tarmac, tranquillement. Il ne se doute pas un seul instant de ce qui l'attend. Alors que l'avion roule au pas, les deux voitures jusque-là en planque arrivent en trombe et s'arrêtent juste devant l'appareil dans un crissement de pneus. Le pilote panique. Que se passe-t-il ? Il freine et stoppe. Soudain, des hommes cagoulés descendent des voitures. Ils sont armés. Ils tirent des coups de feu en l'air. Le pilote se baisse, de peur de prendre une balle perdue. Lorsque les coups de feu cessent et qu'il se hasarde à regarder de nouveau sur la piste, il découvre une banderole déployée. Il y lit, ahuri, l'inscription suivante : « C'est un hold-up, coupe le moteur et ouvre la soute. » Sous la menace des armes de guerre que les malfaiteurs semblent tout à fait disposés à utiliser contre lui, le pilote de l'appareil obéit. Deux des truands se précipitent jusqu'à leur véhicule. Ils en sortent une échelle. Ils courent, portant l'échelle à deux, jusque sous le ventre de l'Airbus. Là, ils la déploient et s'engouffrent dans la soute. Ils en ressortent presque aussitôt avec deux sacs de billets. 28 kilos en tout. Ce sont des pesetas espagnoles, destinées à une banque privée. Les deux hommes galopent alors jusqu'aux voitures, et quittent les lieux à toute allure. Le hold-up, encore une fois, n'a pris que quelques minutes seulement. Le butin est important, même s'il n'est pas le plus formidable que l'équipe ait engrangé. 4 millions de francs. La police se trouve ridiculisée. Le préfet Bonnet alors en poste dans la région ne sait comment se justifier. Il aura ce mot aussi déplacé que risible : « À vingt secondes près, les truands étaient interceptés. » À vingt secondes près, beaucoup de choses ne seraient jamais arrivées.

La police soupçonne très fortement Crutel, mais il n'a pas fait le coup tout seul. Il s'est adjoint les services d'autres hommes de fort calibre. Une équipe de malfrats prêts à tout, issus de tous les milieux que la police va surnommer la *dream team*.

En 1998, la police française alerte son homologue espagnole. Une équipe de malfaiteurs de tout premier plan a décidé de s'installer sur le territoire ibérique. Leurs points de chute sont la Catalogne, dans les environs de Barcelone et la Costa del Sol, la partie méditerranéenne et ultratouristique de l'Andalousie. Tous les membres de l'équipe sont recherchés en France. Les truands semblent avoir opéré une délocalisation au soleil. La police française fournit donc tous les renseignements nécessaires. Elle va jusqu'à faire l'organigramme de la bande pour que les policiers espagnols puissent hiérarchiser leur surveillance. D'abord les chefs. Ils sont deux. On ne saurait dire si l'un a l'ascendant sur l'autre. Quoique les flics aient leur petite idée là-dessus. Avec

Michel le Militaire dans les parages, l'autorité ne doit guère être partagée. Donc, tout en haut de l'organigramme on trouve, bien entendu, Michel Crutel, mais également un certain Daniel Bellanger. Une autre pointure fichée au grand banditisme. Ses proches l'appellent « le Grand Daniel ». Mais ce Limougeaud, né en 1957, comme tous les hommes d'importance du Mitant cumule les surnoms et les sobriquets : « Babar », « Jospin », « le Grand Fada ». Un troisième homme apparaît sur la liste. Un truand originaire de Manosque. Christian Oraison, que l'on surnomme « le Grand Blond ». Ces trois-là sont la cible principale. Sans eux, pas de braquage. Il faut à tout prix les suivre de très près. Derrière les chefs, les hommes susceptibles de mettre au point des coups, on trouve un attelage assez hétéroclite. Des Parisiens, un Perpignanais, un Italien, neuf personnes au total. Leur point commun ? Ce sont de véritables têtes brûlées, issues des quartiers dits sensibles. Crutel l'a compris depuis longtemps. Les truands à la papa, les braqueurs à l'ancienne, tout cela est terminé. C'est en banlieue que se trouve la relève du grand banditisme. Des gosses qui ont grandi dans la misère, qui ont fait des séjours en prison très tôt et qui ont pour spécialité les rodéos avec les flics sur les Champs-Élysées ou encore les attaques à la voiture bélier. Des jeunes hommes pour lesquels l'attrait de l'argent facile n'est pas le seul moteur. L'action et le danger sont pour eux une puissante motivation. Bref, ce que Crutel a compris, peu de gens l'ont saisi avant lui. Et c'est ce qui fait l'originalité de la bande qu'il a montée. La spécialité du groupe : l'attaque à l'arme lourde de fourgons blindés. Le rapport qu'envoie la police française manque cependant de nuance. Persuadés qu'ils sont que la plupart des braquages de fourgons sont l'œuvre de l'équipe de Crutel, ils ne font pas le tri entre les éléments tangibles et les soupçons. Le braquage d'un Airbus sur l'aéroport de Perpignan serait leur premier fait d'armes. C'est ce que dit le rapport. Pourtant, rien ne permet de le démontrer. Leur dernière apparition, d'après la police judiciaire, remonte au 7 mars 1998 et s'est soldée par un échec. Lorsque la bande a attaqué un fourgon blindé de la Brink's sur un aéroport, le convoyeur a joué les pilotes de course et est parvenu à s'extirper des pistes sans dommage. Entre les deux, quelques attaques : l'une à Limoges, l'autre à Créteil (avortée celle-là), un entrepôt de Courbevoie (9 millions de francs volés), un dépôt dans l'Essonne, à Vert-le-Grand avec un butin de 16 millions de francs.

Si Crutel et ses hommes, Bellanger en premier lieu, sont vraiment mêlés à tous ces coups, l'Espagne a toutes les chances de devenir le nouveau terrain de jeux de cette équipe d'un genre inédit. La police française insiste sur les moyens mis en œuvre par la bande : armes lourdes de type kalachnikov, explosifs. La bande fait un usage systématique de camions et de véhicules tout-terrain pour bloquer les fourgons blindés, tire des coups de feu en l'air pour dissuader les convoyeurs de résister, et utilise des tenues militaires et des cagoules. Pas tant par goût de l'apparat. L'idée est plutôt de porter des vêtements impossibles à reconnaître, à repérer. L'uniforme les désingularise.

Sur la raison de leur exil, la police judiciaire à sa petite idée. L'équipe a subi quelques échecs au cours des derniers mois. L'un d'entre eux, le tout dernier, aurait pu être fatal à Michel Crutel.

Au mois d'octobre 1998, en pleine gare du Nord, deux Belges s'apprêtent à prendre le train pour retourner chez eux. Ils ont l'air de quidams. Des hommes d'affaires comme on en croise tant dans les wagons de première classe. Pourtant, ces deux hommes ont une particularité tout à fait intéressante. Ils sont numismates et transportent avec eux une énorme quantité de pièces d'or. Comment se fait-il qu'ils se promènent ainsi, sans mesure de sécurité particulière ? Ils misent en fait sur la banalité de leur mallette pour passer totalement inaperçus. Mais c'est sans compter avec le réseau d'informateurs de Crutel et sa bande. Le coup est d'une simplicité extrême. Trois hommes abordent les numismates en pleine gare du Nord. L'un d'eux montre une arme.

— Vous nous donnez gentiment la mallette et il ne vous arrivera rien. Et surtout pas de scandale parce que je n'hésiterai pas à tirer.

L'or change de main en quelques secondes. Plus de 3 millions de francs en pièces. Et sans tirer un coup de feu. Les truands s'enfuient. Malheureusement pour eux, un membre du groupe était sous surveillance. Lorsque la police débarque dans leur planque, elle n'a aucun mal à arrêter les hommes qui s'y trouvent. Mais pas de Michel Crutel. L'oiseau s'est envolé. Après moult vérifications, la police découvre des traces ADN permettant d'affirmer que Crutel a bien séjourné dans l'appartement. Mais rien ne prouve qu'il ait pris part au hold-up. Et de toute façon, il est sans doute déjà loin.

La police française, l'office du banditisme en particulier, est sur les nerfs. On ne peut pas laisser Crutel et sa bande continuer. Mais il n'y a rien à faire qu'à attendre le faux pas. Daniel Bellanger ou Michel Crutel font partie de ces hommes sur lesquels les services de police sont capables de mobiliser un groupe de huit hommes, pendant une année entière dans le simple espoir de les voir commettre une erreur. Alors que la police espagnole scrute de près les agissements de Crutel, Bellanger et Oraison, Michel le Militaire, quant à lui semble s'être retiré des affaires. Il est riche, a senti le souffle du boulet lors de l'attaque de la gare du Nord, sans doute veut-il laisser l'équipe qu'il a montée se débrouiller toute seule. C'est du moins la conclusion qu'en tire la police espagnole qui le voit évoluer dans sa nouvelle résidence, à Cadix. Il prétend mener une vie familiale avec sa nouvelle femme et ses deux enfants dans la riante petite ville située sur la façade atlantique de l'Andalousie, une cité multimillénaire dont les bâtiments colorés rappellent La Havane.

Pourtant, en ce mois de mai 1999, Michel le « retraité » tente ce nouveau coup qui lui sera fatal. Cadix se situe à une centaine de kilomètres à peine d'Algésiras. Un informateur lui a parlé de presque 300 kilos de résine de cannabis entreposés dans un hangar. Crutel bat le rappel des troupes. Mais le trafic de drogue est tenu par des gens bien organisés. L'affaire pourtant paraissait facile pour des truands du niveau de Crutel et ses amis : intimider le demi-sel espagnol qui détient provisoirement le cannabis fraîchement débarqué et lui extorquer sa came. Raté ! Le 21 mai 1999 met un point final à la légende de Michel Crutel, roi des braqueurs.

Bellanger et le reste de la bande vont cependant continuer à « travailler » dans le secteur. Si Crutel n'a pas participé à de gros braquages sur la Costa del Sol, c'est sans doute qu'il n'en a pas eu le temps.

Le 30 août 1999, il est 8 heures du matin lorsque plusieurs hommes vêtus de noir stationnent aux abords de l'aéroport de Malaga à bord de véhicules tout-terrain. Ils portent des gilets multipoche et des armes automatiques en bandoulière. Alors que la silhouette d'un fourgon blindé se profile à l'horizon, les hommes enfilent prestement des cagoules. Une fois le véhicule arrivé à leur hauteur, des coups de feu retentissent, obligeant le chauffeur du fourgon à s'arrêter. Les assaillants se font ouvrir le fourgon et raflent ce qui s'y trouve. Une forte somme en liquide et des diamants. Il y en a pour 540 millions de pesetas, soit plus de 20 millions de francs. Leur forfait accompli, les hommes parviennent à s'enfuir. Lorsque l'enquête policière se met en place, les enquêteurs découvrent, dans un véhicule abandonné, une bâche ayant servi à cacher les hommes. Elle a été achetée au magasin Leroy-Merlin de Malaga. Tout comme le matériel trouvé à l'arrière de la fourgonnette abandonnée lors de la fin tragique de Michel Crutel. Le Militaire a-t-il été, avant sa mort, le cerveau de cette opération ? Tous les éléments permettent en tout cas de croire qu'il y aurait participé s'il avait été en vie. Michel Crutel, dit Mimi, dit Le Militaire, vient d'effectuer son dernier coup, mais il n'est plus là pour en profiter…

PASCAL PAYET
LE ROI DE LA BELLE

Pascal Payet

Pascal, c'est un putain de mec. Tu peux pas le tenir. Les flics, ils ont tout essayé, mais ce type, tu lui files un bout de corde et un tournevis, il te démonte une prison. Tu peux pas y croire... Les mecs qui ont fait McGyver, *j'te jure qu'ils ont dû tout pomper sur Pascal... Quand j'pense qu'ils l'ont refoutu en taule, ces enfoirés de poulets, j'peux t'jurer qu'ils arriveront pas à le faire crever ici dans la moisissure. Putain de flicaille de merde. Jamais tu peux enlever sa liberté à un mec. Y a que les salopards de leur genre qui rigolent quand ils foutent un mec derrière les barreaux. À chaque fois que Pascal revient ici, nous on rigole. On sait très bien que ce type, il te file entre les doigts quand tu t'y attends l'moins...*

Pascal, c'est Pascal Payet. Un truand façon vieille école, né en 1963 à Montpellier. Une ville moins connue que Marseille pour son Milieu, mais tout de même bien présente quand il s'agit d'enfanter toute une troupe de braqueurs, arnaqueurs et voleurs de cette espèce. Payet n'est pas le parrain de la côte dont on a bien souvent parlé, mais plutôt un type entré dans le grand banditisme comme on entre en religion. Une sorte de manière de vivre, un art qu'on a de façon innée, ou qu'on ne maîtrise pas. Braquer un fourgon ? Attaquer une banque ? Agresser des convoyeurs de fonds ? Tout ça, Pascal Payet sait faire. Et avec brio, maîtrise, organisation, sang-froid. Tout le contraire du second couteau qui panique à la moindre sirène de bagnole de flics.

Dès sa plus tendre enfance, Payet est baladé entre les grandes villes du Sud. Après un passage à Lyon, sa famille s'installe à Marseille, où il se frotte aux petites arnaques locales : vol à la tire, deal de shit, agressions sur personnes faibles... rien que du très normal dans la cité phocéenne qui n'est pas particulièrement connue pour le calme de ses rues, surtout dans les années 1980. On ne retrouve pourtant pas de traces de lui dans les annales de la police avant 1988, date à laquelle il est condamné pour vol aggravé. À tout juste 25 ans, Pascal Payet n'est pas encore le mythe qu'il devient dix ans plus tard. Il vit bien, sans flamber, se fait connaître comme gros bras pour quelques coups intéressants, mais refuse par exemple de participer à de gros deals de came. La dope ne l'intéresse pas. Trop risqué, et dégueulasse. Il a vu trop de gars pourrir sur place à cause de l'héro. Alors il met un point d'honneur à ne pas tremper là-dedans.

Son truc, à Payet, c'est le braquage. En tous genres : de l'épicerie à la banque façon attaque de Fort Knox, Payet aime faire sauter les verrous, défoncer les portes, braquer les foules, se mettre du flouze plein les poches, remplir des sacs de sport de paquets de billets de banque ou rafler le jackpot. Comme si la vie était un immense casino. Une sorte de roulette où le bon numéro tombe à chaque fois. Une roue de la fortune truquée ajustable en temps réel. « La vie, c'est une pute. Suffit juste de bien savoir la baiser, pour qu'elle te le fasse gratos », répétait souvent son voisin de cellule, le Gros Jo.

Son premier gros coup, il le fait à 34 ans. Enfin, c'est tout ce qu'il a avoué à la Maison Poulaga. Le 18 novembre 1997, il se retrouve dans une ferme perdue du Vercors avec Éric Alboréo, son complice. Ils ont un plan. Un truc infaillible :

— Mec, j'ai bien regardé la route du fourgon, c'est du gâteau.

— Fais gaffe, Éric, ces enculés savent qu'ils sont surveillés.

— C'est que des putains d'alcoolo ces convoyeurs. J'ai discuté avec un mec de la compagnie, il me disait qu'ils étaient défoncés au shit et à la bière tellement ils se font chier à leur boulot.

— Alcoolo ou pas, ils sont armés. Et quand on va leur défoncer le fion, ce sera leur vie contre la nôtre. Ils s'en branlent du blé qu'ils transportent, mais par contre s'ils peuvent fumer quelques connards de notre genre, je peux te jurer qu'ils vont pas se priver. Ces mecs rêvent que d'un truc, accrocher un truand à leur tableau de chasse. C'est ça qui les fait tenir, ils attendent le jour où ils pourront sortir leur artillerie pour dégommer un bonhomme.

— On prend la RN12, avec la bagnole que Titi a volée, et on leur bloque le carrefour, à l'entrée de Salon-de-Provence. Moi, je débarque de la BMW et…

— Ouais, tu débarques, mais faut attendre un peu. S'ils essayent de forcer notre barrage, on est baisés mon pote. Faudra décamper sans plus insister.

— Ok, ok ok, mec. Ouais, t'as raison. Mais s'ils bougent pas, nous, c'est le Vietnam qu'on leur met.

— Ouais ! T'as raison. Beyrouth-sur-Provence que ça va être…

— Putain, mec, ce pied qu'on va prendre. Je l'sens bien, ouais, vraiment. Ça va être superbon. Tout chaud qu'on va les limer…

Le 20 novembre, Alboréo et Payet retrouvent leur troisième complice quelques heures avant le passage d'une fourgonnette blindée. Elle vient de la Banque de France, pleine de cash, et à cette heure matinale, le soleil de Salon-de-Provence inonde le paysage bucolique d'une lueur rosée.

— Putain, comme c'est beau mec. Mieux que les Caraïbes.

— Ouais, Pascal, et on va s'en payer une sacrée putain de tranche.

— Clair. T'as mis les balles dans le barillet ?

— Ouais, mec, tout est prêt. Y a rien sauf Dieu pour nous barrer la route.

— Dieu, mon pote, il a pas de gilet pare-balles. Les matons, si.

— Ok, *let's roll!*

À 6 h 18, le fourgon Citroën apparaît au loin sur la petite route. Alboréo démarre tout à coup la puissante BMW et se cale juste devant eux. La camionnette pile. Deux secondes de silence absolu dans la campagne provençale. Payet déboule à toute allure de la BMW noire, Alboréo reste au volant, et Titi sort un puissant FAMAS.

— Dehors, j'ai dit dehors ! crie Payet

— Ceci est un braquage ! Dehors ! Vous entendez, dehors ou on vous bute comme des putains de lapins ! relance Titi

Dans le fourgon, de l'agitation, puis un maton qui tente de redémarrer. Immédiatement, le FAMAS fait feu et explose les pneus de la fourgonnette.

— Encore une connerie et je t'explose la gueule, sale pédé ! hurle Payet

Payet fait feu sur la carrosserie blindée qui prend les balles dum-dum en vibrant.

— La prochaine, c'est entre les deux yeux !

Il court derrière la fourgonnette avec Titi, et pose un morceau de plastic sur la porte.

— *Mayday !* hurle Payet en faisant exploser la porte.

Un bruit immense envahit la quiétude de la campagne, et les portes s'ouvrent en deux, béantes. À l'intérieur, un gardien armé qui fait feu. La balle loupe Payet et son complice, qui lui intiment de lâcher immédiatement son fusil.

— Putain, à terre j'ai dit ! Lâche ça bordel !

Les convoyeurs s'exécutent, et Payet fait signe à Titi de prendre les quatre lourds sacs qui jonchent le sol. Titi récupère l'artiche, et court placer le butin dans le coffre de la BMW. Du gâteau.

Il est 6 h 24, et la BMW redémarre en trombe. En moins de six minutes, Payet et Alboréo ont volé des millions de francs, sans être inquiétés le moindre instant.

Mais la vie de braqueur de haut vol n'est pas de toute quiétude. Une fois cachés pendant deux mois, à changer de mas, le visage grimé, se faisant oublier pour ne pas se faire prendre par les autorités qui les traquent, Payet et Alboréo ont déjà le mal du pays. L'Italie où ils sont allés ? Un ramassis d'abrutis qui ne savent pas faire confiance aux Français. La vie façon Club Méditerranée a du bon, mais il faut de l'action à Payet. La liberté, elle existe aussi en cage dorée, quand on n'a rien à faire de la journée, sauf à compter les billets et les claquer en putes, en champagne de luxe ou en hôtels de m'as-tu vu où son look de brute du Sud-Est passe mal. Payet n'est jamais chez lui en cavale. Il abhorre l'idée d'aller en prison, mais il ne peut pas se passer de sa famille, de ses potes. Il décide finalement de remonter à Paris avec Alboréo, histoire de ferrailler un peu avec le Milieu de la capitale. Au mois de janvier 1999, à l'occasion d'un banal contrôle d'identité dans le quartier de Pigalle, les deux truands tombent bêtement dans les mailles des policiers. C'est le début du drame pour Pascal Payet.

La prison. Putain, la prison, mec, tu sais pas ce que c'est... C'est juste un truc de malade. Y a que les guedins qui peuvent survivre là-bas. Des mecs qui comprennent pas que dehors, t'as le soleil, la mer, les filles, la campagne. De la bouffe, de l'alcool, du tabac à volonté. Pas ce truc qui pue la pisse, pas cette merde qu'on te donne à l'abreuvoir, pas ces mochetés qu'on mate à la télé tous les soirs avec des envies de se branler toutes les secondes. La zonzon, ça te détruit mec. Ça te fout la tête à l'envers. Et comme tu l'avais déjà pas à l'endroit, t'imagines pas le nombre de tours qu'elle fait sur elle-même, ta tronche. Putain, ces enculés de matons, je les buterais tous. Sale prolos de merde qui "font leur boulot". Je t'en foutrai du "boulot", ouais, c'est du boulot de kapo, un truc de fachos de première. Moi, quand j'ai vu le Pascal arriver à Luynes, putain, il était d'accord avec moi, plus que ça, il était encore plus violent. Être entre quatre murs, c'est pas humain. La pétasse de la Justice, elle veut nous baiser en nous disant que ça nous fera du bien. Si la prison fait du bien à quelqu'un, c'est surtout pas à nous. Nous, ça nous rend encore pire. En sortant, on a envie d'aller violer vos sœurs, voler vos grands-mères, tabasser votre petit frère. On n'a plus de limites. Alors, Pascal, quand il a vu ça, il s'est dit: "Moi, on va pas me rendre dingue. J'appartiens pas à ici. J'ai rien à faire dans votre maison de mes deux. Moi, j'appartiens au ciel et au vent. Et je vous emmerde." »

À Luyne, il partage sa cellule avec un autre dingue de liberté, Frédéric Impocco. Un brave type cet Impocco, pas un méchant, comme on en croise parfois en QHS. Mais comme Payet, il ne s'imagine pas en train de croupir pendant des années dans ce genre de mitard. Ils sont jeunes, beaux gosses, avec des rêves plein la tête, alors pourquoi cette saloperie de société aurait-elle le droit de les foutre ainsi en l'air ? L'idée ne met pas bien longtemps pour germer dans leur esprit : « Putain, si on s'évadait ? » C'est Payet qui en parle le premier à Impocco. Il connaît un pote, à l'extérieur, qui fera tout pour l'aider à se faire la belle. « Et puis, ces connards de matons, on peut les acheter. Tout s'achète Fred, tout. Je connais pas un enculé sur terre qui a pas un prix. Et son prix, ben ce sera l'mien... »

En quelques semaines, à force d'observer les mouvements des gardiens vers leur cellule, Payet en tire la conclusion que le meilleur moment pour jouer la fille de l'air, c'est pendant la promenade de l'après-midi.

Fred, à cette heure-ci, ils sont bourrés au gros rouge qu'ils se sont tapé à la cantoche à midi. Les matons, ils réagissent deux fois moins vite.

— OK, mais comment on se casse de la cour ? Y a trois couches de barbelés, et j'ai pas envie de m'empaler comme une vieille tantouze...

— T'inquiète Fred... T'es pas moderne, toi. L'avenir, c'est l'aéronautique, non ?

— Hein ?

— On va se casser en Concorde du pauvre.

— Tu veux dire en parachute ?

— Non, mon vieux. Mieux : en hélico !

Le 12 octobre 2001, tout est calme dans la prison de Luyne. Une journée comme les autres dans cette maison d'arrêt qui accueille en son sein une troupe assez bigarrée de malfrats en tous genres. Tout le monde vaque à ses occupations, sans plus se soucier du lointain ronronnement qui se fait entendre au loin. Seuls deux hommes ont les mains moites et le cœur qui bat : Pascal Payet et Frédéric Impocco. Ils sont tendus. Ils attendent. Leurs sentiments sont mêlés : trouille et adrénaline. Ce grondement qui se rapproche lentement, ce sont les ailes du Gazelle, l'hélicoptère que leur pote vient de détourner dans une base environnante après avoir braqué un pilote de chasse qui s'apprêtait à tester la mécanique de l'engin. L'héliport est à 5 minutes à vol d'oiseau de la maison d'arrêt de Luyne, en Provence. Dans la cour, les deux hommes font mine de discuter, scrutant le ciel discrètement. Le bruit est de plus en plus fort. Au loin, la silhouette des pales de l'hélico se fait de plus en plus précise.

— Fred ! Merde, faut qu'on se casse...

En haut, sur les tours de surveillance des gardiens, c'est la panique. Une voix métallisée hurle :

— Restez où vous êtes ! Ne bougez plus ou nous vous abattrons !

— Fred, putain, magne-toi...

Impocco et Payet se précipitent vers l'échelle souple que l'hélicoptère vient de dérouler à hauteur d'homme en plein milieu de la promenade. Les autres prisonniers semblent figés et ne réagissent pas. Payet et Impocco empoignent fermement l'échelle en corde et l'hélicoptère remonte aussitôt, essuyant un tir des gardiens complètement dépassés par les événements. Le filet de sécurité n'a servi à rien ; les deux prisonniers sont devenus des hommes libres en l'espace de quelques secondes.

Payet découvre alors la véritable vie de cavale. Il est seul, mais aidé par un important réseau d'amis qui le soutiennent à chaque instant. Impocco, lui, n'est resté que six jours dehors. Il a voulu trop vite sortir du bois, et le 18 octobre, il s'est fait arrêter à Paris. Payet est un véritable ermite, qui change d'identité et de cache chaque semaine. Mais il arrive tout de même à garder contact avec sa famille, à rester en France la majeure partie du temps et à récupérer de l'argent de ses précédents braquages. Il faut dire que son évasion spectaculaire lui a permis de se faire définitivement respecter dans le Milieu. On ne balance pas comme ça un évadé qui a fait la nique à la police d'une manière aussi impressionnante. Mieux encore, Payet a un projet totalement fou : retourner à Luyne et faire délivrer ses potes encore enfermés, son ancien acolyte Alboréo, mais aussi Franck Perletto et Michel Valero.

Le 14 avril 2003, c'est lui qui se dirige vers la base héliport provençale, en complet beige, se faisant passer pour un riche client qui veut aller à Monte-Carlo pour aller dépenser quelques milliers d'euros au casino. Une fois à bord, il sort une arme, et arrache sa moustache en braquant le pilote :

— Je suis Pascal Payet. Il y a deux ans, on m'a fait évader par hélicoptère de la maison d'arrêt de Luyne. Et aujourd'hui mon pote, c'est mes amis qu'on va aller chercher. Si t'obéis à mes ordres, que tu fais pas le mariole, il t'arrivera rien, et tu retrouveras ta femme, ton chien et ta maîtresse ce soir.

Comme une histoire qui se réécrit à l'identique, l'hélicoptère arrive à prendre sans aucun accrochage les trois amis de Payet à son bord. Un clin d'œil qui ne plaît pas pour autant à la police, qui fait de Payet l'ennemi public numéro un. Ce type vient de les ridiculiser proprement, en retournant sur les lieux du crime, sans se faire inquiéter le moindre du monde. Il faut dire que pour sécuriser une maison d'arrêt contre ce type d'évasion, le filet anti-hélicoptère coûte la bagatelle de 500 000 euros. Un gardien témoigne :

— La ministre de la Justice veut nous mettre tout sur le dos, mais quand elle aura compris qu'on ne peut pas garder une prison en sous-effectif, sans même un filet anti-aérien, elle comprendra qu'on n'y peut franchement rien. Mes hommes ont fait leur boulot. Elle, par contre, devrait venir faire un tour en taule un de ces quatre matins. Elle comprendra pourquoi les matons en chient tous les jours, et pourquoi les prisonniers n'ont qu'une envie : s'évader.

Payet s'offre même un luxe à la Mesrine en envoyant à la presse un vibrant plaidoyer contre les conditions déplorables de détention des prisonniers en France. Il vient de refaire exactement le même exploit que le Grand Jacques qui avait, au Canada, attaqué, armé jusqu'aux dents, une prison de laquelle il venait de s'échapper. Payet est un grand du banditisme lui aussi, désormais considéré par ses pairs comme un type qui ne craint rien, sauf la solitude et le froid du mitard, ces moments où l'on se retrouve seul face à soi-même, dans l'humidité du cachot, à compter les secondes, à se demander quand la mort arrivera, quand le soleil se lèvera, de quel goût immonde sera la gamelle... Mais les quatre hommes sont devenus les hommes à abattre. Lui et ses complices sont arrêtés tous les trois, balancés par un minable qui a sauvé sa peau en trahissant la parole des hommes d'honneur.

Le procès Payet mobilise toute la France : comment un braqueur aussi brillant pourra-t-il tenir entre quatre murs ? Comment la police arrivera-t-elle à brider celui qui a fait tant parler de lui ? Comment arrivera-t-il à revenir dans la confidentialité des cellules ? Placé sous très haute surveillance, il est inculpé d'homicide volontaire pour son braquage de 1997 à Salon-de-Provence. On n'arrive pas à déterminer s'il est vraiment l'auteur des coups de feu mortels, mais il sera condamné à trente ans de réclusion criminelle. La peine est annoncée en janvier 2005, puis confirmée en appel en mai 2006.

Pendant ce temps l'administration pénitentiaire a pris des mesures exceptionnelles pour celui qu'elle considère comme le plus intenable de ses prisonniers. Payet n'a qu'une obsession, jour et nuit : s'évader. Cette idée le ronge. S'évader. Briser les chaînes. Scier les barreaux. Voler dans l'air. Décoller du sol. Faire un bras d'honneur à ses gardiens et s'éloigner à toute allure sur la route. Plonger dans la mer, et ressortir au dehors. Faire fi du barbelé. Ne pas se faire transpercer par les balles des matons. Éviter les coups des autres prisonniers. Car Payet n'est pas une tête brûlée :

intelligent, machiavélique même, il ne se lancera jamais dans une aventure au hasard. Chez lui, tout est planifié, prévu au millimètre près. Sa prochaine évasion, il ne la loupera pas.

C'est le 14 juillet 2007, après deux années pleines passées à nouveau derrière les barreaux, que Payet a choisi pour s'enfuir de la prison de Grasse. Le journal *L'Humanité* détaille minutes par minutes leur journée :

« Sur les Champs-Élysées, le défilé du 14 juillet touche à sa fin. Dans les airs, 37 hélicoptères clôturent les festivités. Neuf cents kilomètres plus au sud, une voiture se gare non loin de l'aéroport de Cannes-Mandelieu. À son bord, quatre hommes. Eux aussi intéressés par les hélicoptères. Mais pour d'autres raisons. [...] Après une journée de planque, maintenant encagoulés et lourdement armés, ils entrent en action. Leur opération, millimétrée, est simple : prendre en otage un pilote de la société Azur-hélico. Ce sera fait en moins de temps qu'il n'en faut pour le dire. Une demi-heure plus tard, les malfaiteurs ordonnent au pilote de l'appareil, un Écureuil, de se poser sur l'un des toits de la prison de Grasse. De là, calmement, ils rejoignent la zone de détention après avoir enfoncé plusieurs portes. Pascal Payet les y attend. [...] Le 14 juillet dernier, le bandit a définitivement gagné son surnom de “Roi de la belle”. Vers 18 h 45, il a rejoint ses quatre complices venus le chercher à bord de “leur” hélico. Une demi-heure plus tard, l'appareil a atterri non loin de l'autoroute A8. De là, ses cinq passagers ont pris la fuite. À pieds. »

Une fois dehors, Payet disparaît littéralement, ainsi que les quatre complices qui sont venus le chercher. Direction la Catalogne, où il ne part qu'avec une valise remplie de billets et quelques armes chargées, histoire de parer à toute éventualité. À Mataro, il ne sort pas. Il s'est rasé la tête, et son visage est très marqué par les deux années de détention qu'il vient de subir. Il sait qu'il est traqué, comme dans une prison à porte ouverte. Cette belle, il sait que ce sera sa dernière, qu'il n'aura pas le courage d'en retenter une si, par malheur, on le reprend. Car les flics ne lui ont pas pardonné ce dernier bras d'honneur. Ils écoutent jour et nuit tout le Milieu marseillais et parisien afin de glaner quelques informations. Il leur FAUT Payet. La police sait bien que le ridicule tue. Et les poulets ont eu leur dose de ridicule. En septembre 2007, ils tiennent une piste : Farid Ouassou et Alarin Armato, deux truands du sud de la France, semblent être en lien téléphonique avec Payet qui se terre en Espagne. Les policiers les prennent en filature et suivent la moto des deux complices jusque Mataro. Là-bas, la Guardia Civile leur tend une véritable souricière et arrête les trois hommes. Payet sort du restaurant où il les attendait, l'air blafard, le teint terreux. Il se laisse arrêter sans résister. Pascal Payet est de nouveau sous les verrous. La prison, encore, l'étroitesse, l'étouffement. L'angoisse des nuits blanches. Pascal Payet semble avoir accepté tout cela à présent. Pourtant, là-haut, au-dessus des toits, les étoiles brillent…

LE CLAN HORNEC

LES H.
OU LES DERNIERS PARRAINS

On les appelle « les Manouches de Montreuil ». C'est dans cette ville qu'il y a près de cinquante ans les Hornec ont élu domicile. Lucien Hornec, honnête ferrailleur, est venu s'installer ici, sur les hauts de Montreuil, à une époque où les champs entouraient encore les murs à pêches, murs sur lesquels les exploitants de la région faisaient pousser la « grosse mignonne » une race de pêche savoureuse. La famille de Lucien avait fui l'Alsace à une période où l'Allemagne voulait exterminer les gens comme eux. Les Tziganes, les romanichels, les gens du voyage. Bref, une engeance que l'Allemagne nazie souhaitait voir éradiquée.

Une fois installée en région parisienne la famille Hornec, on pourrait déjà parler de « clan », s'agrandit, fait souche. Lucien a eu trois fils. Jean-Claude né en 1953, Mario en 1957 et Marc en 1966. Cinquante ans après l'arrivée des Hornec en Seine-Saint-Denis, ces trois hommes sont considérés comme les derniers vrais parrains. Et la famille d'obtenir son surnom, qui sonne comme une marque : les H.

Le domaine dans lequel vivent les Hornec se compose aujourd'hui de six pavillons rue Ramenas, flanqués de quatre caravanes. Cet endroit, constamment surveillé par des guetteurs recrutés dans les cités avoisinantes, est réputé être un camp retranché imprenable.

Ces quelques rues forment une sorte d'îlot, un sanctuaire où les membres du clan peuvent aisément se cacher. La police elle-même dit qu'il est aventureux de chercher à planquer dans ce quartier. Le moindre intrus, le moindre mouvement louche ou inhabituel est repéré et signalé. C'est leur territoire. Leur ancrage. Bien sûr, ils ont d'autres lieux, d'autres relais. Les trois frères s'appuient sur les communautés manouches itinérantes. Forains et étameurs qui sillonnent le pays, de marchés en foires. Ces camps aux adresses éphémères sont des lieux de replis tout trouvés en cas de réel problème. Les frères Hornec sont des surdoués, des as du crime. Ils ont, en quelques années, stabilisé le Milieu parisien en s'arrogeant la plupart des marchés des économies parallèles. Pourtant, ils ont commencé petit. Ils ne semblaient pas destinés à mener la carrière fulgurante qui a été la leur.

Les trois frères Hornec ont démarré dans la rue. Des débuts dont la police de Montreuil se souvient encore. Marc, le cadet, avait à peine 11 ans lorsqu'il commence à voler des mobylettes. Il se fait souvent arrêter.

— Hornec, encore toi ? lancent les flics du commissariat de Montreuil à chacune de ses arrestations. Bon, tu connais le tarif, hein ?

Pour le punir le chef de poste prend le gamin dans son bureau et lui fait passer l'après-midi à quatre pattes sous une table. Marc est farouche. Une vraie teigne. Il ne bronche pas. Il est capable d'encaisser les coups sans rien dire. À peine adolescent, le cadet des Hornec est déjà en train de se forger une personnalité de caïd. Son père, trop occupé par la ferraille et la récupération de métaux, ne vient jamais au poste chercher l'enfant. C'est sa mère qui s'en charge.

— Madame Hornec, c'est plus possible ce petit. Faut le tenir.

La mère hausse les épaules. Elle est à peu près aussi bavarde que son fils. Surtout avec les Schmidt. Avec une enfance pareille, il n'y a aucune raison que Marc s'arrête en si bon chemin. D'autant que Mario, son frère aîné, fait lui aussi les quatre cents coups.

Dès qu'ils sont en âge, Marc et Mario commencent à vendre leurs services à des braqueurs de la banlieue sud. Leur participation reste extérieure mais revêt une importance capitale. C'est à Montreuil que sont désossées puis découpées les voitures ayant servi aux casses de leurs amis. Une activité en entraînant une autre, les frères Hornec commencent à fournir des voitures maquillées. À cette époque, les vieux voyous français, l'arrière-garde du Mitant a abandonné le secteur de Montreuil, réputé ingérable. Trop de turbulences, trop de petits caïds locaux. La place est donc à prendre. C'est Mario qui s'intéresse le premier au contrôle des activités parallèles sur le secteur. À ce moment-là, Marc en est encore aux enfantillages. Avec deux voisins, les frères Gimenez, Enrique et Christian, ils se rendent dans les banlieues huppées, à Neuilly notamment, et s'emparent des plus belles autos dans les parkings. BMW, Golf GTI de préférence à une époque où la police roule en Renault 12.

Grâce à ses activités, Marc devient un pilote hors pair. Il n'a peur de rien. Plus d'une fois, on l'a vu se faufiler entre les mailles d'un barrage au volant d'une Mercedes qu'il conduit comme une Renault 5. Jouant avec le frein à main. Impossible de le coincer, sauf à utiliser des herses tant il semble froid devant l'obstacle.

Un jour, Mario dont les activités commencent à prendre de l'ampleur, prend son jeune frère Marc sous son aile. À partir de ce moment-là, on le croise moins souvent à Montreuil. Et lorsqu'il s'y trouve, il est toujours impeccablement habillé. Il ne porte jamais rien de suspect sur lui. Rien qui puisse intéresser la police qui, déjà, l'a à l'œil. Il arrive encore, de temps en temps, que les flics parviennent à lui mettre la main dessus. Au milieu des années 80 on le pique parfois pour des broutilles. Mais la rumeur enfle. Les Hornec sont passés à la vitesse supérieure. On commence à les voir circuler dans de belles voitures de location.

On sait plus ou moins qu'ils se sont lancés dans les braquages, les machines à sous et les saucissonnages à domicile.

Le premier changement radical a lieu quand les Hornec se mettent à travailler avec les Arabes des cités voisines. Ils avaient tous grandi ensemble dans le quartier Boissière à Montreuil, ils se connaissent, se respectent, mais n'ont jusque-là pas travaillé ensemble. C'est Mario Hornec qui, le premier, a l'idée de monter des équipes « mixtes » bénéficiant ainsi de l'appui solide des deux communautés. Les braquages se multiplient avec succès. Un petit groupe s'est mis en place. Mais Mario et Marc voient plus loin, visent plus haut. Ils commencent alors à travailler avec le parrain local, un certain Claude Genova. Il est leur aîné et a réussi à se constituer une belle situation dans la région et au-delà. Il connaît les Hornec et a vu en eux de futurs grands. Ils ont grandi dans le même quartier et fréquenté les mêmes écoles. Puis ils ont fait des affaires ensemble, le premier dans le rôle du patron, les seconds dans celui des élèves surdoués. La jovialité de Genova leur a longtemps plu. De plus Genova a épousé une gitane. Un gage d'attachement à la communauté pour les Hornec.

Cependant, au début des années 1990, Genova est incarcéré. Bien qu'il parvienne à peu près à se tenir au courant de ce qui se déroule pendant son absence, il comprend assez vite que ses élèves sont en train de lui bouffer la laine sur le dos. Il sait qu'il ne sera pas libérable avant 1995, et il lui faut tenir. Sauf que les nouvelles du dehors ne sont pas bonnes. Ce qu'on lui rapporte l'inquiète au plus haut point. Des attaques de fourgons mobilisant des moyens considérables pour des butins colossaux sont perpétrées par des équipes véloces, mobiles et têtes brûlées. Les flics pédalent dans la semoule et ne disposent que de très vagues renseignements. Mais Genova, lui, croit savoir. Il pense aux manouches de Montreuil. Il est bien placé pour connaître leurs méthodes. Les élèves sont-ils en train d'essayer d'évincer le maître ? Genova décide de prendre des mesures de rétorsion avant qu'il ne soit trop tard. Et avec celui qu'on surnomme « Le Gros », ces mesures sont radicales.

Le 25 novembre 1993, Michel Thiry, un demi-manouche proche du clan Hornec, est assassiné devant chez lui, à Montreuil. Mais ce n'est qu'un coup de semonce.

En février 1994, les fidèles de Genova prennent en otage un membre du clan Hornec. Un certain Nordine Mansouri. L'homme est emmené de force et séquestré dans un lieu connu des seuls vrais amis de Genova. Ce lieu, ils le surnomment entre eux « le gourbi ». Genova, à la faveur d'une permission, vient voir l'otage. Mansouri est torturé. Ses articulations sont attaquées à la perceuse… Après trois semaines de cet atroce régime, Mansouri est relâché. Mais seulement après le versement d'une rançon de 800 000 francs. Bien entendu, personne ne porte plainte. Les Hornec ont de toute façon l'intention de se faire justice eux-mêmes. Aussi, tels les meilleurs boxeurs, après avoir encaissé les coups, les Hornec ripostent. Et ils le font sans ménagement. Ils visent les hommes de Genova qui ont torturé Mansouri. Le premier d'entre eux à subir leur vengeance est Éric Pasquet, un proxénète. Il est assassiné le 17 mai 1994 après une réception en l'honneur de son ami Fabrice Tiozzo au Cirque d'hiver.

Le 12 juin 1994, c'est au tour d'un deuxième membre de l'équipe de tortionnaires de chuter. Joël Guignon tombe sous les balles non loin de son domicile de Nogent-sur-Marne. Genova voit ses lieutenants les plus proches décimés. Deux autres membres tombent lors d'une altercation dans un bar qui, semble-t-il, n'a rien à voir avec le règlement de comptes que leur font subir les H. Quoi qu'il en soit, cela compromet considérablement la reconstitution du gang de Genova après sa sortie de prison. « Le Gros » a senti le vent tourner. Il sait qu'il n'aura pas le dessus, d'autant que sa position ne le lui permet pas tant qu'il est sous les verrous. Aussi, à la faveur d'une nouvelle permission, Genova organise un rendez-vous avec Marc et Mario. Il veut sauver ce qui peut l'être et mettre fin, au moins provisoirement, aux hostilités. L'entrevue aura lieu à Paris dans un grand hôtel de la Porte Maillot. Mais Genova n'arrivera jamais jusqu'au lieu du rendez-vous. Des tueurs l'attendent à sa descente de voiture et le criblent de balle sur le trottoir du boulevard Gouvion-Saint-Cyr. En balayant cet homme, c'est un empire qui est libéré.

Bien entendu, il est parfaitement impossible pour la police de faire le lien entre les Hornec et la mort de Genova…

Genova écarté, ses anciens élèves n'ont plus à lui verser cette dîme qu'il réclamait sur tous les bons coups. Désormais, les Hornec sont devenus les tauliers. Ils mènent grand train et ne se refusent rien.

Les Hornec sont alors considérés comme les rois de l'attaque de fourgon blindé. Les sommes amassées leur permettent, semble-t-il, d'investir dans l'immobilier et de reprendre en sous-main quelques établissements de nuit de la région parisienne. Le Fun Raï à Evry, le Why Not à Pontault-Combault, une boîte de nuit anciennement tenue par Genova. Ils prennent des parts également dans l'Élysée Raï ou encore le Midnight Express à la Défense.

Les flics sont constamment sur leurs pas. Si l'on ne parvient pas à les prendre sur le fait, c'est du côté de l'argent sale que la police va fouiller. Mais, là encore, démontrer quoi que ce soit s'avère très compliqué. Sur un coup de chance, la police parvient tout de même à accrocher Marc. En effet, on découvre plus de 550 kilos de résine de cannabis dans un camion frigorifique garé dans un box lui appartenant. Nous sommes à l'été 1995.

La brigade des stups se met alors immédiatement en branle. Les possibilités d'épingler un Hornec sont suffisamment rares pour être traitées en priorité. Très rapidement, Marc est localisé dans un hôtel luxueux de Juan-les-Pins. Une équipe est aussitôt constituée au Quai des Orfèvres. Une dizaine d'hommes part sur-le-champ pour épauler les collègues méridionaux.

Dès le lendemain matin, un dispositif est mis en place autour de l'hôtel où séjourne Marc Hornec. Un groupe de policiers prend également position autour de la villa Californie, où réside la famille durant l'été.

Les flics investissent l'hôtel. Ils montent en catimini les quatre étages qui les séparent de la chambre où réside Marc Hornec. Arrivés devant la chambre 420, ils cognent discrètement à la porte. Lorsqu'elle s'entrebâille, les flics s'engouffrent dans la pièce en forçant le passage.

— On ne bouge plus, police !

Les forces de l'ordre reconnaissent Abdelkrim Hadjadj, un ami du clan. Mais pas de Marc Hornec en vue. Encore une fois, les flics ont raté leur coup.

Vers midi cependant, du côté de la villa Californie, une Porsche bleue s'approche, prête à s'engager dans l'allée. Les policiers reconnaissent Mario Hornec au volant. Marc est du côté passager.

— Mario, les Schmidt, lance Marc à son frère qui s'est immédiatement aperçu que la rue était barrée.

Instantanément, Mario enfonce la pédale d'accélérateur. Il fonce sur la voiture censée barrer le passage. Marche arrière. Mario tamponne un deuxième véhicule.

— Là, tu passes, Mario !

Mario Hornec tente de se faufiler entre un mur et plusieurs voitures, mais il sent le piège se refermer. Pris d'une frénésie incontrôlable, il se met à jouer de l'accélérateur. Il va d'avant en arrière, la Porsche se comporte comme un cheval de rodéo. L'un des flics décide de tirer dans les pneus. Deux détonations retentissent. Mais cela ne suffit pas. Mario continue son exercice de stock-car. Quelques secondes plus tard cependant, le véhicule fait un tête-à-queue et s'arrête.

— Descends, Marc, casse-toi !

Marc Hornec bondit hors de la Porsche et s'enfuit à toutes jambes en direction de la villa. Deux des policiers le prennent en chasse, à pied. Ils poursuivent Hornec, leur arme au poing. Heureusement, Jean-Claude, le frère aîné des Hornec s'interpose.

— Tirez pas, je vous en supplie, tirez-pas.

Pierre Falck, un membre de la famille, pour sa part donne à Marc le VTT qu'il tient entre les mains.

— Vas-y, Forain, fonce !

Marc Hornec enjambe le vélo. Montrant une incroyable dextérité dans le maniement du deux-roues, le fuyard sème rapidement ses poursuivants qui ne peuvent que constater que le cadet des Hornec vient de leur échapper. Et jusqu'à quand ? Nul ne le sait. Et surtout pas la police, éberluée par le barnum auquel elle vient d'assister.

Cet épisode contribue largement à la construction de la légende et laisse des traces dans l'imaginaire policier. Mais pour ceux qui connaissent bien la famille, une telle résistance n'a rien d'une surprise. Quelques mois plus tôt, une filature a donné des sueurs froides à deux policiers du Quai des Orfèvres. Les deux hommes sont installés en planque à proximité d'un des pavillons de Montreuil. On surveille les allers-retours de la famille et surtout de ses chefs. Les flics observent ce qui les entoure. Les rues sont quasiment vides. Une voiture s'annonce au bout de la rue. Les fonctionnaires de police n'y font pas attention. Pourtant, lorsqu'elle arrive à leur hauteur, la voiture marque un temps d'arrêt. Trois hommes sont à son bord. Ils regardent les flics avec l'air menaçant.

— Bon, on est repérés, c'est pas la peine de rester là, dit l'un des flics. Mais on a vu personne.

— Comment ils ont pu nous surprendre ? répond l'autre.

— Si tu veux mon avis, ils nous ont senti débarquer avant même qu'on se lève ce matin.

Les Schmidt comme diraient les Hornec décident de lever le camp. Aussitôt sur la route, les policiers s'aperçoivent qu'ils sont suivis. C'est la voiture qui leur a signifié qu'ils étaient repérés.

— Qu'est-ce qu'on fait ? Ils nous suivent.

— Ne t'inquiète pas, ils s'assurent juste qu'on quitte bien leur territoire.

Le deuxième policier moins expérimenté s'offusque :

— Mais ils sont gonflés quand même. Ils nous filochent comme si c'était nous les malfrats.

C'est vrai que le culot est à la hauteur de la réputation du clan Hornec. Lorsque la voiture de police atteint les portes de Paris, les flics se détendent. Mais un peu tôt. Passée la Porte de Montreuil, ils s'aperçoivent qu'ils sont toujours suivis.

— Mais qu'est-ce qu'ils foutent ces cons ? On va quand même pas essayer de les semer ?

— On rentre au Quai des Orfèvres. On verra s'ils osent nous suivre jusque-là.

La voiture banalisée sillonne les rues de Paris jusqu'à parvenir au 36. Lorsqu'elle se gare près du bâtiment, la voiture suit toujours. Elle les a filé tout du long laissant la panique monter peu à peu chez des flics, conscients qu'à tout moment il aurait pu leur arriver quelque chose. En passant devant les policiers qui sortent prestement du véhicule, les suiveurs font un petit signe amical. Et ironique.

Le 22 février 1996, Mario Hornec est dans un restaurant de l'avenue de Wagram. Le Savoie. Il est en train de déjeuner avec un ami lorsque deux policiers viennent l'arrêter. Là, pas le temps de fuir. Pas de raison précise non plus. Il demande le motif de son interpellation aux flics qui lui répondent qu'un juge souhaite l'entendre au sujet du meurtre de Genova survenu deux ans plus tôt. Évidemment Mario est peu prolixe. Le juge l'interroge sur les rapports qu'il avait avec Genova : « Excellents » répond Mario. Quand au meurtre de ses lieutenants, Mario affirme qu'il ne connaissait pas certains d'entre eux, et qu'il avait de lointaines relations avec d'autres. Mario Hornec n'est pas prêt à dire quoi que ce soit. L'interrogatoire se poursuivant, le juge met sur le tapis l'affaire des 550 kilos de cannabis découverts dans le box appartenant à son frère. Là non plus, Mario ne se démonte pas. Il explique que son petit cousin a volé un camion qu'il pensait plein de matériel vidéo mais qui s'est avéré plein de drogue. « On ne savait pas quoi en faire, alors on l'a planqué. » Lorsque le juge l'interroge sur la fuite de son frère et l'incroyable rodéo qui a eu lieu l'été précédent à la villa Californie, Mario Hornec répond benoîtement « On savait pas que c'était la police. On a paniqué. »

Marc Hornec est toujours en fuite pour sa part. Mais il n'a pas quitté la région parisienne. Les flics obtiennent des informations concernant un rendez-vous qu'il aurait dans un hôtel du parc Eurodisney. Marc doit retrouver deux hommes avec lesquels il va régler quelques affaires. La police décide d'intervenir. Mais l'arrestation doit se passer en douceur. On ne peut prendre le risque que ça tourne mal dans un lieu aussi fréquenté. Aussi, c'est pas moins de 40 fonctionnaires de police qui sont mobilisés ce 21 mars 1996. Certains se voient même contraints de se déguiser en Mickey Mouse afin d'observer sans être vus. Lorsque Marc arrive au lieu du rendez-vous, il est appréhendé. Il n'oppose aucune résistance. Au cours de son interrogatoire, lorsqu'on lui pose la question de ses revenus, Marc dit gagner peu d'argent. Sa seule richesse, dit-il, sont des parts dans des manèges de la foire du Trône.

Un lieutenant de la PJ niçoise a profité de l'aubaine pour monter au Quai des Orfèvres. Mandaté par un juge de Grasse, il souhaite entendre Marc Hornec sur sa spectaculaire fuite à Antibes. Marc Hornec fait face. Des interrogatoires, il en a connu beaucoup. Celui-ci ne lui fait pas plus peur que les précédents.

— Quel est votre parcours scolaire ?

— Je ne suis titulaire d'aucun diplôme mais je suis allé à l'école jusqu'à 15 ans.

— Êtes-vous connu des services de police et de justice ?

— J'ai fait l'objet de quelques condamnations mais ces affaires remontent à ma jeunesse.

— Quelles sont vos ressources ?

— Je travaille avec des cousins. Nous pratiquons le commerce de tapis. Mes revenues varient entre 10 000 et 15 000 francs par mois. Mais je ne dispose d'aucun compte en banque.

— Des produits stupéfiants ?

— Je n'en consomme pas.

Marc cependant reste sous les verrous. Mais il sait que les autres feront tout pour qu'il sorte. La brigade financière peut-elle sauver cette enquête en péril ? On veut encore le croire au Quai des Orfèvres. Mais la moisson n'est pas fameuse. Les flics ont cependant acquis la conviction que l'une des discothèques (le Fun Raï) a été acquise par le clan pour la modeste somme de 300 000 francs, deux des frères figurant vraisemblablement parmi les propriétaires. Un de leurs hommes de paille a donné quelques détails. Une fois par semaine, la recette est partagée de façon égale et distribuée aux associés dans des enveloppes. Mais aucun document ne permet d'étayer ces accusations. Là encore, la police se retrouve le bec dans l'eau.

La brigade financière tente un dernier coup. Des hommes sont envoyés en mission au Luxembourg pour vérifier l'authenticité d'une série d'emprunts souscrits auprès des banques du grand-duché pour financer la prise de participation dans plusieurs discothèques. Ils soupçonnent ces opérations de masquer des apports en espèce. Mais là encore, pas d'information tangible. Au Luxembourg, on ne plaisante pas avec le secret bancaire

Marc Hornec est relâché. Blanc comme neige.

La tâche de la police est trop compliquée. Il lui est impossible de planquer sur le territoire du clan. Difficile de surveiller un quartier lorsque ceux qui vous intéressent disposent de moyens radio et de véhicules plus puissants que les vôtres.

L'ultime rapport de la PJ est un véritable constat d'échec. Au fil du temps, les frères Hornec ont créé une organisation criminelle opérant dans tous les secteurs lucratifs. Structurée de sorte qu'ils ne sont que rarement en cause dans les procédures judiciaires. La découverte de 554 kilos de cannabis dans un box à Rosny-sous-Bois en 1995 est la seule procédure les concernant. À cette structure criminelle se sont agrégés des malfaiteurs chevronnés qui dirigent souvent leur propre équipe composée de jeunes issus des banlieues sensibles et de la communauté des gens du voyage. Ces équipes sont, pour les Hornec, une main-d'œuvre efficace, s'agissant de séquestration de personnes à domicile, de vols à main armée, par effraction ou à la voiture bélier.

Marc Hornec est de nouveau mis en examen et est incarcéré le 19 décembre 2002, pour « vol à main armée et association de malfaiteurs » dans une affaire portant sur le braquage de plusieurs lingots d'or commis le 11 juin 1999 à Paris sur quatre Algériens venus changer de l'argent en or. Il est mis en cause par une écoute téléphonique. Mais il est libéré le 30 janvier 2003 pour vice de procédure. Marc Hornec semble toujours devoir s'en sortir.

Mais au printemps 2003, un juge grenoblois découvre l'implication présumée de Marc Hornec « le Forain » dans une agression à main armée commise dans la nuit du 9 au 10 décembre 2002 dans l'Isère. Lors de cette nuit, un commando de sept ou huit individus s'introduit au domicile d'un couple. Ils menottent les occupants des lieux et repartent en emportant des bijoux de valeur et des diamants pour une valeur totale d'environ 60 000 €. Sans doute le premier faux pas de Marc Hornec. Il a laissé des traces. Cela permet au juge d'inscrire officiellement Marc Hornec au fichier des personnes recherchées. Il prend alors la fuite avec sa compagne. On signale sa présence à plusieurs endroits. Nice, Menton, Courchevel ou encore Paris. Mais la police ne parvient pas à l'appréhender.

En mars 2004, Marc Hornec est finalement arrêté par les gendarmes d'élite du GIGN, avant d'être remis en liberté trois mois plus tard. Faute de preuves…

Un drame vient alors endeuiller la famille. James, l'unique fils de Mario - qui a eu également quatre filles -, âgé de seulement 24 ans, est retrouvé agonisant devant la porte d'un des pavillons de la famille. Il décède peu de temps après son arrivée à l'hôpital Jean-Verdier de Bondy (Seine-Saint-Denis) ce 24 décembre 2005. De son décès on ne sait presque rien. L'absence de morts violentes dans le Milieu dans les semaines et les mois qui ont suivi laissent supposer que cela n'avait rien à voir avec un quelconque règlement de comptes. James est sans doute mort d'un accident de travail, une balle de 22 long rifle dans le dos. Probablement un saucissonnage qui a mal tourné. Il était considéré comme l'étoile montante du clan, la famille comptait sur lui pour reprendre la succession. James était doué, intelligent. Malgré son jeune âge, sa fiche de police contenait déjà quatre affaires : racket, agression et blanchiment d'argent. À 20 ans, il a été arrêté pour un trafic de voitures de luxe volées : Porsche, Audi, Mercedes et BMW. La famille débourse alors 250 000 € de caution pour le libérer. Cette mort aussi dramatique qu'inattendue semble être le premier pas des H. vers la chute.

En février 2006, un renseignement venu de Colombie remonte aux oreilles de l'Office central de répression du trafic illicite de stupéfiants (OCRTIS) à Nanterre : le cartel de Calí est en pourparlers avec des voyous de la banlieue est parisienne *via* un intermédiaire luxembourgeois. Le tuyau est accompagné de numéros de téléphones portables utilisés en Espagne par les « banlieusards ». Les écoutes téléphoniques permettent d'identifier six hommes âgés de 30 à 38 ans, avec des casiers longs comme le bras, qui parlent la « langue des cités » mâtinée de mots gitans. Les voyous français rencontrent dans des bars de la Porte Maillot deux membres d'une des plus grosses organisations de cocaïne du Royaume-Uni, un Brésilien d'origine égyptienne et un Anglais installés sur la Costa del Sol, à Malaga.

Surprise: peu avant l'été, les enquêteurs voient apparaître dans le dossier les caïds de l'est parisien. C'est d'abord l'aîné, Jean-Claude, 53 ans, dit « Lounes », le plus posé, colombophile à ses heures, qui se montre en juin dans le quartier de la Porte Maillot. Lounes vient discuter avec les Colombiens d'un retard de livraison sur une commande de 120 kilos de cocaïne. Le mois suivant, c'est Mario qui est repéré sur la Costa del Sol en compagnie des deux acheteurs, brésilien et anglais. Un enquêteur va alors prendre tous les risques en infiltrant le réseau comme le permet désormais la loi Perben II. Le 10 août, c'est lui qui réceptionne à Orly quatre valises contenant 120 kilos de coke en provenance de Caracas, *via* un vol d'Air France. La came est aussitôt mise à l'abri dans un hôtel de Rungis, avec en arrière-plan les H. en scooter qui sécurisent la livraison. Mario et Jean-Claude sont mis en examen pour « association de malfaiteurs, importation en bande organisée et non-justification de ressources ». Pour coincer les « frangins de Montreuil », les enquêteurs ont travaillé dans la plus grande discrétion. Au point que les neuf policiers du groupe numéro un de l'OCTRIS étaient surnommés par leurs collègues, les « agents secrets ». Un luxe de précautions qui s'explique par le fait que les Hornec ont déjà eu des « indics » dans la police. En avril 2005, un gardien de la paix de l'Office central de répression du grand banditisme, trahi par son train de vie, a été mis en examen et écroué parce qu'il renseignait l'entourage des H. Est-ce parce qu'ils ont toujours été bien informés que les Hornec sont passés chaque fois entre les mailles du filet ?

Le 9 novembre 2006, à 6 heures du matin, 80 policiers, dont quelques hommes du RAID en appui, investissent le fief des H. en Seine-Saint- Denis. Sur les hauteurs de Montreuil, la rue Ramenas est totalement cernée. Cette fois, pour préparer l'opération « Damoclès », les policiers ont fait des reconnaissances aériennes. Rien n'a été laissé au hasard. Les Hornec ne doivent pas s'échapper. Lorsque l'assaut est donné, Mario tente un coup désespéré, il cherche à s'enfuir par les toits où il avait préalablement dissimulé des liasses de billets et des armes. Il est malgré tout appréhendé.

Marc Hornec, quant à lui, est finalement arrêté par la gendarmerie le 28 février 2008 à L'Isle-Adam, dans le Val-d'Oise. Cette arrestation est le fruit d'un mois d'enquête menée par la section de recherches de la gendarmerie d'Amiens. Les enquêteurs ont reçu des indications permettant la localisation d'un proche d'Hornec. Ces éléments leur permettent de remonter jusqu'à l'objectif, réputé pour sa ruse et sa grande discrétion. L'homme, qui se déplace très régulièrement, ne dispose pas de téléphone mobile susceptible de permettre sa localisation. Son arrestation se déroule en douceur, dans un campement de gens du voyage, par les gendarmes du GIGN et de l'Office central de lutte contre la délinquance itinérante. Il était en compagnie de sa femme et de son fils Franck. Marc fait l'objet d'un mandat d'arrêt pour « vols par ruse sur des personnes en état de faiblesse » et « association de malfaiteurs » durant la période 2000/2002. Concrètement, il est soupçonné d'avoir commis des vols avec armes et en fausse qualité en Picardie au domicile de personnes âgées, des vols de voitures haut de gamme. Bref, la justice semble avoir réuni suffisamment d'éléments pour mettre les H. sous les verrous et, enfin, les faire passer devant un tribunal.

Le procès de Marc Hornec s'ouvre au printemps 2008. À son arrivée au Palais de justice, il salue la presse venue nombreuse. Au cours des débats, Marc ne se démonte jamais. Il donne du « Madame la présidente » ou encore du « Madame le procureur ». Il embrasse ses proches à chaque suspension de séance et prend le temps de discuter avec les hommes qui l'escortent. Il travaille son image de père de famille. Un père de famille surveillé de très près par des policiers du GIPN encagoulés et armés de fusils mitrailleurs. Marc Hornec n'use pas d'un vocabulaire formidablement imagé, il ne porte pas de chapeau ni de costard trois-pièces et, mis à part les avocats qui l'encadrent, il ne ressemble finalement en rien à un voyou. Mais il a du répondant : lorsqu'on l'interroge sur la séquestration d'un couple en Isère, il rétorque d'une voix nette, sans la moindre hésitation, la main droite balayant l'air :

— Madame la présidente, ce genre de vol, voler 200 euros à une vieille dame, ce n'est pas mon domaine. J'ai un très grand respect pour les personnes vulnérables. Vous savez, ma mère a 75 ans et ma grand-mère en a 98.

— Vous dites que le vol, et ce sont vos mots, ce n'est pas votre domaine. C'est quoi, alors, votre domaine ?

Sans ciller, celui qu'on appelle « le Forain » répond, évasif :

— Depuis l'âge de 8 ans, j'épargne avec l'argent de la foire du Trône. Nous avons vendu un manège aux Allemands, très cher. Je suis resté proche de mes parents.

— D'accord. Mais à part les manèges ? poursuit la magistrate.

— Un peu dans l'immobilier, je me débrouille pour gagner ma vie. Je ne vous dis pas que je suis un saint mais je suis quelqu'un de sincère. Si un jour, je devais faire un coup, ce serait à la Spaggiari. Un seul casse qui rapporte gros. Mais vous voyez Marc Hornec aller voler 200 ou 300 euros ?

Les policiers, en tout cas eux, l'ont vu. Vols de voitures, vols par abus de personnes âgées, association de malfaiteurs. Marc Hornec encourt dix ans de cabane. Mais il nie tout. Les photos prises lors de planques qu'on lui présente ? « Je ne me reconnais pas dessus. » L'imposant immeuble que la famille construit à Saint-Maur ? « Une maison familiale où on peut rentrer nos caravanes. » Ces voitures volées qui circulent souvent près de son domicile ? « Oh, vous savez, tous les jeunes du quartier ont leur voiture volée. C'est un vrai problème, il n'y a que ça. Si on commence avec les voitures, on n'a pas fini, Madame la présidente. »

Malgré ses pirouettes et son air bonhomme, Marc Hornec est condamné à dix ans de réclusion le 5 juin 2008 pour association de malfaiteurs et vols.

Me Jean-Yves Liénard, un de ses trois avocats, se dit scandalisé par la sentence. Il affirme :

— Le clan Hornec, c'est un fantasme de journalistes abreuvés par des informations provenant de policiers. Marc Hornec a été largement fabriqué par la presse, parce que les gitans, la Porte de Montreuil, le 9-3 (Seine-Saint-Denis), les caravanes, les grosses voitures, tout ça, c'est vendeur. Tout ça pèse peut-être lourdement, consciemment ou inconsciemment, sur le tribunal. L'avocat fait immédiatement appel de la décision de justice. Le procès en appel aboutit à une condamnation de quatre ans ferme, l'association de malfaiteurs n'ayant pas été retenue par le tribunal.

Marc Hornec est ensuite condamné à trois ans de prison par le tribunal correctionnel de Créteil, le 10 juillet 2008, pour extorsion et blanchiment.

Est-ce la fin du clan Hornec, de la famille H. qui régnait sans partage sur la région parisienne depuis des années ? On peut le supposer. Les trois frères sous les verrous, la relève non assurée depuis la mort de James, tenir le milieu depuis une cellule est extrêmement difficile. Claude Genova n'y est pas parvenu.

Et le Milieu a horreur du vide.

ANTONIO FERRARA

LE CHAMPION DE LA BELLE

Antonio Ferrara

Il est 4 heures du matin à la prison de Fresnes, ce 12 mars 2003. Des coups de feu sont tirés en direction du bâtiment carcéral. Une dizaine d'hommes, tous fichés au grand banditisme, prennent d'assaut la maison d'arrêt réputée la plus sûre de France. Les surveillants de la prison et les policiers appelés en renfort se montrent tout de suite débordés. La situation est critique. Ils sont impuissants face à l'impressionnante force de frappe du commando. Les balles de gros calibre frappent les miradors sans discontinuer. De lourdes détonations se font entendre. Les policiers distinguent des Kalachnikov et un lance-roquettes. Les murs explosent. C'est une ambiance de guerre civile, une scène rappelant les affrontements à l'arme lourde à Sarajevo ou à Beyrouth. Ce commando est venu libérer Antonio Ferrara, 29 ans, spécialiste des explosifs. 12 minutes après le début de l'opération, le nouvel ennemi public numéro un est en cavale.

À la télévision et dans les journaux, son visage apparaît partout. La France fait alors la connaissance de l'un des rares criminels à afficher sur les photos anthropométriques un large sourire, comme s'il était satisfait, ou du moins pas très inquiet, à l'idée de se retrouver derrière les barreaux. S'il se permet une telle décontraction, c'est parce que Antonio, Nino pour les intimes, ou Succo comme il aime à se faire appeler en référence au psychopathe italien Roberto Succo, est persuadé d'une chose : il ne restera pas très longtemps en prison. Que la justice l'enferme dans le quartier le plus sécurisé de l'établissement pénitentiaire le plus sûr de France n'y changera rien, Nino a des amis, très expérimentés, fidèles et dévoués. Ce sourire provocateur est le signe que Succo est déterminé et sûr de lui. Peut-être un peu trop.

Né en Italie, près de Naples, Antonio Ferrara immigre en France avec ses parents et ses six frères et sœurs en 1983. La famille pose ses valises dans la cité Gabriel, une barre d'immeubles de Choisy-le-Roi, dans le Val-de-Marne. Antonio a 10 ans, il ne parle pas le français, et sa scolarité est très perturbée. « Le travail scolaire, c'était un désastre », dit-il au cours d'un procès. C'est vrai que ce n'est pas un élève modèle. En classe il n'écoute pas. Il ne comprend rien à ce que ses maîtres lui racontent. Des conneries… Alors il lâche prise tout de suite. Mais le petit Antonio, s'il ne fait rien en classe, n'est pas idiot, très loin de là. Le petit garçon est très intelligent, très vif et très poli. Toujours souriant. Il est élevé par des parents aimants. Son père tient un camion à pizzas, et sa mère est femme de ménage.

Après avoir quitté l'école, Antonio traîne avec ses copains de la cité, eux aussi en échec scolaire complet. Il commet quelques larcins. À 18 ans, avec deux de ses amis, il est pris en flagrant délit de vol. Lorsque les policiers les surprennent, les trois jeunes sont en train de désosser une voiture. Le but : récupérer des pièces de valeur pour les revendre sous le manteau, dans la cité. En avril 1994, âgé de 21 ans, Ferrara est arrêté à Créteil pour rébellion et outrage à agent. Il est avec des amis, les jeunes avec qui il « zone » et avec lesquels se rebeller contre la police est un jeu. Antonio n'est pas encore connu des services de police, mais son heure va arriver très vite. Un matin de 1995, une descente dans son quartier démantèle un vaste trafic de stupéfiants. Les policiers défoncent la porte de l'appartement des Ferrara et arrêtent l'un de ses frères, Luigi. Antonio échappe à la vague d'arrestations. Par chance, il n'est pas chez lui ce matin-là, et il ne rentrera pas. Impliqué dans le trafic, il décide de partir en cavale. Il a 22 ans.

Un an plus tard, les ennuis commencent. Un soir de novembre, Kamel, un partenaire de casses, vient trouver Antonio. Il lui apprend qu'un certain Fabrice Coly, un petit criminel de Lyon avec qui les deux hommes collaborent sur des petits coups, l'a insulté dans un bar. Ferrara n'aime pas qu'on parle de lui derrière son dos, il veut être craint et respecté.

— Je sais où le trouver. Si tu veux on va le voir, lui dit Kamel.

Le lendemain matin, le 9 novembre 1996, les deux hommes entrent dans l'hôtel Ibis de Créteil, planté au milieu de la zone commerciale Pompadour. Ils montent au troisième étage, et tapent à la porte 301.

— Qui c'est ?

— Ouvre, tu verras !

Dès que Coly ouvre la porte, les deux hommes pénètrent dans la chambre et le poussent sur le lit.

— Alors tu fais moins le malin maintenant ? ironise Ferrara.

— Pardon. Pardon, bredouille le Lyonnais.

Kamel enclenche son fusil à pompe et tire deux balles dans les jambes de leur client. Coly s'effondre à terre, et se tord de douleur.

— Achève-le ! Il a mal parlé de toi, il a sali ton nom. Tue-le !

Ferrara hésite.

— T'es con ou quoi ? Allez, bute-le.

Mais Ferrara ne peut pas. Il est comme pétrifié.

— Viens, Nino, on se casse.

Les deux hommes s'enfuient. Ils ont pris le risque, ou ont eu l'inconscience, de perpétrer leur forfait à visage découvert. Ils sont aperçus par la réceptionniste.

En avril 1997, quelque temps après un premier braquage à Yerres, dans l'Essonne, Ferrara entre dans l'agence de la Société Générale de Soisy-sur-Seine peu avant la fermeture. Il est accompagné de Mohamed Dja Daouadji, un petit bandit connu sous le nom de Cochon. Ferrara engage une conversation banale avec le caissier assis derrière le guichet. Souriant, poli, il demande :

— J'aimerais ouvrir un compte dans votre agence, qu'est-ce que je dois faire ?

Soudain, son complice Mohamed entre dans l'agence. Il menace un employé avec un pistolet automatique.

— Toi, tu bouges pas. Toi là tu ouvres ta caisse et tu fais passer l'artiche.

Les deux hommes volent tout ce qui se trouve dans le tiroir-caisse du guichet.

— Tu nous emmènes au coffre.

Ferrara descend dans la salle des coffres alors que Dja Daouadji tient le caissier en joue. Le directeur de l'agence ne se fait pas prier. Il ouvre la lourde porte blindée et laisse Ferrara pénétrer. Nino rafle tout ce qu'il peut et empoche le tout dans un sac à dos. L'opération a été menée très rapidement. Avant de quitter les lieux, Ferrara et Dja Daouadji ligotent les employés avec du scotch de déménagement et les enferment dans un bureau. Ils sortent de l'agence et referment la porte à clé. Mais dans l'excitation du moment, les deux hommes ont fait une erreur fatale. Ils ont oublié de récupérer la cassette de la vidéo de surveillance de la banque. Le visage de Ferrara ne dit rien aux policiers, il n'a jamais été inquiété pour des grosses affaires. En revanche, Mohamed est une petite frappe qui a déjà un casier bien chargé. Nino et Mohammed sont arrêtés quelques mois plus tard.

Ferrara est incarcéré à la prison de Fleury-Mérogis. Là, il fréquente des caïds avertis. Des vrais durs qui lui transmettent les ficelles du métier. Nino écoute leurs histoires. Il est fasciné par les récits de grands braquages. Antonio s'imagine déjà abandonner les petits coups minables et se lancer dans le grand banditisme. L'héroïsme et l'aventure. Sa décision est prise, il va s'évader et passer à la vitesse supérieure. Il se débrouille pour prendre contact avec l'extérieur. La chose est aisée quand on fréquente les pointures du grand banditisme. Il doit à tout prix se faire transférer à l'hôpital de Corbeil-Essonnes, où ses complices viendront le chercher.

— Ferrara qu'est-ce que tu fous ? Tu traînes.

— J'ai hyper mal au pied, j'arrive pas à marcher.

Deux jours plus tard, Ferrara est en observation à l'hôpital. Le 7 août 1998, trois hommes masqués pénètrent dans le service rhumatologie de l'hôpital. Arme au poing, ils interpellent une infirmière :

— La piaule de Nino, vite.

L'infirmière est médusée.

— Ferrara, dis-nous où est la piaule de Ferrara.

La jeune femme montre le couloir d'une main tremblante. Les hommes se précipitent. Deux policiers sont en faction devant la chambre du prisonnier. Un des membres du commando envoie une grenade lacrymogène. Les policiers sont pris par surprise. La confusion est totale. Dans les effluves de gaz, les hommes s'engouffrent dans la chambre de Ferrara et l'arrachent à son lit d'hôpital. Ferrara est libre. À 25 ans, c'est sa première évasion. Mais le roi de la belle ne fait qu'entamer sa carrière.

Au début de l'année 1999, Ferrara a rendez-vous avec deux truands près de la station de métro Porte d'Orléans. Les trois hommes ont prévu de parler business. Un gros coup à monter. Ferrara est un peu en retard. Les deux hommes s'impatientent. Nino apparaît, au bout de la rue. Les deux truands ne l'ont pas encore aperçu. Soudain, une patrouille de police encercle les deux hommes. Ils sont arrêtés et menottés sans ménagements. Ferrara se jette sous une voiture garée juste devant lui. Il attend, tapi, que la patrouille ait « emballé » ses ex-futurs associés.

En cavale, il faut avoir des yeux partout. Se méfier des flics, mais aussi des balances. Antonio Ferrara n'est pas assez prudent. Il va rapidement apprendre, à ses dépens, qu'il faut être en permanence sur ses gardes.

Février 1999, une petite frappe de Corbeil brade toutes les informations qu'il possède sur Ferrara aux policiers en échange d'une remise de peine. Et l'homme en sait long. Il révèle que Nino ne se cache pas vraiment. Il mène une vie tranquille dans la région parisienne. Il entretient même une relation avec une jeune fille répondant au prénom de Fatima. La petite frappe peut même donner à la police le modèle de la voiture de la jeune femme : une Austin Mini noire, immatriculée dans l'Essonne. Les deux amants se retrouveraient généralement le week-end, dans les grandes boîtes de nuit de la banlieue parisienne : le célèbre Métropolis de Rungis et le tapageur Palacio d'Ivry-sur-Seine. Les flics infiltrent discrètement les discothèques, mais Nino ne se montre pas. La police fait chou blanc. Trois mois plus tard, c'est le nom d'un autre établissement de nuit qui vient à l'oreille des enquêteurs. La Chaumière. Un rade de la rue du Ruisseau, dans le 18e arrondissement de Paris. Ferrara y donnerait rendez-vous à ses complices pour monter des coups. Là encore, le beau Nino joue les Arlésiennes. Les enquêteurs continuent de le traquer. Ils bénéficient d'éléments importants provenant de la police italienne, qui s'intéresse au trafic de stupéfiants du grand frère d'Antonio, Luigi. D'après leurs écoutes téléphoniques, les deux frères trafiqueraient ensemble, et le point de rendez-vous serait peut-être un restaurant italien de Vitry-sur-Seine. Luigi Ferrara y passe de très nombreux coups de téléphone. Une descente de police fracassante ne donne rien. Ferrara semble avoir toujours un coup d'avance.

Le 28 juillet 1999, deux hommes armés font irruption dans un bureau de poste de Joinville-le-Pont. Ce sont Antonio Ferrara et Issa Traoré, dit Moussa.

— Les mains en l'air tout le monde, c'est un hold-up ! Regroupez-vous ! lance le grand Noir à la vingtaine d'employés présents dans les locaux. Allongez-vous par terre !

Les employés s'exécutent. Mains sur la tête, ils s'allongent sur le sol. Une fois le personnel maîtrisé, les deux hommes raflent le contenu d'un premier coffre, plusieurs dizaines de milliers de francs.

— Nino, occupe-toi du deuxième coffre, je suis sûr qu'il est plein.

Ferrara prépare ses explosifs. Mais il n'est pas encore passé maître en la matière. Il sort le plastic de son sac à dos et s'affaire. Il place la charge à côté de la serrure. Met en place le détonateur. Déroule le fil et va se poster à l'abri. Lorsqu'il appuie sur le bouton de mise à feu, rien ne se produit.

— Merde, c'est quoi ce bordel ?

Il recommence. Rien. Soudain la voix de Moussa retentit :

— Les flics, vite, on se casse. Vous deux, là, levez-vous ! Vous venez avec nous, crie Traoré en désignant deux secrétaires.

Les jeunes femmes obéissent, terrifiées.

— Allez, grouillez-vous, les boudins !

Ils attrapent sans ménagement les deux femmes et quittent le bâtiment tenant leurs otages en joue. Crissement de pneus, hurlement de sirènes, les voitures de police se postent devant la banque. Traoré, pris de panique, lâche son otage. Il s'enfuit, sans prévenir son complice

— Mais qu'est-ce que tu fous ? Pas à pied ! lance Nino.

Mais Moussa ne l'écoute plus, il détale comme un lapin à travers les rues. Antonio Ferrara, lui, garde son sang-froid. Il traîne son otage au milieu de la chaussée. Il fait face à la première voiture qui arrive et pointe son arme. Le conducteur freine brusquement.

— Ouvre ta putain de portière et laisse-moi monter.

L'automobiliste obéit.

— Pas la porte passager, celle du conducteur, et tu te colles de l'autre côté.

Avant de monter dans le véhicule, Ferrara pousse violemment son otage qui chute contre le trottoir.

— Mets ta ceinture et tu mouftes pas, ça va secouer.

Ferrara démarre en trombe. Déjà, les voitures de police ont repéré son manège et se tiennent prêtes pour la course-poursuite. Pilote hors pair, Ferrara enfile les rues pied au plancher. Dans un train d'enfer, suivi par des sirènes perçantes dont le bruit se rapproche dangereusement, Ferrara parvient à rejoindre l'autoroute. Il prend l'A4 en direction de Paris. La police arrive assez près du véhicule pour prendre le risque de tirer des coups de feu. Mais ne touche pas la cible. Nino, tout en conduisant, tente de répliquer. Il abaisse la vitre et, tenant le volant d'une main, tire à l'aveugle. Les véhicules de police se voient obligés de ralentir face au feu nourri. Arrivé à la Porte de Bercy, la circulation empêche Ferrara de poursuivre sa fuite comme il l'entend. Il ouvre la portière à la volée, arme au poing. Un rapide coup d'œil l'informe qu'il est hors de portée des coups de feu de la police. Il se précipite de l'autre côté de la chaussée. Même ballet. Il met une automobile en joue et grimpe. Il pousse brutalement le chauffeur sur le siège passager.

— Tu la fermes et tu t'en tires, compris ?

Ferrara s'enfuit en sens inverse, prenant la police de cours. Il parvient à semer ses poursuivants avant d'arriver à Choisy-le-Roi.

— Tu vois, t'es pas mort, lance-t-il à son otage avant de quitter le véhicule.

Ferrara descend, cours quelques centaines de mètres avant de reprendre une marche normale. Il cache son arme dans son blouson. Il n'est plus alors un braqueur en cavale, mais un simple badaud. De son côté, Issa Traoré est arrêté quelques heures plus tard à la station RER de Joinville-le-Pont grâce aux indications de plusieurs témoins. Il voulait se réfugier à Paris.

Ce raté fait gamberger Antonio. Trop de risques. Et le butin est trop aléatoire. Il a été à deux doigts de se faire serrer pour quelques dizaines de milliers de francs. À peine de quoi régler les dépenses courantes… Quitte à prendre des risques, autant s'attaquer à de plus gros clients. Pas cinquante solutions, où trouve-t-on de l'argent en grosse quantité ? Comment rafler la mise en un seul gros coup ? En attaquant des fourgons blindés. Ferrara connaît maintenant suffisamment le milieu pour entrer en contact avec de vraies pointures. Des professionnels, doués et efficaces. Les membres d'une organisation que la police désigne déjà sous le nom de La *Dream Team*. Ces hommes connaissent la réputation de Ferrara, ils savent que c'est un gars loyal, sérieux et travailleur, mais ils sont surtout intéressés par sa fiabilité : Antonio ne parle jamais, il est réglo. Son ascension va être fulgurante.

— Nino, si tu veux bosser avec nous, faut que tu te mettes au travail. Ton braquage foiré à cause d'un détonateur défectueux, c'est du boulot de baltringue, ça peut pas arriver avec nous.

Ferrara comprend, il ravale son orgueil. Il lui faut se perfectionner. Pour passer à la vitesse supérieure, Nino sait qu'il doit apporter une technique irréprochable au groupe. Le boulot doit être fait proprement, sans hésitation. Alors le jeune artificier s'entraîne d'arrache-pied. Nino passe des jours entiers dans des casses automobiles tenus par des hommes du Milieu, à tester de nouvelles techniques et des dispositifs expérimentaux. Nino est un homme ingénieux, intelligent. Et il prend rapidement goût à ce travail d'artificier. Il met alors au point un procédé quasiment parfait : la technique de la parabole.

— Mais qu'est-ce que tu fous avec toutes ces paraboles, Nino ? Tu te lances dans le trafic ou quoi ?

Ferrara hausse les épaules. Le propriétaire de la casse continue de le charrier :

— Ou alors t'as décidé de faire dans l'honnête et de bosser pour TPS ?

En effet, Ferrara décharge une dizaine d'antennes paraboliques d'une camionnette. Il lâche un sourire cruel au moqueur.

— Tu vas voir, je t'appellerai quand ça sera prêt. Je peux te promettre que chez TPS, ils les installent pas comme ça les paraboles.

Nino s'affaire ; il place une charge d'explosifs à l'arrière d'une camionnette. Il dispose, juste derrière, une de ses paraboles.

— Viens voir, c'est prêt.

Il déclenche l'explosion. Le trou est parfait. Le système est tout simplement génial. La parabole canalise la force de l'explosif vers l'engin et limite au maximum l'effet de souffle vers l'extérieur. Avec cette technique, Ferrara limite les risques d'accident pendant les opérations et augmente la précision des brèches créées dans les véhicules blindés.

— Oh putain, c'est balèze ton truc ! lance l'homme en sifflant entre ses dents. Là t'as trouvé une sacrée technique, mon pote. Respect.

Nino devient alors un véritable orfèvre du braquage. Il va fournir un travail propre et professionnel qui lui vaut rapidement la considération de ses complices.

Le problème de Ferrara, c'est l'imprudence. Sa jeunesse, sa fougue et son inconscience sont sans doute son talon d'Achille. Le 31 mai 2000, sur une route du bord de mer aux environs de La Ciotat, dans le Var, Ferrara roule à fond de train dans sa toute nouvelle voiture de sport. Il ne maîtrise pas encore très bien son véhicule. Lancé à toute vitesse, il grille un feu rouge et renverse un jeune motard de 25 ans. L'accident fait un bruit énorme et quelques secondes après le choc, une dizaine de témoins s'attroupe autour du jeune homme allongé sur le sol, inconscient. Ferrara est pris de panique. Son véhicule est bien amoché, et s'il s'échappe, les badauds relèveront sa plaque d'immatriculation. Il est coincé. Un homme s'approche de sa voiture.

— Vous voyez ce que vous avez fait ? Réagissez, monsieur ! Monsieur ?

Le regard noir que lui lâche Ferrara le fait taire instantanément. Nino sort de sa voiture et empoigne le témoin.

— Ta bagnole ! Elle est où ?

L'homme désigne fébrilement un coupé noir, arrêté au milieu de la chaussée.

— Passe-moi les clés ou je te fume !

Ferrara quitte le lieu de l'accident quelques minutes avant que les secours n'arrivent. Le jeune motard meurt des suites de ses blessures peu de temps après son entrée à l'hôpital. Pour Antonio, il semble que ça ne soit qu'un incident parmi d'autres.

Parce que maintenant, Antonio Ferrara mène la grande vie. Avec la *Dream Team*, cette mouvance criminelle « mixte », composée à la fois de jeunes de banlieue parisienne et de caïds du sud de la France, il enchaîne les braquages de fourgons blindés, et finit l'année sur un succès retentissant : l'opération de Gentilly le 26 décembre 2000. Le mode opératoire est d'une efficacité diabolique.

La *Dream Team* a de gros moyens, et leurs opérations sont montées avec la précision et le matériel digne des commandos militaires.

En ce jour de décembre 2000, des fourgons blindés d'une grande société de sécurité regagnent le dépôt avec l'argent récupéré pendant leur tournée. Soudain, au milieu de la rue, les convoyeurs découvrent, placés en travers de la route, de puissants 4x4, accompagnés de camions Iveco. Pas le temps de faire la moindre manœuvre, les braqueurs ont encerclé les véhicules blindés. Ils canardent les fourgons à l'arme lourde. Des hommes masqués quittent les 4x4 et vont bloquer les fourgons à l'aide de cales en métal. Puis des charges explosives sont placées sur les portes arrière. En deux temps trois mouvements, les puissantes déflagrations forment des brèches dans lesquelles il n'y a plus qu'à passer les bras. L'équipe de braqueurs s'engouffre dans les trous béants et sort les sacs. L'affaire est menée avec maîtrise et rapidité. Les convoyeurs, tenus en joue par des armes de guerre, ne peuvent qu'assister, passifs, à ce coup de maître. Les 4x4 dégagent à toute allure. L'opération a dû prendre cinq à dix minutes.

Pas plus. Le butin n'a pas été révélé. Mais il est important. Très important. La police arrive trop tard et ne peut que constater la perfection du coup. Lorsque les équipes scientifiques se rendent sur place, elles sont ébahies par le travail de l'artificier. Le gars connaît son art sur le bout des doigts. C'est un crack. Et des cracks, il n'y en a pas cinquante dans l'hexagone. Le boulot est signé : c'est Ferrara. Les braquages de la *Dream Team* vont alors se poursuivre et défrayer la chronique. En novembre 2001, c'est à Toulouse que la fine équipe fait parler d'elle. En mars 2002, les braqueurs se permettent le luxe d'opérer à Paris, boulevard Ney.

Les policiers parviennent à remonter jusqu'à une planque du groupe, un mobile home situé à Paray-Vieille-Poste. Lors de la perquisition, ils retrouvent les empreintes digitales d'Antonio Ferrara, sur un gobelet en plastique. Le doute n'est plus permis. Ils sont à présent certains que Ferrara est l'homme qui fait exploser les fourgons blindés.

Les policiers n'ont pas de grosses pistes, mais ils s'agrippent au moindre indice. Ainsi, ils retrouvent la trace de Fatima et d'un certain Ahmed, une connaissance de Nino. Les endroits dans lesquels l'homme en cavale pourrait se réfugier sont surveillés en permanence : le domicile de ses parents à Choisy-le-Roi, les boîtes de nuits et le fameux restaurant italien.

Mais les policiers de l'Office central de répression du banditisme ne trouvent rien. Jusqu'au 12 juillet 2002. On leur a mâché le travail : une balance a parlé. Il faut dire qu'à 30 000 euros la prime offerte par les transporteurs de fonds pour toute personne donnant des informations sur la *Dream Team*, la petite frappe n'a pas réfléchi longtemps. Selon ses indications, Antonio habiterait près de la gare de RER d'Athis-Mons. Immédiatement, une équipe de surveillance est mise en place. Des policiers en civil quadrillent le quartier de la gare. L'information était fiable cette fois. Quelques heures plus tard, à la gare, un individu répondant à la description d'Antonio Ferrara se dirige vers une sortie. Physique imposant, cheveux longs. Le secteur est bouclé. Rapidement, Ferrara, aux aguets, s'aperçoit qu'il est piégé. Sans prendre le temps de réfléchir, il attrape la première femme qu'il croise et accélère le pas, vers la sortie. S'il doit affronter les balles des policiers, elle fera un parfait bouclier humain.

— Ne t'agite pas surtout, sinon tu crèves !

Les policiers l'ont repéré. Et Antonio n'avait pas prévu le coup. Son flingue est dans son sac à dos, et avec l'otage dans les bras, il ne peut pas l'atteindre facilement. Tout en continuant de marcher à vive allure, il tente tout de même d'attraper son arme, mais il tombe avant d'y parvenir. Les policiers se précipitent, toutes armes dehors.

— Tu bouges pas Ferrara, t'es repassé.

L'homme est à terre. Il est fait comme un rat. Les forces de l'ordre n'ont qu'à le cueillir comme un fruit mûr tombé de l'arbre. Une rapide fouille met à jour de faux papiers, 1 200 euros en liquide, et surtout, la clé d'un appartement. La police ira voir ce qu'elle peut y trouver. Ferrara est emmené, menotté et houspillé, dans les locaux de l'OCBR. Les flics sont à la fois contents de leur prise et agacés par le bonhomme qui ne cesse de sourire malgré leurs invectives. Surtout lorsque ce dernier lâche crânement :

— Ne laissez pas la porte ouverte, on sait jamais, les courants d'air ça peut être dangereux.

Alors, une rumeur circule et enfle parmi les hommes des services judiciaires. Les associés de Ferrara envisageraient de sortir leur expert en explosif aujourd'hui, coûte que coûte. Les hommes sont mis en état d'alerte. Ferrara ne doit pas s'évader. Mais à la fin de la journée, les complices de Nino ne se sont pas montrés. Ferrara est déféré au parquet et incarcéré. C'est la fin de la cavale pour Antonio Ferrara, dit Nino, dit Succo. C'est du moins ce que pensent les services de police.

Du côté des truands, l'ambiance est morose. Sans Ferrara, l'as de la bombinette, pas moyen de travailler correctement. Nino est une pièce maîtresse. Ses coéquipiers sont totalement démunis.

— On a besoin de Succo pour les fourgons, c'est le meilleur. Plus tôt on le fait sortir du trou, plus tôt on reprendra les braquages. On n'a pas le choix, il faut aller le chercher.

Incarcéré à la Santé, Antonio Ferrara n'a qu'une idée en tête : sortir au plus vite. *Via* le parloir et les petits mots glissés en douce, il apprend que ses amis préparent quelque chose. Il doit se tenir prêt. Il ne sait ni quand ni comment, mais quelque chose va se passer. Les détails et le matériel arriveront au fur et à mesure. Malheureusement pour lui, Ferrara n'a pas que des amis. Les balances sont légion et monnayent leurs informations contre une remise de peine ou quelque avantage. Et c'est bien le problème. Un matin de septembre 2002, Ferrara est encore couché lorsqu'il entend le loquet de la lourde porte de sa cellule s'ouvrir.

— Allez Ferrara, debout, on fait une fouille complète de la piaule.

Les matons regardent partout, retournent les matelas, tout est observé avec minutie. Soudain, l'un des gardiens s'écrie :

— Regardez ce que je viens de trouver les mecs !

Sous la cuvette des WC, un détonateur est emballé dans du papier journal.

— Alors Ferrara, on prépare un feu d'artifice ?

Ferrara nie :

— Vous rigolez ou quoi. Je me tiens à carreau. Ce truc n'est pas à moi, je ne sais même pas ce que c'est d'ailleurs. Ça devait être là avant que j'arrive.

Bien entendu les surveillants ne le croient pas une seule seconde. Et comment le croiraient-ils. Lui, le pro de l'explosif... Le doute n'est donc plus permis, Nino prépare son évasion. Il est clair que ses proches prévoient de venir le chercher. Et ça risquait d'être spectaculaire si on en juge par l'attirail trouvé plus tard, lors d'une fouille plus minutieuse encore : cinq autres détonateurs et 400 grammes de préparation pour explosif emballée dans un sac-plastique. Les autorités carcérales appliquent alors la procédure d'urgence.

— Ferrara, tu prépares tes affaires, tu es transféré aujourd'hui même.

Nino est alors emmené, sous très haute surveillance, à la prison de Fresnes, réputée plus sûre.

Vient ensuite pour Ferrara le temps de répondre de ses actes : le 22 janvier 2003, à la cour d'assises de l'Essonne, se tient la dernière journée d'un procès sous haute surveillance. L'avocat général prononce un plaidoyer sévère contre l'accusé, et lui prédit le pire :

— Demain, après-demain, dans tant d'années, Ferrara refera la même chose. C'est son mode de vie et son mode de mort. D'expérience, je sais que ce n'est pas la justice qui rend la dernière sanction pour les gens comme lui.

Et Antonio, fanfaronne. Quand le président lui demande ce qu'il aimerait faire, il répond avec un grand sourire :

— Partir en courant.

Il est condamné à quatre ans pour son évasion musclée de 1998, et huit ans pour différents vols à main armée. Antonio devient un DPS, un détenu particulièrement signalé, un gros gibier. Les personnes qui ont aidé Antonio Ferrara pendant sa cavale tombent les unes après les autres : le frère de Fatima, Farid, est arrêté pour avoir fait immatriculer la moto de Ferrara à son nom. Medjoub est quant à lui interpellé pour avoir prêté son appartement d'Athis-Mons à Ferrara. Puis c'est au tour de Menconi, avec qui Ferrara partageait une planque à Rocquencourt, dans les Yvelines.

Pendant ce temps-là, les proches de Nino montent une opération pour le sortir de prison. Le plan demande une importante préparation, mais ils sont persuadés de son efficacité.

Le 11 mars 2003, Hocine Kroziz, un surveillant, croise Ferrara dans la cour.

— C'est pour cette nuit. Tout est prêt.

De retour de promenade, les détenus doivent se soumettre à une fouille réglementaire. Hocine et un de ses collègues s'occupent de Ferrara. Les deux surveillants entrent dans la cellule.

— Fouille Ferrara ! Lève-toi ! dit Hocine avec zèle.

— Je veux pas qu'on me fouille aujourd'hui, lui répond Ferrara, provocateur.

Hocine ne réfléchit pas :

— Au mitard !

Le plan se passe comme prévu. Les complices de Ferrara, très informés, ont remarqué le point faible de la prison : les cellules disciplinaires. Le bâtiment est facile d'accès, situé à moins de quinze mètres du mur arrière de la prison.

— Allez Ferrara, tu rentres là-dedans et tu fermes un peu ta grande gueule.

Tout en jouant la sévérité, Hocine glisse discrètement à Nino un téléphone portable, 500 grammes d'explosifs PEP 500. Il parvient même à lui fournir, Dieu sait comment, des détonateurs, et un gilet pare-balles. Une fois la cellule d'isolement refermée, Antonio se prépare. Il n'a plus que quelques heures à attendre et ses petits camarades vont venir le sortir de là.

Vers 3 h 30 du matin, la police reçoit un appel d'urgence. Six voitures ont été incendiées à quelques kilomètres de la prison. Les forces de l'ordre se déplacent en nombre. La diversion a fonctionné.

À 4 heures du matin, un groupe de plusieurs véhicules se gare à l'arrière du mur d'enceinte de la prison de Fresnes. Une dizaine d'hommes cagoulés et armés, portant blousons et brassards de police, surgissent des voitures et se mettent en place.

— On y va.

Le signal est donné et ce qui suit tient de la scène de guerre civile en milieu urbain. Trois hommes armés de kalachnikovs canardent les deux miradors qui surplombent le quartier cellulaire. Les gardiens affectés à la surveillance aérienne n'ont pas le temps de répliquer. Ils se terrent, à l'abri du déluge de feu qui s'abat sur eux. Dans ces miradors, les numéros 3 et 4, c'est la panique. Les surveillants tentent tout de même de riposter, sans cependant pouvoir voir leurs assaillants.

— Ok les mecs, à vous.

Deux hommes courent vers le mur d'enceinte. Après quelques rapides réglages, ils placent une charge explosive sur la porte. Mais ces hommes n'ont pas les compétences de Succo. Le dispositif se déclenche trop tôt, avant que les artificiers ne soient à l'abri.

— Merde on a un blessé.

Effectivement l'un d'eux est gravement touché à l'œil.

— On va le chercher et on le met à l'abri, lance le chef de l'opération.

L'homme est très vite évacué et mis en sécurité à bord d'un des véhicules. Malgré le manque de précision des artificiers, la porte d'enceinte a néanmoins cédé. Le bruit est infernal, les rafales de kalachnikov continuent à tenir les miradors 3 et 4 en respect. 57 impacts y seront dénombrés. Un troisième groupe se met alors en action. Un lance-roquettes est sorti du coffre d'un des véhicules. Les hommes franchissent le mur d'enceinte. L'un d'eux se met sur un genou, vise l'entrée de la prison et tire. La roquette fait exploser la porte. Les kalachnikovs canonnent de plus belle.

Dans sa cellule de 9 m^2, Ferrara, a enfilé son gilet pare-balles. Il a en main le téléphone portable et les 500 grammes d'explosifs PEP 500. Il sait parfaitement ce qu'il a à faire. Il place la charge contre la porte de sa cellule. Il provoque l'explosion, mais la déflagration le propulse violemment contre le mur du fond du mitard. Succo est groggy. La charge était sans doute trop importante. Mais on ne pouvait prendre le risque que la porte résiste. Ses amis se sont rapidement frayé un chemin à travers le bâtiment. L'assaut occupe tout le monde à l'extérieur. Lorsqu'ils arrivent à la cellule, ils trouvent Nino à moitié assommé, mais pas blessé. Ils exfiltrent leur homme à toute allure. Le commando sort de la prison en empruntant le chemin par lequel il est entré. Commence alors un échange de tirs nourris avec la police. Le groupe parvient cependant facilement à s'extirper de la position et à regagner les véhicules. Les quatre voitures attendent, moteur en route, gyrophare allumé. Démarrant en trombe, les truands se dirigent vers la banlieue sud. Rapidement les policiers, pris de cours par l'ampleur de l'opération, perdent leur trace.

Enfin, Nino est libre, mais la cavale ne fait que commencer. L'opération aura duré 12 minutes. Un véritable acte de guerre que n'aurait pas renié l'élite des commandos militaires. Cependant, l'équipe a laissé des traces qui pourront être utiles pour les policiers : un fusil d'assaut HK, un pistolet CZ 9 mm, deux roquettes non tirées, un pain d'explosif chargé, des étuis percutés, et des chargeurs de kalachnikov.

La nouvelle se répand comme une traînée de poudre. Sur les radios de la police, on entend les messages suivants.

— Diffusion urgente, on recherche Antonio Ferrara, dit « Roberto Succo ». Évasion de la maison d'arrêt de Fresnes à 4 h 15. Individu très dangereux, susceptible d'être armé.

Un dispositif impressionnant est mis en place. La police sait que c'est dans les premières heures après une évasion qu'elle a le plus de chance d'attraper un fugitif. D'autant que Ferrara a commis une erreur. Certainement choqué par l'explosion de la porte de sa cellule, Nino est parti sans prendre le téléphone portable qu'il avait avec lui. Les policiers découvrent un message dans la boîte vocale du téléphone. Mais pas n'importe lequel. L'homme du gang qui était chargé de communiquer avec Ferrara a oublié de verrouiller le clavier de son téléphone portable et a malencontreusement composé le numéro de Ferrara qui se trouve au même moment avec lui, dans la voiture qui les éloigne de la prison. Les policiers écoutent alors la conversation des fugitifs. Ils entendent des noms de personnes et des lieux. Un coup de chance qui va peut-être leur permettre de remonter la piste du groupe d'assaillants.

Les médias font leurs choux gras de la spectaculaire évasion de Fresnes. Les télévisions, les radios, les journaux, on ne parle plus que de ça. C'est un camouflet pour l'institution carcérale, pour la police et pour la justice. Le ministre de la Justice, Dominique Perben, qualifie cette évasion d'« opération de type militaire ». C'est la première fois qu'une prison est prise d'assaut dans de telles conditions. Quant au ministre de l'Intérieur, un certain Nicolas Sarkozy, il est tout bonnement furieux. Il estime que les hommes de Ferrara sont des guerriers, et que tant qu'ils sont en liberté, la sécurité du territoire n'est plus assurée. Tout doit être mis en œuvre pour l'arrestation de Nino et de ses complices. C'est une priorité absolue. Ferrara entre alors dans le club très fermé des évadés les plus recherchés de France. La police française décide de faire appel à Interpol pour intensifier la traque au cas où Ferrara quitterait le territoire.

Mais Ferrara reste en France, où il peut voir ses amis, sa famille. Ferrara n'est pas discret. Il se planque à Saint-Raphaël, mais fréquente les boîtes de nuit de la Côte d'Azur. Il se fait appeler Max. Après un court séjour en Italie, il revient à Paris. Il veut se remettre en selle et rembourser sa dette aux membres du commando. Il décide de changer de tête. Opéré par un chirurgien esthétique proche du Milieu, il se fait refaire le nez. Il se laisse pousser les cheveux et les décolore. Il arbore également une fine barbichette. Il a changé mais il est loin d'être méconnaissable. Au bout de quatre mois, Ferrara estime que les vacances ont assez duré. Il faut se remettre au travail.

En juin 2003, un commando de sept personnes armées de fusils à pompe, de kalachnikov et d'explosifs, tente d'attaquer un fourgon blindé de la société Valliance à Champs-sur-Marne, dans la région parisienne. Mais les hommes sont repoussés par les forces de police parvenues rapidement sur place. L'équipe s'enfuit. Parmi les mercenaires, les flics reconnaissent la silhouette petite et massive de Ferrara.

À partir de ce moment, Ferrara devient très prudent. Il ne dort jamais deux fois de suite au même endroit. Mais cela ne suffit pas. En juillet 2003, la police retrouve sa trace grâce à des écoutes téléphoniques. Le 10 juillet, en début d'après-midi, les policiers lancent une filature qu'ils pensent discrète. Mais Ferrara est méfiant. Tous ses sens sont en éveil. Il sent la présence des policiers et leur fausse compagnie, en prenant une rue à contresens en moto. Sa moto est repérée un peu plus tard dans le même quartier.

Un dispositif policier est alors mis en place. L'étau se resserre autour de Nino. Il est avec ses proches dans le bar Le Peanuts, près du palais Omnisports de Bercy, dans le 12e arrondissement de Paris. Il est 21 heures. Dehors, une vingtaine de policiers sont postés devant l'établissement. Ils attendent les ordres. Vingt autres flics encerclent le pâté de maison. Intervention !

L'assaut est lancé. Douze policiers pénètrent avec fracas dans le bar. Au fond, Antonio Ferrara, essaye de sortir son pistolet automatique tchèque CZ de sa banane. Il tente de s'enfuir. Mais il ne va pas bien loin. Ses amis non plus. L'un d'eux est Amine Hakkar, 33 ans, un autre fugitif, évadé de la prison de Villepinte en 1998 où il avait été enfermé à perpétuité pour trafic de stupéfiants et complicité d'assassinat. L'autre est Malek Bouabas, 30 ans, une petite frappe impliquée dans des vols de motos et d'armes à feu.

Dans le fourgon cellulaire, les policiers lui signalent que sa dernière arrestation date d'un an, presque jour pour jour.

— Bon anniversaire Nino, dit l'un d'eux en rigolant.

Ferrara répond par un large sourire. Il est décontracté.

— Pourquoi tu souris comme ça ? Tu es heureux ?

— Je souris parce que je partirai. J'arriverai à m'enfuir…

— On a assez couru Ferrara, c'est la dernière fois.

Mais ils ne sont pas dupes de la décontraction de Ferrara. Ils savent qu'il est incorrigible, sans code d'honneur, et qu'il est prêt à tout pour leur fausser compagnie. Lorsqu'il est amené dans les locaux de l'Office central pour la répression du grand banditisme à Nanterre, dans un immeuble protégé par une masse impressionnante de policiers, Ferrara refuse de répondre aux inspecteurs.

Les policiers sont subjugués par le sens affûté de l'observation et la mémoire photographique phénoménale de Ferrara. Alors qu'il attend tranquillement le début de son interrogatoire, Ferrara interpelle un fonctionnaire pour lui signaler qu'il s'est rasé la barbe entre-temps. Quelques instants plus tard, dans un couloir, il croise une secrétaire et la félicite d'avoir perdu du poids depuis la dernière fois qu'ils se sont vus. Physionomiste, Ferrara aime épater la galerie. Mais il est coincé, et ses amis aussi.

Les analyses ADN aident les enquêteurs : sur des cartouches retrouvées devant la prison, la police découvre le code génétique de la famille Ferrara. Il s'agirait d'un frère d'Antonio, sans doute Diego. Puis, la justice soupçonne un certain Stefano, un gamin de 19 ans originaire de Vitry-sur-Seine, Lionel, un quadragénaire et enfin Hocine, dit Jacquot. Diego, Stefano et Lionel sont arrêtés le 16 septembre 2003.

Puis, les autres proches de Ferrara sont attrapés les uns après les autres.

Le 23 décembre 2003, alors qu'il rentre chez lui les bras chargés de cadeaux de Noël pour ses enfants, Dominique Battini est arrêté par les hommes de l'OCRB. C'est lui qui a fait exploser la première porte de la prison de Fresnes, opération au cours de laquelle il est gravement blessé à l'œil. Ils sont formels, les taches de sang retrouvées devant la grille de la prison sont bien les siennes.

En janvier 2004, c'est au tour de Christophe Landais de devoir répondre aux accusations de la police. Sur les indications d'une balance, les policiers retrouvent chez cet ancien champion du monde de kick-boxing un lance-roquettes dissimulé sous un escalier. C'est le même modèle que celui qui a été utilisé lors de l'attaque de Fresnes.

Ferrara est mis en examen pour évasion avec usage d'armes et d'explosifs, infraction à la législation sur les armes, complicité de tentative d'homicides volontaires avec préméditation sur des fonctionnaires de police et des surveillants de prison, destruction de biens avec explosif en bande organisée, association de malfaiteurs, détention de faux documents administratifs et port d'armes de première catégorie. Il est enfermé à Fleury-Mérogis et directement placé au mitard. Quand il doit se rendre au Palais de justice de Paris en octobre 2003 pour comparaître devant la 10e cour d'appel pour son évasion de Fleury-Mérogis en 1998, ce n'est pas moins de deux hélicoptères qui sont déployés dans le ciel de Paris pour seconder les forces d'élite du RAID. Pendant le procès, dix hommes du GIGN, encagoulés, surveillent le moindre de ses gestes.

Il est condamné à douze ans de réclusion criminelle en mai 2004 pour la tentative d'homicide sur Fabrice Coly, en 1998. 130 policiers sont mobilisés pour garantir la sécurité du procès et empêcher toutes tentatives d'évasion.

En février 2006, Ferrara est jugé pour le braquage commis le 28 juillet 1999 dans un bureau de poste de Joinville-le-Pont, dans le Val-de-Marne. Accompagné d'Issa Traoré, il est accusé de vol et de violences avec arme, séquestration d'otages et tentative d'homicide sur des fonctionnaires de police.

Le procès de l'évasion commando de Fresnes commence en septembre 2008. Dans une ambiance lourde, Ferrara est jugé avec une vingtaine de complices présumés qui l'auraient aidé à sortir de prison ou couvert lors de sa cavale. Dix semaines plus tard, après de nombreuses altercations entre les hommes assis dans le box et les autorités, notamment une bagarre entre les accusés et les gendarmes chargés de les surveiller, le verdict tombe : Ferrara écope de dix-sept ans de réclusion criminelle. Ses quatre principaux complices, Dominique Battini, Karim Bouabbas, Yannick Graziani et Moussa Traoré sont condamnés à quinze ans de prison ferme. Les autres prévenus écopent de peines comprises entre un an et onze ans de prison ferme.

Antonio Ferrara ne ressortira pas de prison de Fleury-Mérogis avant l'année 2022. Pour la justice, le braqueur constituera jusqu'à la fin de sa peine un risque permanent d'évasion. Antonio Ferrara peut se targuer d'être le détenu le plus surveillé de France, enfermé dans une aile du bâtiment entièrement consacrée à sa surveillance, épié vingt-quatre heures sur vingt-quatre et sept jours sur sept par une dizaine d'agents de sécurité spécialement formés pour assurer sa détention. Il ne voit aucun autre détenu et ne reçoit aucune visite.

TABLE DES MATIÈRES

CET OUVRAGE A ÉTÉ ACHEVÉ D'IMPRIMER SUR ROTO-PAGE
PAR L'IMPRIMERIE FLOCH À MAYENNE EN MAI 2009
N° D'IMPR. : 73886 – D.L. : MAI 2009.
IMPRIMÉ EN FRANCE